教育部人文社会科学项目（15YJC630180）资助完成
江西省中国特色社会主义理论专项（16ZT24）资助完成
江西省高校人文社会科学重点研究基地项目（JD1559）资助完成

RESEARCH ON
THE POLICIES SUPPORT FOR
PROMOTING THE DEVELOPMENT OF
CLEAN ENERGY INDUSTRY

促进清洁能源产业发展的政策支持体系研究

张玉　赵玉　著

北京理工大学出版社
BEIJING INSTITUTE OF TECHNOLOGY PRESS

版权专有　侵权必究

图书在版编目(CIP)数据

促进清洁能源产业发展的政策支持体系研究 / 张玉,赵玉著. —北京:北京理工大学出版社,2018.12

ISBN 978-7-5682-6541-6

Ⅰ.①促… Ⅱ.①张… ②赵… Ⅲ.①无污染能源-能源发展-政策支持-研究-中国 Ⅳ.①F426.2

中国版本图书馆 CIP 数据核字(2018)第 283321 号

出版发行 /	北京理工大学出版社有限责任公司
社　　址 /	北京市海淀区中关村南大街 5 号
邮　　编 /	100081
电　　话 /	(010)68914775(总编室)
	(010)82562903(教材售后服务热线)
	(010)68948351(其他图书服务热线)
网　　址 /	http://www.bitpress.com.cn
经　　销 /	全国各地新华书店
印　　刷 /	三河市华骏印务包装有限公司
开　　本 /	710 毫米 × 1000 毫米　1/16
印　　张 /	14.75
字　　数 /	216 千字
版　　次 /	2018 年 12 月第 1 版　2018 年 12 月第 1 次印刷
定　　价 /	56.00 元
责任编辑 /	王美丽
文案编辑 /	孟祥雪
责任校对 /	周瑞红
责任印制 /	李志强

图书出现印装质量问题,请拨打售后服务热线,本社负责调换

前　言

化石能源消费会带来一系列环境污染问题，且存在枯竭的风险。传统能源带来的危机促使人类建立一种可再生的、干净的、高效率的能源体系，展开一次新的能源革命。随着化石能源日渐枯竭以及自然环境的恶化，清洁能源已经成为各国重点扶持的战略新兴产业。作为一项新兴产业，清洁能源产业必须依靠政府的支持才能顺利发展。国务院办公厅在印发的《能源发展战略行动计划（2014—2020年）》中明确指出要坚持"节约、清洁、安全"的战略方针，加快构建清洁、高效、安全、可持续的现代能源体系。着力优化能源结构，把发展清洁低碳能源作为调整能源结构的主攻方向，着力发展清洁能源，推进能源绿色发展，切实提高能源产业核心竞争力。

作为一个能源消费大国，日本早在1974年，通产省工业技术院就制定了日本综合新能源技术开发长期规划"阳光计划"和"月光计划"。小宫隆太郎是最早系统地论述清洁能源产业政策的学者，其在1984年出版的《日本产业政策》一书中就强调了政府对能源产业干预的重要性，提议将清洁能源发展作为重点发展对象，政府应该出台相应财政政策给予扶持。作为世界最大的能源消费国家，中国更应该做到未雨绸缪，培育具有国际竞争力的清洁能源产业。综合国内外的相关研究成果，学者们已经普遍达成共识的是：（1）在全球化的背景下，仅仅依赖市场机制无法快速将国内新兴的产业做大做强，政府的产业支持政策对处于起步阶段的清洁能源产业发展具有重要的意义和作用。（2）当清洁能源产业具备一定的国际竞争力时，应该让市场机制在该产业的资源配置中发挥主导作用，否则会造成大量的产能过剩与资源浪费，此时政府的作用主要在于完善市场机制，维持市场秩序并纠正市场失灵。由于资源禀赋、清洁能源产业发展阶段、相关市场发育程度以及公众认可度的不同，各个国家的清洁能源产业发展路径以及政策演进过程也存在一定的差异。因此，在研究和调整我国清洁能源产业发展政策时需要从经济发展和产业培育的实际情况出发，同时借鉴国外的先进经验和做法，建立合适的政策体系。

本研究根据文献整理归纳出政策支持体系对清洁能源产业发展的作用机理，在此基础上分析我国清洁能源产业的发展现状、特性，并找出产业发展的短板，梳理中国清洁能源产业现有的政策支持体系，总结新能源产业发展政策支持体系的不足之处。构建SCP（结构—行为—绩效）分析框架，研究现有政策支持体系下中国清洁能源产业内部市场结构、清洁能源企业的市场行为以及市场绩效，在SCP分析框架下评估现有产业政策支持体系的效果。归纳主要发达国家清洁能源产业的发展历史和现状，梳理美国、欧盟和日本的清洁能源产业发展政策的演变历程，比较分析主要发达国家清洁能源产业发展政策的缘起、目标及效果，并总结相关经验。围绕清洁能源产业发展战略规划和发展目标，从财税政策、融资政策、技术政策、人才政策、国际竞合策略以及配套措施等方面构建清洁能源产业发展政策支持体系。

学术价值主要体现在两个方面：在理论上，拟从产业组织理论和产业发展的视角，探究清洁能源发展的基本规律，探讨产业支持政策的目标与工具的运行机理，分析政策和市场的边界，力图对产业支持政策的动态演变做一次尝试性的探索和发掘，希望能够拓展和丰富现代市场经济理论的应用框架和研究内容。在实践上，通过结合国内外清洁能源产业发展实践，对中国清洁能源产业支持政策做一次比较系统的研究，有助于确立全国清洁能源在发展中的新地位，改变清洁能源产业发展"大而不强"的整体局面，也有助于为清洁能源产业发展的决策者提供智力支持，从而为推动我国清洁能源产业持续健康发展做出积极贡献。

在传统化石能源逐渐枯竭、国内大气环境污染严重的背景下，一场清洁能源领域的科技革命已经拉开序幕。笔者希冀通过本专题研究，为我国清洁能源产业的发展建言献策。然而囿于自身的能力和水平，书中难免存在诸多不足之处。笔者愿意虚心接受同行专家的批评和指正。

值此成书付梓之际，感谢江西财经大学严武教授对本课题在研究过程中给予的无私指导和帮助，还要感谢参与江西省2016中国特色社会主义理论专项

(16ZT24)课题的薛慧、赵晨、狄春玉、孙美伦、李星星、顾欣和赵桂香等研究生所做的大量调研工作,这些调研资料为本书的撰写提供了大量素材。本书的出版还得到了北京理工大学出版社领导的关心和帮助,孟祥雪、宋肖和多海鹏等编辑同人为本书的审读、校对和出版付出了辛勤劳动,在此一并表示感谢。

当然,对于书中可能存在的错误和不当之处,作者文责自负,并敬请各位读者朋友提出宝贵的意见和建议。

目 录

第1章 中国清洁能源产业发展现状 ······· 1
- 1.1 中国清洁能源产业发展背景 ······· 1
  - 1.1.1 能源消耗日益增多,安全问题逐渐显露 ······· 2
  - 1.1.2 传统能源利用率低,严重破坏生态平衡 ······· 4
  - 1.1.3 清洁能源必将成为未来能源的支柱 ······· 4
- 1.2 中国清洁能源产业发展现状与特征 ······· 6
  - 1.2.1 中国核能产业发展现状与特征 ······· 9
  - 1.2.2 中国太阳能产业发展现状与特征 ······· 14
  - 1.2.3 中国水能产业发展现状与特征 ······· 18
  - 1.2.4 中国风能产业发展现状与特征 ······· 23
  - 1.2.5 中国天然气产业发展现状与特征 ······· 26
  - 1.2.6 中国生物质能产业发展现状与特征 ······· 30
- 1.3 中国清洁能源产业发展的短板 ······· 33

第2章 中国清洁能源产业 SCP 分析 ······· 37
- 2.1 SCP 范式理论发展及分析框架 ······· 37
- 2.2 中国风电产业发展分析 ······· 39
  - 2.2.1 我国风电产业的市场结构分析 ······· 40
  - 2.2.2 风电产业的企业行为分析 ······· 44
  - 2.2.3 风电产业的市场绩效分析 ······· 45
  - 2.2.4 促进我国风电产业发展的政策建议 ······· 48
- 2.3 中国天然气产业发展分析 ······· 49

2.3.1 天然气产业的市场结构分析 ………………………………… 49
　　　2.3.2 天然气产业的企业行为分析 ………………………………… 53
　　　2.3.3 天然气产业的市场绩效分析 ………………………………… 55
　　　2.3.4 促进我国天然气产业发展的政策建议 ………………………… 58
　2.4 中国核能产业发展分析 …………………………………………… 61
　　　2.4.1 核能产业的市场结构分析 …………………………………… 62
　　　2.4.2 核电产业的企业行为分析 …………………………………… 65
　　　2.4.3 核电产业的市场绩效分析 …………………………………… 67
　　　2.4.4 促进我国核能产业发展的政策建议 …………………………… 69

第3章　中国清洁能源产业发展政策的变迁 …………………………… 73

　3.1 清洁能源产业发展政策的逻辑起点 ……………………………… 73
　　　3.1.1 产业发展理论是制定产业发展政策的主要依据 ……………… 73
　　　3.1.2 资源配置理论是产业发展政策的根本依据 …………………… 74
　3.2 中国能源政策演变历程 …………………………………………… 76
　　　3.2.1 自给自足的能源开发战略 (1949—1980 年) ………………… 76
　　　3.2.2 多元互补的能源发展战略 (1981—2005 年) ………………… 76
　　　3.2.3 节约高效的能源安全战略 (2006 年—) ……………………… 78
　3.3 中国清洁能源政策的现状 ………………………………………… 79
　　　3.3.1 中国清洁能源政策总体变化 ………………………………… 79
　　　3.3.2 我国清洁能源政策的现状 …………………………………… 81
　3.4 中国清洁能源产业发展政策的变迁 ……………………………… 82
　　　3.4.1 我国核能的政策演变 ………………………………………… 82
　　　3.4.2 我国太阳能光伏发电的政策演变 …………………………… 86
　　　3.4.3 我国水能的政策演变 ………………………………………… 90
　　　3.4.4 我国风能的政策演变 ………………………………………… 93
　　　3.4.5 我国生物质能的政策演变 …………………………………… 96
　3.5 中国现行清洁能源政策的不足之处 ……………………………… 98

3.5.1 中国现行清洁能源财政政策存在的问题 ………………… 99
3.5.2 中国现行清洁能源税收政策存在的问题 ………………… 100
3.5.3 中国现行清洁能源技术与开发政策存在的问题 ………… 102
3.5.4 中国现行清洁能源金融政策存在的问题 ………………… 103
3.5.5 中国现行清洁能源政策存在的其他问题 ………………… 104

第4章 中国清洁能源产业政策绩效评价 ………………………… 107
4.1 政策绩效评价的相关研究 ……………………………………… 108
4.2 基于SCP范式的清洁能源产业政策绩效评价指标体系 ……… 109
4.3 层次分析法的原理和步骤 ……………………………………… 111
4.4 政策绩效评价结果 ……………………………………………… 113
4.4.1 评价指标权重的确定 …………………………………… 113
4.4.2 三级指标权重的确定 …………………………………… 114
4.4.3 评价结果 ………………………………………………… 117
4.5 研究结论 ………………………………………………………… 118

第5章 国外清洁能源产业扶持政策比较及启示 ………………… 121
5.1 美国清洁能源产业政策演变 …………………………………… 121
5.1.1 美国清洁能源产业的发展背景 ………………………… 121
5.1.2 美国清洁能源扶持政策演变 …………………………… 122
5.1.3 美国清洁能源产业政策演变具体分析 ………………… 126
5.2 欧盟清洁能源扶持政策的演进 ………………………………… 129
5.2.1 欧盟清洁能源的发展背景 ……………………………… 129
5.2.2 欧盟清洁能源发展政策演变 …………………………… 130
5.3 日本清洁能源产业政策综述 …………………………………… 136
5.3.1 日本清洁能源产业的发展背景 ………………………… 136
5.3.2 日本清洁能源产业政策的发展目标与计划 …………… 139
5.3.3 日本清洁能源产业扶持政策的制定与实施 …………… 141

5.3.4 日本清洁能源产业政策的演变 ………………………………… 142
5.4 国外清洁能源产业发展政策对我国的启示 ……………………… 144
　5.4.1 美国模式——政府立法强制模式 ………………………… 144
　5.4.2 欧盟模式——市场协调配置模式 ………………………… 145
　5.4.3 日本模式——政府计划引导模式 ………………………… 146

第6章　中国清洁能源产业培育与发展路径研究 …………………… 149

6.1 中国清洁能源产业的内涵与本质 ………………………………… 149
6.2 中国清洁能源产业的目标定位 …………………………………… 151
　6.2.1 有力的替补能源 …………………………………………… 151
　6.2.2 主流能源 …………………………………………………… 151
　6.2.3 主导能源 …………………………………………………… 151
6.3 中国清洁能源产业的方向定位 …………………………………… 152
　6.3.1 保障能源的供应 …………………………………………… 152
　6.3.2 保护生态环境 ……………………………………………… 152
　6.3.3 提高能源的开发及利用效率 ……………………………… 153
　6.3.4 改善能源结构 ……………………………………………… 153
　6.3.5 推进科学发展 ……………………………………………… 153
6.4 中国清洁能源产业的具体实现路径 ……………………………… 153
　6.4.1 体制机制创新战略 ………………………………………… 153
　6.4.2 财税补贴战略 ……………………………………………… 156
　6.4.3 金融支持战略 ……………………………………………… 161
　6.4.4 培育和完善市场机制战略 ………………………………… 165
　6.4.5 创新驱动战略 ……………………………………………… 167
　6.4.6 技术标准战略 ……………………………………………… 169
　6.4.7 人才队伍的建设战略 ……………………………………… 170
　6.4.8 鼓励清洁能源产业的并购战略 …………………………… 172
　6.4.9 加强清洁能源产业链建设战略 …………………………… 176

6.4.10 宣传和普及绿色消费观念战略 ……………………………… 178
　　6.4.11 完善公共决策机制及监管体制战略 …………………………… 179

第7章　中国清洁能源产业政策支持体系构建 ……………………… 181
7.1 中国清洁能源战略规划和发展目标 ……………………………… 181
7.2 中国清洁能源产业政策体系构建与建议 ………………………… 184
　　7.2.1 财税政策 …………………………………………………… 184
　　7.2.2 融资政策 …………………………………………………… 187
　　7.2.3 人才政策 …………………………………………………… 190
　　7.2.4 技术政策 …………………………………………………… 193
　　7.2.5 国际竞合 …………………………………………………… 196
　　7.2.6 配套措施 …………………………………………………… 200

参考文献 ……………………………………………………………… 205

图表目录

图 1-1 中国能源生产与消费总量对比 ⋯⋯⋯⋯⋯⋯⋯⋯⋯⋯⋯⋯⋯⋯ 2

图 1-2 2016 年世界一次能源消费状况 ⋯⋯⋯⋯⋯⋯⋯⋯⋯⋯⋯⋯⋯ 3

图 1-3 能源分类示意图 ⋯⋯⋯⋯⋯⋯⋯⋯⋯⋯⋯⋯⋯⋯⋯⋯⋯⋯⋯ 6

图 1-4 2016 年世界各国二氧化碳排放量 ⋯⋯⋯⋯⋯⋯⋯⋯⋯⋯⋯⋯ 8

图 1-5 2015—2016 年我国部分省市太阳能发电量 ⋯⋯⋯⋯⋯⋯⋯⋯ 15

图 1-6 2010—1017 年光伏新增装机容量趋势 ⋯⋯⋯⋯⋯⋯⋯⋯⋯⋯ 17

图 1-7 全球主要国家水电开发程度 ⋯⋯⋯⋯⋯⋯⋯⋯⋯⋯⋯⋯⋯⋯ 19

图 1-8 2006—2016 年我国新增和累计装机容量 ⋯⋯⋯⋯⋯⋯⋯⋯⋯ 25

图 1-9 2010—2016 年我国海上风电新增和累计装机容量 ⋯⋯⋯⋯⋯ 26

图 1-10 2007—2016 年天然气产量 ⋯⋯⋯⋯⋯⋯⋯⋯⋯⋯⋯⋯⋯⋯ 27

图 1-11 2007—2016 年天然气储量 ⋯⋯⋯⋯⋯⋯⋯⋯⋯⋯⋯⋯⋯⋯ 27

图 1-12 2007—2016 年天然气消费总量 ⋯⋯⋯⋯⋯⋯⋯⋯⋯⋯⋯⋯ 28

图 1-13 2017 年我国天然气供给地区分布情况 ⋯⋯⋯⋯⋯⋯⋯⋯⋯ 28

图 1-14 生物质能发电形式 ⋯⋯⋯⋯⋯⋯⋯⋯⋯⋯⋯⋯⋯⋯⋯⋯⋯ 31

图 2-1 清洁能源产业 SCP 分析框架 ⋯⋯⋯⋯⋯⋯⋯⋯⋯⋯⋯⋯⋯ 40

图 2-2 2013—2017 年中国新增和累计风电装机容量及同比增速 ⋯⋯ 43

图 2-3 主要盈利指标分析 ⋯⋯⋯⋯⋯⋯⋯⋯⋯⋯⋯⋯⋯⋯⋯⋯⋯ 46

图 2-4 中国及全球风力发电累计装机容量 ⋯⋯⋯⋯⋯⋯⋯⋯⋯⋯⋯ 47

图 2-5 中国及全球风力发电新增装机容量 ⋯⋯⋯⋯⋯⋯⋯⋯⋯⋯⋯ 47

图 2-6 中国占全球风力发电新增装机容量和累计装机容量所占份额 ⋯⋯ 47

图 2-7 2013—2017 年我国天然气进口依存度 ⋯⋯⋯⋯⋯⋯⋯⋯⋯⋯ 52

图 2-8　1970—2015 年我国天然气消费量及增速 …………………… 56
图 2-9　2016 年全球一次能源消费结构 ………………………………… 56
图 2-10　2016 年中国一次能源消费结构 ……………………………… 56
图 2-11　2016 年天然气应用领域占比情况 …………………………… 57
图 2-12　截至 2018 年 9 月我国在运核电机组数量 ………………… 62
图 2-13　截至 2018 年 9 月我国在运核电机组装机占比 …………… 63
图 2-14　2016—2017 年中广核与中核上网电量占核电上网电量比例 …… 63
图 2-15　2018 年我国在建核电装机规模 ……………………………… 64
图 2-16　我国历年核电发电量及同比增速 ……………………………… 69
图 2-17　我国核电占总发电量比例 ……………………………………… 69
图 2-18　2018 年 1—9 月全国发电量统计分布 ……………………… 70

表 1-1　2016 年中国主要能源消费量及其增长速度 …………………… 3
表 1-2　2017 年 1—12 月我国 37 台商运核电机组电力生产情况统计表 …… 10
表 1-3　全球部分国家在运与在建核动力反应堆情况
　　　（截至 2017 年 12 月 31 日）………………………………………… 11
表 1-4　2017 年 1—12 月全国水力发电量产量部分省市统计 ……… 20
表 1-5　我国常规天然气资源区域分布情况 …………………………… 29
表 2-1　中国风电整装机 CR4 …………………………………………… 42
表 2-2　中国风电整装机 HHI …………………………………………… 42
表 2-3　以 HHI 值为基准的市场结构分类标准 ………………………… 42
表 2-4　2011—2015 年中国天然气产量情况 ………………………… 50
表 2-5　企业天然气销售的市场份额 …………………………………… 51
表 2-6　2012—2017 年中核财务指标 ………………………………… 67
表 2-7　2012—2017 年中广核财务指标 ……………………………… 68
表 3-1　我国清洁能源产业规模和目标 ………………………………… 79
表 3-2　2005 年以来中国政府出台的光伏产业激励政策 …………… 87
表 3-3　中国风能源建设阶段目标 ……………………………………… 95

表 4-1 政策绩效评价指标 ·· 111
表 4-2 判断矩阵构造结构 ·· 112
表 4-3 Satty1～9 标度 ·· 112
表 4-4 RI 指标参数 ··· 113
表 4-5 准则层分析 ·· 113
表 4-6 市场结构下政策绩效分析 ·· 114
表 4-7 市场行为下政策绩效分析 ·· 115
表 4-8 政策对市场绩效的相对影响 ······································ 116
表 4-9 层次分析的政策绩效排序 ·· 118
表 5-1 美国单一能源法案 ·· 123
表 5-2 20 世纪 90 年代欧盟能源政策法律汇编 ··························· 131
表 5-3 日本到 2010 年新能源产业发展目标 ······························ 140
表 5-4 日本历年清洁能源法律法规 ······································ 141
表 6-1 不同发展阶段国家财税政策侧重点 ································ 156
表 6-2 清洁能源产业链的基本结构 ······································ 176

第 1 章
中国清洁能源产业发展现状

1.1 中国清洁能源产业发展背景

能源关乎一个国家的生死存亡,能源安全对国家安全有着重要的影响。掌握能源命脉是一个国家独立自主的前提,也是大国崛起的必要条件。人类从诞生起就慢慢开始了对能源的开发利用。早期人们只会利用最原始的大自然给予的能源,如水力、蓄力等。随着工业的发展,水力提供的能源已经远远不能满足社会生产和生活需求,在发现煤炭后逐步解决了这个问题。此后人类的生产与生活越来越依赖于煤炭、石油和天然气等化石类燃料,但是随着人口的增长和工业的高速发展,传统的能源已经满足不了国民经济的需求,并在侵蚀着我们赖以生存的环境。

能源也是影响世界和平的一大重要因素。从人类诞生那一刻至今,对能源的争夺就没有停止过,轰动全球的"海湾战争"和"两伊战争"都是围绕抢夺更多的石油和能源话语权展开的。曾经美国是全球第一大能源消费国,从2010年开始,中国已然超过美国成为世界第一大能源消费国。但随着能源消耗量的不断增加,其燃烧排放的二氧化碳引来的温室效应已经成为全世界共同关注的问题。

能源消耗释放的二氧化碳浓度每增加1倍,全球的平均温度将会增加1.5~4.5摄氏度,两极的气温则会升高到约为平均气温的3倍。全球各国正为了控制二氧化碳而不懈努力着,发展低碳高效清洁的能源是有效遏制全球气候变暖的重大战略措施。2016年4月签署的《巴黎协定》,是国际社会第一次为应对气候危机而建立的持久框架,标志着世界各国正向"低碳"发展而共同努力着。中国是发展中的大国，2016年碳排放总量为91.23亿吨，位居世界第一。对该《巴黎协定》的认可与接受，意味着在今后的发展中中国将承担更多"减排"责任。

1.1.1 能源消耗日益增多，安全问题逐渐显露

按世界上公认的储采比标准，也就是资源已探明储量与年开采量的比值来估算，化石能源使用年限，石油为41年、天然气为65年、煤炭为155年。随着各国工业和经济的迅猛发展，可消耗的化石能源将迅速减少，如果不开发新型能源，未来我们很有可能面临没有能源的风险。

如图1-1所示，国内能源的生产总量有下降趋势，与之相对应的能源消费总量则逐年上升，能源供需不平衡的问题日益突出。当前国际经济政治格局发生深刻变革、国际力量对比快速转变、国内经济社会发展加快转型，我国能源安全正面临前所未有的考验。而能源安全是国家安全的基石，真正实现能源安全就是要能够获得数量充足、价格合理、品质适宜的能源供应保障，优化我国能源安全形势迫在眉睫。我国正处于能源消费转型阶段，最终目的是用清洁、高效的能源代替化石能源。降低煤炭占比、低碳减排也是能源工作的重心。

注：以上数据来源于国家统计局

图1-1 中国能源生产与消费总量对比

由图1-2可见，就能源消耗总额来说，2016年全球一次能源消耗总量为13 276.3百万吨油当量，较2015年13 105百万吨油当量增长1.3%，而其中中国的一次能源消费量为3 053百万吨油当量，占比23%，为全球第一。

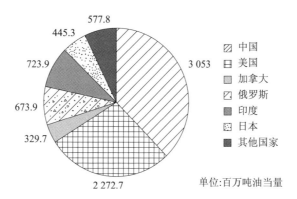

注：以上数据来源于2017年世界能源统计年鉴

图1-2　2016年世界一次能源消费状况

由表1-1可知，我国在2016年一整年的能源消费总量为30.53亿吨油当量，与2015年相比上涨了1.6%。具体来说，煤炭的消费量下降1.4%，石油的消费量增长3.0%，天然气的消费量增长8.0%，核能的消费量增长24.9%，水电的消费量增长4.3%，可再生能源的消费量增长33.7%。煤炭能源消费量占总能源消费量61.8%，比2015年的63.66%下降1.86%。因而可知，整个能源结构在调整，逐渐在向低碳和绿色的方向发展。

表1-1　2016年中国主要能源消费量及其增长速度

单位：百万吨油当量

名称	2015年	2016年	增幅/%
石油	561.8	578.7	3.0
天然气	175.3	189.3	8.0
煤炭	1 913.6	1 887.6	-1.4
核能	38.6	48.2	24.9
水电	252.2	263.1	4.3
可再生能源	64.4	86.1	33.7
总量	3 005.9	3 053.0	1.6

注：以上数据来源于2017年世界能源统计年鉴

从国家层面上来说，能源安全是一个影响国家战略的重要因素。因为其小则与居民的生存、经济的发展、社会的进步与稳定相关，大则与国家经济走势、国防安全相关，是一个国家重要的战略储备。其重要性在经历多次能源危机的冲击后显得尤为重要。在世界范围内，诸多大国都提高了对能源安全的重视，视能源安全为国家安全的重要组成部分。在当今经济一体化的时代，能源安全是经济安全的保证，而国家安全体现在保护经济发展速度的稳定性和发展的可持续性上，这一点就清楚地体现了能源安全对一个国家的重要意义。

1.1.2 传统能源利用率低，严重破坏生态平衡

随着改革开放方针的进一步推进，我国的第二产业发展迅速，在能源方面，虽相较于之前其利用率有了显著的提升，但与发达国家相比仍存在较大的差距。传统的火力发电厂，煤燃烧发电的利用率是 35% 左右，用煤做燃料发电并供热的热电厂，能源利用率在 45% 左右。[①] 根据国家能源局的调查结果，我国仅于 2016 年一年所消耗的标准煤炭数量就高达 16.86 亿吨，而标准煤炭属于不可再生能源。

近年来，冬季雾霾现象愈演愈烈，传统的火力发电所带来的污染不得不引起重视，我国相应开启了利用清洁能源替代煤炭的行动，如天然气，并在全国范围内大力推行"煤改气"和冬季清洁取暖项目。"十三五"期间准备改造 18.9 万吨工业燃煤锅炉，在京津冀及周边等地设立禁煤区，重点突破"2+26"个通道城市的大气治理问题。一系列政策法规的实施，均可在发达国家清洁能源替代历程中寻找到类似痕迹。[②] 回首总结发达国家的治理经验，其中一些成功的经验值得借鉴，为我国推进清洁能源建设提供了很好的方向。

1.1.3 清洁能源必将成为未来能源的支柱

纵观未来能源发展趋势，清洁能源正逐步走向世界舞台，并将在未来成为最

---

① 关于分布式能源的简介可参考 http://www.docin.com/p-1508646988.html
② 2017 年我国能源环保问题分析可参考 http://www.chyxx.com/industry/201710/574583.html

闪耀的新星。其原因具体体现在以下几点：一是清洁能源的发展空间大，不受储备量的限制（我国的太阳能、水能、风能和生物质能资源丰富，位居世界前列，具有很大的先天优势）；二是由于储量的限制，传统能源的成本有增加的趋势；三是我国的生态文明建设和环境保护政策有力地支持和促进了清洁能源的发展。

发展至今，我国已越于全球能源消耗大国的榜首，对于能源的需求越来越大。然而，我国的能源发展依旧存在诸多不可忽视的问题，特别是传统能源消耗占比过大，这将导致传统能源的持续消耗，资源储备的迅速下降，对国外能源的依赖不断增加。针对这种情况，我国很早就大力推进新能源建设，为新能源的发展提供了许多优惠的补贴政策。

尽管目前煤炭消费依然领导着我国的能源消费，但能源结构在持续改进。目前我国化石能源消费高速增长的情况已经得到相对合理的控制，2016年化石能源消费占比为62%，为历史最低。根据2018年全国能源工作会议中要坚决夺取煤炭去产能任务的决定性胜利的工作部署，以及十九大报告中的新定位：中国将引导国际气候变化合作，成为全球气候变化的重要参与者、贡献者和领导者。这暗示了未来国内减少碳排放量的目标将按计划进行，甚至有可能提前完成，而且为了环保大业，我国将制定更严苛的温室气体减排措施，此举措将对煤炭消费构成更严格的限制。由此可得，未来各省市将会限制对煤炭的需求，煤炭消费将可能控制在较低的水平。

我国在新能源建设的问题上不遗余力，将能源发展问题作为未来我国整体发展的首要考虑因素。在政策引导与大力发展下，近几年我国的新能源发展取得了诸多可喜的成绩，在能源的利用率上已经有了很大提升，逐步迈入商业化的前期阶段。今后，传统能源将逐步退出历史舞台，我国新能源将着重向完全商用方向发展，能源行业结构调整将成为能源行业的必经之路，我国的新能源行业前景不可估量。

1.2 中国清洁能源产业发展现状与特征

我们对"能源"这个词并没有一个标准的定义,其相关的解释约有 20 种。在《大英百科全书》中对能源做出了以下定义:"能源是一个专业化名词,阳光、流水、风以及所有燃料都包括在内,人类通过一定的转换方式将它转变为自己所需要的能量。"而中国的《能源百科全书》中这样定义能源:"能源是通过直接或者转换的方式提供给人类需要的光、热和动力等任何一种形式的能量载体。"从以上定义可以得出结论:能源的存在形式多种多样,并且可以在特定的条件范围内在不同的形式中转换。简单点说,能源就是我们可以从自然界中获得的所有物质资源,并且它可以以各种形式来提供给人类。

如果按照基本形态分类,能源可以分为一次能源和二次能源。一次能源主要指自然界中的资源未经加工转换的能量,又称天然能源,如煤炭、石油、天然气和水能等。二次能源指由一次能源加工转换而成的能源产品,如电能、煤气及各种石油制品等。[①] 一次能源又可分为可再生能源(风能、水能及生物质能)和不可再生能源(煤炭、石油、天然气和油页岩等)。能源分类示意图如图 1-3 所示。[②]

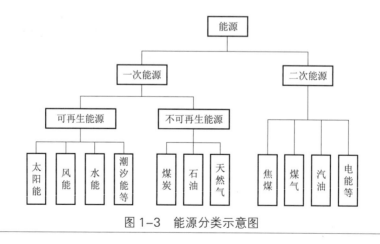

图 1-3　能源分类示意图

[①] 张元元,王琴梅. 能源消耗与陕西省产业结构关系的实证研究[J]. 经济与管理,2011,25(9):79-83.

[②] 刘红丽. 促进我国清洁能源发展的财税政策研究[D]. 天津工业大学,2017.

如果从环境保护的角度来看，清洁能源可分为狭义和广义两种。狭义清洁能源主要包括在开发和使用阶段并且在后续排放的各个阶段内都不会对环境产生污染与损害的能源。如果仅是在开发与使用阶段不对生态环境产生损害，那么这种能源就是我们常说的广义清洁能源。即便清洁能源对环境产生损害，也是非常罕见的，远远低于传统的化石能源。广义清洁能源一般包括风能、太阳能、地热能、生物质能与天然气等。而清洁能源也可分为可再生清洁能源和不可再生清洁能源。可再生清洁能源很常见，在开发和运输过程中几乎无污染或很少受到污染，如太阳能、风能、水能和海洋能等。这些就是我们平常所说的自然馈赠能源，取之不尽，用之不竭，也是最理想的能源。与其相反的是不能重复利用的不可再生清洁能源，它对环境的损害远不及化石能源大，换句话来说，不可再生清洁能源可以缓解传统能源给环境造成的极大污染。

日益短缺的传统能源与其严重的污染性和全球对能源的需求日益增长相矛盾，解决这一难题的有效渠道就是发展清洁能源。我国在新能源储量上有着先天的优势，自然资源十分丰富，若加以大力开发并拓宽其应用范围、努力更新技术，将有利于国家的积极发展和气候的改善。

在党的十八大以后，我国的能源消费结构发生了重大改变，并提高了转变能源的利用方式的速度。煤炭消费比例累积下降1.86%，由2015年的63.66%降至2016年的61.8%；全国的煤炭产量下降7.9%，是从开始追踪该数据的1981年以来的最大年度降幅。与此同时，清洁能源消费占全部能源消费的比例大幅度提升。我国在生产与制造、居民日常取暖、交通运输等领域有序地推进电能替代和天然气替代，且其替代范围不断扩大，与其相对应的是二氧化碳排放量有所下降。2016年，我国二氧化碳排放量较2015年的9 164.5百万吨连续第二年下降，为9 123.0百万吨（见图1-4），但其占全球排放量一直居高不下，为27.3%。

最近几年，以清洁能源的投资额进行排名，我国始终位于世界首位。与此同时，以各类清洁能源的相关装置的装机量和产出量进行排名，我国也都为世界第一。较传统能源行业来说，清洁能源对研发与投入的要求更高，相应的准入成本

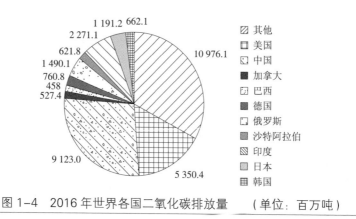

图 1-4　2016 年世界各国二氧化碳排放量　（单位：百万吨）

也高，与此对应的便是利润较低，可以说是几乎无利可图。由此，我国最近颁布的政策对清洁能源行业的支持和补贴较大，其中国有资本占了大多数。但随着清洁能源行业平稳有序的发展，最近几年的补贴政策也发生了相应的改变，逐渐重视并鼓励清洁能源市场的自主调节能力。光伏风电的平价上网和新能源汽车的补贴退税等政策都显著地展现了这一政策的影响。

除此之外，政府对能源的发展依旧倾向于绿色低碳，而相应的政策也明确地表明了对清洁能源行业支持的态势。希望未来的能源结构是以清洁低碳能源为主，高效利用的化石能源为辅。逐步降低煤炭消费占总能源消费的比例，并鼓励使用天然气和非化石能源，从而大幅度地降低二氧化碳的排放量，改善能源生产结构与布局，促进我国生态文明的建设。

在能源效率不断提高的同时，能源科技创新也取得了很大的成效。能源发展的大方向为：加快技术设备创新示范项目的建设，使一批自主关键技术成为世界先进技术，重大核心设备取得突破，逐步实现清洁、低碳、安全、高效的发展。从能源发展绩效指标可以看出，我国能源产能利用率明显提高，清洁能源将会有不可估量的未来。

我国各省份新能源领域相关产业的发展速度也不平衡，这种不平衡主要表现在能源转化过程的发展上，其主要与资源状况、经济发展水平、节能减排压力等有关。一般而言，"三北"地区的新能源开发量虽然相对较高，但废弃率也较高，资源吸收率较低。我国东南部的新能源相关产业发展则相对缓慢，对传统能源的依赖程度较高。①

1.2.1 中国核能产业发展现状与特征

核能又称为原子核能,是在核反应过程中从原子核中释放出来的能量,具体有三种形式,分别是核裂变、核聚变和核衰变。核电站就是利用核能来大规模生产电力的发电站,而核电站中所用的主要核燃料的有效成分是铀235,据测试,如果让1千克铀235的原子核全部发生裂变,则它释放出的能源约等同于2 700吨标准煤完全燃烧所释放出的能量。根据新能源概念的定义,新能源与核能属于包含关系,也就是说核能属于新能源的一种,也是一种清洁能源。因其具有耐久性、经济性、安全性和清洁性等特点,被广泛认为是最具发展价值和发展潜力的新型能源。

1. 起步慢,发展猛,空间大

中国核电的快速发展始于20世纪80—90年代,1993年在全球电力供应中的占比就已高达17%。2011年日本福岛核事故发生后,世界各国开始重新审视其能源政策,部分国家将能源发展的重心转向可再生,尤其是非水电可再生能源的开发利用。以法国为例,作为全球唯一以核能为主要电力供应来源的国家,法国计划到2025年,将核电占比由目前的75%降至50%。而针对现阶段我国的发展情况,核能在当前是一种较理想的过渡能源,因此,我国制定了发展核电能源的总体方针,在未来相当长的一段时间内,要积极、稳妥地发展核能,使核电占我国总发电能力的比例逐步增加。

尽管中国的核电开发起步较晚,从20世纪80年代开始建设核电站,但其发展速度迅猛,运行性能已经超过世界平均水平。随着核电技术的加速应用和国内生产比例的稳步提高,中国核电产业在2013年左右逐步发展为批量、大规模、集约化生产。在2018年中国核能可持续发展论坛上,中国核能源工业协会发表了《中国核能发展报告》(2018)蓝皮书,其中我们可以看到:到2017年年底,全国共有37台商运核电机组投入运行,装机容量3 581万千瓦,全国发电量2 474.69

---

① 新能源发展:顶层设计下的政策效应. https://baijiahao.baidu.com/s? id = 1590981428286572614&wfr=spider&for=pc

亿千瓦时，占全国发电量的 3.94%，居世界第三位，具体生产情况如表 1-2 所示。

表 1-2　2017 年 1—12 月我国 37 台商运核电机组电力生产情况统计表

核电厂/机组		装机容量/兆瓦电力	发电量/亿千瓦时	上网电量/亿千瓦时	核电设备平均利用小时数/h	核电设备平均利用率/%
秦山核电厂		310.00	28.14	26.16	9 077.42	103.62
大亚湾核电厂	1 号机组	984.00	87.26	83.43	8 867.89	101.23
	2 号机组	984.00	77.07	73.77	7 832.32	89.41
秦山第二核电厂	1 号机组	650.00	57.30	53.85	8 815.38	100.63
	2 号机组	650.00	51.17	48.03	7 872.31	89.87
	3 号机组	660.00	50.86	47.68	7 706.06	87.97
	4 号机组	660.00	52.26	48.99	7 918.18	90.39
岭澳核电厂	1 号机组	990.00	73.36	70.20	7 410.10	84.59
	2 号机组	990.00	80.84	77.21	8 165.66	93.22
	3 号机组	1 086.00	80.10	75.20	7 375.69	84.20
	4 号机组	1 086.00	81.79	76.77	7 531.31	85.97
秦山第三核电厂	1 号机组	728.00	49.08	45.43	6 741.76	76.96
	2 号机组	728.00	60.68	55.99	8 335.16	95.15
田湾核电厂	1 号机组	1 060.00	84.59	78.69	7 980.19	91.10
	2 号机组	1 060.00	88.21	82.02	8 321.70	95.00
红沿河核电厂	1 号机组	1 118.79	77.83	71.84	6 956.62	79.41
	2 号机组	1 118.79	62.50	58.12	5 586.39	63.77
	3 号机组	1 118.79	60.24	55.94	5 384.39	61.47
	4 号机组	1 118.79	35.42	32.72	3 165.92	36.14
宁德核电厂	1 号机组	1 089.00	76.19	71.58	6 996.33	79.87
	2 号机组	1 089.00	86.91	80.84	7 980.72	91.10
	3 号机组	1 089.00	84.14	78.76	7 725.35	88.20
	4 号机组	1 089.00	57.84	53.52	5 311.29	60.63

续表

核电厂/机组		装机容量/兆瓦电力	发电量/亿千瓦时	上网电量/亿千瓦时	核电设备平均利用小时数/h	核电设备平均利用率/%
福清核电厂	1号机组	1 089.00	79.84	74.55	7 331.50	83.69
	2号机组	1 089.00	78.42	73.17	7 210.10	82.20
	3号机组	1 089.00	63.30	59.02	5 812.67	66.35
	4号机组	1 089.00	27.43	25.71	2 518.82	99.60
阳江核电厂	1号机组	1 086.00	92.37	87.00	8 505.52	97.10
	2号机组	1 086.00	80.08	74.97	7 373.85	84.18
	3号机组	1 086.00	78.96	73.96	7 270.72	83.00
	4号机组	1 086.00	68.04	63.69	6 265.19	89.41
方家山核电厂	1号机组	1 089.00	81.07	76.29	7 444.44	84.98
	2号机组	1 089.00	80.00	75.22	7 346.19	83.86
昌江核电厂	1号机组	650.00	37.12	34.17	5 710.77	65.19
	2号机组	650.00	37.47	34.11	5 764.62	65.81
防城港核电厂	1号机组	1 086.00	56.17	52.13	5 172.19	59.04
	2号机组	1 086.00	70.64	65.69	6 504.60	74.25
合计		35 807.16	2 474.69	2 316.42	7 108.05	81.14

注：数据来源于中国核能行业协会 http://www.china-nea.cn/site/content/32110.html

截至2017年12月31日，全球拥有454台在运商业核动力反应堆，另外还有54座商用核动力反应堆在建，其中部分国家在运和在建的核动力反应堆情况如表1-3所示。

表1-3 全球部分国家在运与在建核动力反应堆情况（截至2017年12月31日）

国家	在运反应堆	在建反应堆	长期关停机组数	暂时关停机组数	年发电总产量（含核电）/百万千瓦时	核电年生产情况/百万千瓦时	核电占发电总量份额/%	其他电能占发电总量份额/%
比利时	7	0	0	1	80 291.21	40 040.93	49.86	50.14
加拿大	19	0	0	6	656 130.74	96 073.57	14.64	85.36

续表

国家	在运反应堆	在建反应堆	长期关停机组数	暂时关停机组数	年发电总产量（含核电）/百万千瓦时	核电年生产情况/百万千瓦时	核电占发电总量份额/%	其他电能占发电总量份额/%
中国	46	11	0	0	6 275 820.00	247 469.00	3.94	96.06
法国	58	1	0	12	529 400.00	379 100.00	71.61	28.39
德国	7	0	0	29	620 542.00	72 162.80	11.63	88.37
印度	22	7	0	0	1 081 127.68	34 853.44	3.22	96.78
日本	42	2	0	18	806 362.00	29 073.00	3.61	96.39
俄罗斯	37	6	0	6	1 053 861.90	187 499.21	17.79	82.21
瑞典	8	0	0	5	159 081.00	63 062.89	39.64	60.36
美国	98	2	0	35	4 014 804.00	804 950.00	20.05	79.95
英国	15	0	0	30	331 620.00	63 887.00	19.27	80.73

注：数据来源于原子能机构"动力堆信息系统"http：//www.iaea.org/pris

据原子能机构统计数据显示：一些发达国家从20世纪50年代开始大力发展核能，而中国秦山核电站直到1991年12月15日才开始顺利并网发电。在经济快速稳定发展的背后，人们对能源的需求也在不断扩大，而核电的发展速度也正在加快。2017年WANO综合指数显示：中国核电运行和建设水平处于世界领先地位，福清核电1号机组排名世界第一，得分100分。中国核工业总公司副总经理孙又奇在第十一届中国国际核工业展览会上介绍说：中国已经建成并投入运行的核电机组有11个，总装机容量910万千瓦，核电项目有10个。此外，我国南方一些省份的核电站仍处于准备阶段，核电装机容量占全国总装机容量的2.2%。与世界核能平均水平17%相比，我国的核能利用和核能工业还有很大的发展空间。[①]

中国核电产业一直坚持自主创新，规模和能力都有显著的提升。2017年，

---

① 徐步朝，张延飞，花明. 低碳背景下中国核能发展的模式与路径分析［J］. 资源科学，2010，32（11）：2186-2191.

中国核能发电累计 1 007.47 亿千瓦时，这标志着我国每年的核能发电量已经达到千亿目标。根据此前我国发布的核电"十三五"规划与《核电中长期发展规划 (2011—2020 年)》，相关的研究机构曾预测截止到 2022 年，我国核电的总体装机容量将超过 6 800 万千瓦，在建的装机容量超过 3 000 万千瓦，2017—2022 年均复合增长率为 13.25%，核电产业的发展空间十分大。[①] 从英国石油公司给出的 2017 年能源展望数据中可以看出，2016—2040 年，中国核电平均每年的增长速度将为 8%，且到 2040 年，中国的核电发电量将占全球核电发电总量的 36%。

2. 安全水平不断提高，安全操控稳定运行

安全是核电发展的主要问题：世界上的几个重大核事件的发生，使得对于核电站的建设与核电的使用方面一直没有很大的进展，经历了一段冷却期后其才逐渐有回暖的势头。2017 年，中国核电发展严格遵守法律法规，采取各种措施加强核安全文化建设。例如，通过 3655 经营管理体系、GOSP（政府开放系统计划）生产管控体系以及公司内控体系，进一步巩固安全管理基础，明确各个部门的职责和接口流程；建立设备可靠性委员会，继续推进并加强设备可靠性的管理，提高设备稳定性，不断加大安全管理投入，深度开发和使用并就运行管理加大科研的投入[②]。

在此背景下，中国核电在安全管理方面取得了许多成就。2017 年，世界核电运营者协会（WANO）组织了"电力公司同行评估"回访考核，我国核电收到了良好的评价。此外，2017 年，我国 17 个核电机组全部安全稳定运行，安全指标总体稳定，没有国际原子能机构国际核事件 1 级或以上操作事故，没有环境污染和辐射污染事件，也没有重大的火灾和爆炸事件、交通事故和职业危害。同时，我国核电行业不断提升检修管理水平，对检修安全、检修期限、检修质量和检修成本的控制进行了优化。在确保安全和质量的前提下，全年进行了 10 次大修，缩短计划工期 47.9 天，并且做到比原计划多发电 11.12 亿千瓦时。

3. 积极探索，主动发展

在保证安全稳定运行的前提下，中国核电在 2017 年也取得了令人称赞的可

---

① 杨萌. 核电工业获政策性支持，每年千亿元级新增投资可期[N]. 证券日报, 2018-06-12.
② 中国核电 2017 年年度报告. http://data.eastmoney.com/notices/detail/601985/AN201804191126527810.

喜成绩。我国核电逐渐脱离什么都需外购的处境，如今，我们始终坚持自主创新，吸引国外优秀的技术，建立独立的核电技术。而这一条从跟跑到领跑的"核"力逆袭之路，以中国广核集团、中国建筑第二工程局为代表的一代又一代核电建设者不懈努力了将近40年。近年来，中国核电遇到困难不再畏惧，而是迎难而上、主动作为，紧密围绕中国核电"三化战略"和3655经营管理体系，取得了华龙首堆提前66天穹顶吊装、中国核电八大技术服务产品发布、计划预算考核（JYK）三合一体系高效运作以及4E信息化工程的重要成果等诸多佳绩。①

中国核电不仅在国内发展态势良好，而且在国际核电项目上的表现也可圈可点。如建立中国核能（英国）有限公司制度体系，完成第一阶段注资；积极推动国际核能科技合作，与俄罗斯、英国、加拿大等国家在科学技术方面取得新进展。WANO 上海中心顺利推进，取得阶段性成果等。以上成果表明，我国核电国际化水平在不断提高，正逐步显示出在世界舞台上的优势。

1.2.2 中国太阳能产业发展现状与特征

虽然太阳辐射到地球大气中的能量只占其总辐射能量的22亿分之一，但却高达173 000 太瓦，这意味着太阳每秒照射到地球上的能量相当于500万吨煤，每秒照射到地球的能量则为 1.465×10^{14} 焦。②

太阳能通常是指太阳的热辐射能。自从地球上有生命迹象的那一刻起，这些生物就主要靠太阳提供的热辐射生存。自古以来，人类也能够利用太阳的热辐射能干燥物体及制作食物，如盐和咸鱼。随着经济的高速发展与对能源的急切需求，不可再生的化石燃料正以一种不可阻挡的速度减少，与此同时，太阳能已逐步成为人类能源使用的重要组成部分，并且正在不断向上发展，是一种新的可再生能源。通常太阳能被使用有两种方法：光热转换和光电转换。

我国地域辽阔，相应的太阳能资源十分丰富，大体表现在西多东少。太阳能丰富地区主要分布在西部如青海省、内蒙古自治区、西藏自治区，而太阳能发电

---

① 中国核电2017年年度董事会经营评述. http://yuanchuang.10jqka.com.cn/20180420/c604028476
② 张抒阳，张沛，刘珊珊. 太阳能技术及其并网特性综述［J］. 南方电网技术，2009，3（4）：64-67.

量稀缺的地区主要分布在东部沿海城市，如天津市、上海市。2016 年，青海省太阳能发电量为 89.91 亿千瓦时；内蒙古自治区太阳能发电量为 83.26 亿千瓦时，位居第二；天津市太阳能发电量为 0.16 亿千瓦时；上海市太阳能发电量为 0.45 亿千瓦时。2015—2016 年我国部分省市太阳能发电量。如图 1-5 所示。

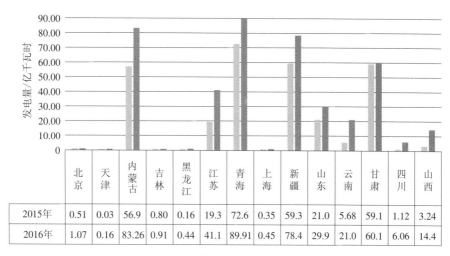

注：以上数据来源于 2017 中国能源统计年鉴

图 1-5　2015—2016 年我国部分省市太阳能发电量

利用光伏电池来吸收太阳辐射产生的能量并将其直接转换成电能就是太阳能光伏发电的原理。虽然我国太阳能光伏发电起步较晚，技术较落后，但经过几年的发展，也取得了较大的进步与突破。太阳能光伏发电产业链主要由五部分组成，分别为硅提纯、硅片生产、光伏电池制作、光伏电池组件制作和应用系统。由于技术的更新，整个光伏发电产业链的入门门槛越来越低，相关企业也越来越多，太阳能光伏发电已逐渐成为中国新的清洁能源产业支柱。

太阳能光伏电站具有以下三个特点：

一是电站建设具有周期性。光伏电站的工作原理是吸收太阳能并将其转化为电能，它的特点决定了光伏效率不可避免地会受到太阳辐射的影响。太阳辐射有自身的规律：从低到高，再从高到低，太阳能光伏发电厂的发电效率也呈现出相应的周期性变化。

二是电厂发电具有一定的间歇性和随机性。众所周知，我国属温带大陆性气候，气候多变，而气候的变化也会影响太阳辐射的变化，从而影响光伏发电厂的效率，这一点就充分说明了光伏发电厂具有随机性和间歇性。在晴天，由于云层稀疏，大气削弱作用对太阳能的影响较小，因此到达地表的辐射值很高，光伏发电效率较高；而阴雨天气则相反，由于云层厚度增加，大气削弱作用对太阳能的影响较大，因此到达地表的辐射值较低，光伏发电效率就要低很多。

三是场地偏远。太阳能光伏发电是以太阳能为基础的，所以对选址方面尤为重视。对太阳能电站建设项目选址时，往往会选择光强高、日照时间长、太阳能资源丰富的地区。因此，我国大部分大型光伏并网电站都建在西北、华北和华南地区。这些地方不仅有良好的照明条件，而且有丰富的土地资源。大量的沙漠和海滩地区都非常适合建设具有巨大土地需求的太阳能光伏电站。由于这些地方人烟稀少，因此在光伏电站控制方式的设计中经常采用远程监控或集中监控的方式。

2013—2016年，我国光伏产业成本不断降低，光伏产业链的经济优势逐渐显现。2017年，国家发布了分布式补贴政策：分布式补贴标准为每千瓦时0.42元（含税，下同）。光伏发电项目实行基准电价标准或者电价补贴标准，从投产之日起，原则上将实行20年。全球太阳能光伏发电装机容量由2012年的100.5吉瓦[①]上升到2016年的306.5吉瓦，目前年复合增长率已累计达到32.15%。在2017年补贴减少的背景下，我国光伏发电实现了爆炸式增长，全年新安装53.06吉瓦，比2016年增加了53.62%，其中19.4吉瓦分布式安装，占40%左右。

近年来，从光伏发电的平价战略、分布式光伏的推广、"领跑者"计划和光伏扶贫工程的实施都可明显地看出我国光伏产业有很大发展空间。2017年前三季度，我国光伏发电新装机容量达到42吉瓦，比2016年同期增长近60%，超过2016年装机容量34.54吉瓦。其中，分布式光伏发电的装机容量约为15吉瓦，

---

① 1吉瓦 = 100万千瓦。

占新装机容量的 37.50%，比 2016 年同期增长了 300% 以上。[①]2010—2017 年光伏新增装机容量趋势如图 1-6 所示。

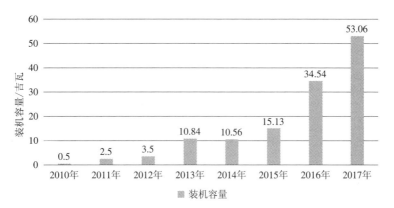

注：以上数据来源于中国产业信息网

图 1-6　2010—2017 年光伏新增装机容量趋势

目前，我国光伏发电安装区呈现东、中、西共同发展，并不断向中东地区转移的格局。在 2016 年，西北地区新增光伏发电装机容量 974 万千瓦，占全国的 28%；其他地区安装了 2 480 万千瓦，占全国的 72%；在东部和中部地区，9 个省的装机容量增加超过 1 000 万千瓦，即山东省 322 万千瓦，河南省 244 万千瓦，安徽省 225 万千瓦，河北省 203 万千瓦，江西省 185 万千瓦，山西省 183 万千瓦，浙江省 175 万千瓦，湖北省 138 万千瓦，江苏省 123 万千瓦。

在"十三五"期间，中国逐步建成了分布式光伏应用示范区。到 2020 年，将建成 100 个分布式光伏应用示范区。在示范区内，光伏发电设备将安装到 80% 的新建屋顶和 50% 的现有建筑屋顶上。并且对建在工业园区、经济开发区、大型的工矿企业、学校、医院、商业圈等发展条件较好的公共建筑的光伏工程执行统一规划、政府领导、企业自愿、国家财政支持和社会参与的方法。在具有良好太阳能资源和电网接入条件的农村和小城镇，我国将推动住宅屋顶光伏项目，结合新城市化、旧城改造、新农村建设等屋顶光伏项目，形成了一些光伏项目，打

---

① 2018 年中国光伏产业发展现状分析及未来发展前景预测. http://www.chyxx.com/industry/201803/624728.html

造光伏新城市、光伏新农村。同时，重点建设采煤沉陷区光伏发电综合治理工程，如山西大同(300万千瓦)、山西阳泉(220万千瓦)、山东济宁(100万千瓦)、内蒙古包头(200万千瓦)，并积极推进安徽淮河、辽宁、山西、内蒙古等地采空区及备用区光伏发电项目的开发建设，这个项目预计总规模将达到1 540万千瓦。到2020年，容量将超过1 000万千瓦。据估计，到2020年，年利用总规模将达到1.5亿吨标准煤，其中太阳能发电每年节约5 000万吨标准煤，由此，二氧化碳排放总量可减少2.8亿吨，硫化物排放量可减少690万吨。"十三五"期间，太阳能产业对我国GDP的贡献预计达到10 000亿元，太阳能热利用产业的贡献将达到8 000亿元。太阳能利用行业的从业人员可达700万人，太阳能热利用行业的从业人员可达500万人。[①]

我国在太阳能发展领域位列全球第一，具有成熟的太阳能产品和体系。由于废弃光问题尚未完全解决，未来中国集中式电站的增长速度将相对较慢，并且受"领跑者"项目的影响，因此即使是普通的地面电站，对组件的要求也越来越严苛。分布式光伏作为突破点来缓解这种局面，有望迎来发展的高峰期。

1.2.3 中国水能产业发展现状与特征

水承载着能量，主要是指水的动能、势能和压力能，是一种较为经济与清洁的能源。水的循环主要是依靠太阳能，使江河湖海中的水蒸发成水蒸气后又通过降雨或降水的形式返回到江河湖海。目前在全球范围内对水能的利用比较普遍，发达国家对水能资源开发程度总体较高，如瑞士、法国、意大利开发程度均已达到80%。与这些国家相比，我国的水电开发程度只有37%，水能的开发之路还有很长的一段路要走，提升空间十分大。全球主要国家水电开发程度如图1-7所示。

---

① 2017年中国新能源重点细分行业发展现状、新能源行业发展趋势及投资前景分析. http://www.chyxx.com/industry/201701/491284.html

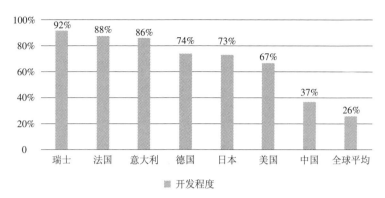

图1-7 全球主要国家水电开发程度

水电资源最突出的特点是无污染、可再生，我国的水电开发对河流的综合治理和利用也起到了积极的作用，同时对促进国民经济的发展，改善能源消费结构，缓解煤炭、石油等化石资源消耗造成的环境污染具有重要意义。因此，水资源将被置于世界能源发展战略的优先地位。

在清洁能源刚开始发展时，水能就显示出举足轻重的地位，它是最早被开发并研究的。现在水能在我国的主要作用是发展发电技术并使其应用范围进一步扩大，这些水电站为我国经济建设提供了强有力的支持。我国的水能资源异常丰富，技术与经济的可开发量以及已建和在建开发量均处于世界第一的位置，水力资源是我国能源资源中最主要的组成部分。

而我国水能资源分布有如下特点：一是分布不均匀。我国西南地区的水能资源丰富，占全国水能资源的66.7%，而东部的水能资源不到5%。二是江、河的来水量变化大。受自然现象的影响，其年内与年际的发电量变化大。三是中小型水电站分布广泛。根据当地需求抑或是政府的要求，一些河流建立的诸多水电站主要分布在经济欠发达地区。据统计，中国2017年12月水力发电量为735.9亿千瓦时，比去年同期增长14%；2017年1—12月累计水力发电量为10 818.8亿千瓦时，比去年同期增长3.4%，如表1-4所示。我国水电资源分配不均的状况与其地区经济发展情况匹配，从河流的角度来看，水电资源主要集中在长江和黄河的中上游、雅鲁藏布江的中下游、珠江的上游、澜沧江的上游、怒江的上游和黑龙江的上游。这7条河流可开发的大中型水电资源都超过千万千瓦，这个数量大约可达全国大中型水电资源总和的90%。全国范围内大约有18条河流的大中型水电可超过100万千瓦，其水电资源占全国大中型资源的97%。

表1-4 2017年1—12月全国水力发电量产量部分省市统计

单位：亿千瓦时

地区	本月产量	本月止累计	本月同比增长/%	本月止累计同比增长/%
全国	735.9	10 818.8	14	3.4
北京	1	11.2	−2.4	−8
天津	—	—	—	—
河北	0.6	12.3	−34.8	−24.5
山西	3	38.9	11.5	10.1
内蒙古	1.9	18.8	46.6	19.7
辽宁	1.6	25.7	−1.7	−23.5
吉林	2.5	64.7	−46.6	−17.7
黑龙江	0.4	17	−39.2	4.7
上海	—	—	—	—
江苏	2.9	27.5	126.1	64
浙江	7.7	156.1	0.5	−16
安徽	2	41.6	−2.4	−3.3
福建	15.3	324.7	−34.4	−26.6
江西	5.4	84.5	−23.6	−8.9
山东	0.3	6	−73.2	−56.1
河南	8.6	96.6	59.1	8.8
湖北	73.2	1 459.2	−0.5	6.2
湖南	30.4	516.8	−1.2	−3.4
广东	22.4	328.9	9.9	−7.8
广西	48.5	555.7	62.1	−0.6
海南	0.6	9.3	−21.5	7.6
重庆	10.7	215.5	11.1	−1.7

续表

地区	本月产量	本月止累计	本月同比增长 /%	本月止累计同比增长 /%
四川	206.9	2 909.9	11.4	7.6
贵州	48.3	658.4	103.8	0.4
云南	177.2	2 277.6	13.6	10.1
西藏	3.3	43.6	14	4.9
陕西	6.1	119.7	−14.5	24.2
甘肃	17.2	286.2	9.3	8.7
青海	25.6	293.1	61.9	4.9
宁夏	1.1	15.4	15.2	10.3
新疆	11	204	−2.6	5.7

注：以上数据来源于国家统计局。

从行政区域划分的角度来看，在经济发展相对滞后的西部地区，水电资源相对比较丰富。西南和西北的省、市、自治区，包括四川省、云南省、贵阳市和广西壮族自治区等地都是全国水电发电量较高的省市。而经济相对发达、人口相对密集的东部沿海省市，如山东省、黑龙江省、辽宁省，其发电量则不尽如人意。改革开放以来，沿海地区经济正走向快车道，相应的电力需求与消耗增加，电力负荷迅速增长。目前，东部沿海地区11个省市的用电量占全国总用电量的51%，而这种情况会持续一段时间，很难在短时间内逆转。为达到东部经济发展的需要，我国将进一步加快西部地区的水电开发并将"西电东送"的部署加速开展并落实。

江、河来水量变化大。中国是世界上受季风影响最鲜明的国家之一，冬季主要受西伯利亚北部和蒙古高原干冷气流的控制，干旱、缺水。夏季受太平洋和印度洋上空的温暖潮湿气流控制，热且多雨。受季风影响，年降水量和降水时间高度集中，雨季2~4个月的降水量可达到全年的60%~80%。这些不利的自然条件要求我们不得不考虑水电规划和建设中的水量调度问题，充分发挥水电供应的质量，确保系统的整体效益。①

根据能源局在 2016 年 12 月发布的"能源发展'十三五'规划"可知，我国预计到 2020 年的装机容量目标为 2 000 吉瓦左右，这其中常规水电规模达到 340 吉瓦，大型抽水蓄能电站规模达到 40 吉瓦。② 据统计，在"十二五"计划结束时，长江上游、黄河上游和乌江等 7 个水电基地建设已经取得初步成效。到 2020 年年底，将继续推进这 7 个水电基地的建设并逐步完善配套的水电输出渠道，向资源稀缺的地区输送电力。

水电开发直接解决了边远地区电力短缺的难题。小水电站支撑着全国大约一半地区的电力。小水电相对便宜，这就促进了农村和农副产品的发展，从而推动了农村经济有序的发展。小水电的开发对农业灌溉和防洪也有非常重要的影响。它也为人们提供了就业机会，在一定意义上带来了非常显著的社会效益。

由于建设小水电站本身就有诸多优势，并考虑到我国的国情，因此国家一直鼓励当地人自筹资金、自我建设、自我管理。在财政和税收方面，国家也出台了相应的政策来适当地减免，并用来筹集电力，所有的利润都用于小水电的建设和改造。国家能源管理局于 2017 年 9 月发布的《关于减轻可再生能源领域涉企税费负担的通知》明确规定，如果销售水电的水电站单个项目装机容量达到 5 万千瓦及以上，则按 13% 征收增值税；2018 年 1 月 1 日至 2020 年 12 月 31 日，超过 100 万千瓦的水电站（含抽水蓄能电站）销售自产电力产品，对增值税实际税负超过 12% 的部分实行即征即退政策。此前的政策对大型水电企业来说增值税退税金额较大，2016 年占到水电企业税前利润的 6% ~ 11%。③ 此次征求意见稿对此后的水力发电站的建设具有很大的推动作用。

小水电站的密集建设对于生态环境产生了重大的恶性影响，如长江经济带小水电站的无序开发，短时间内会造成树木砍伐数量增大，河流内生物种类减少；从长远的角度来分析，这一负面影响不仅影响河流的流量，而且对河流生态链乃

---

① 我国水能水利资源发展现状. https://wenku.baidu.com/view/f992f829915f804d2b16c157.html
② 张嵘，韩颖. 小水电经济效益及可持续发展研究［J］. 经济视角（下），2013(11)：38-39.
③ 关于减轻可再生能源领域涉企税费负担的通知. http://www.axueer.com/889733/26666373.html

至周边的生态环境都会带来不可预计的灭顶之灾。

1.2.4 中国风能产业发展现状与特征

因为易于获取、资源丰富、分布广泛等特点,风能在水电、太阳能、地热能、海洋能和生物质能等众多可再生能源中显露锋芒,在全球范围内被广泛使用并取得了显著的进步。中国在很早就开始利用最原始的风能,但开始走入现代风电应该是在20世纪50年代末。之后,国家为了快速发展风电工程,相应地推出了一些激励政策,如"乘风计划""光明工程"等。随着世界各国越来越重视环境保护、能源短缺等问题,人们普遍认为大规模使用风力发电(简称风电)可以有效减少空气污染,并能在一定程度上缓解能源短缺的问题。经过半个多世纪的发展,我国风电技术发展反馈出良好的态势,风电的发电量、装机的容量和风电场的数量均达到世界先进水平。

我国地处亚洲大陆东部,濒临太平洋,季风强烈,地形复杂,内陆有许多山脉系统,与西部青藏高原一起,改变了陆海所造成的气压分布和大气环流,进一步增加了我国季风的复杂性。我国北方各省(直辖市、自治区)被寒冷干燥的西北风侵袭,这就构成了冬季季风。每年冬天都会有一股冷空气席卷中国,主要影响西北、东北和华北地区,并且一直持续到春季。来自太平洋的东南风、来自印度洋的西南风和来自南海的西南风构成了夏季季风。而热带风暴是在西太平洋和南海热带海域形成的空气漩涡,破坏力非常强大,它经常在夏季和秋季席卷中国,并在中国南海沿岸和东南沿海登陆,热带风暴也曾在上海北部登录,但很少见。

中国幅员辽阔,海岸线长达18 000多千米,风能资源十分丰富,现有的风电场年平均风速大于6米/秒。一般认为,风电场风况可分为三类:年平均风速6米/秒以上时为较好;7米/秒以上时为好;8米/秒以上时为很好。[①]我国的专家学者通过某些方法科学地推测出在国际标准大气状态下的机组年发电量,据调查,中国风速超过6米/秒的面积(即风能储备量丰富的地区)只局限于某些地区,而内陆地区仅仅可以达到全国总面积的1%。

---

① 《中国大百科全书》总编委会.《中国大百科全书》[M]. 北京:中国大百科全书出版社,2009.

由上可知，开发风电技术对于选址和占地面积有很高的要求，而且应用范围并没有其他清洁能源那么广泛。然而又因其成本低廉，所以在风能充沛的地区利用风电技术发电已经成为首要考虑模式。随着我国逐渐规范风力发电，风电装机容量和发电规模化后其成本将会进一步降低，再加上近几年的政策扶持，风能产业的发展出现回暖迹象。

根据土耳其伊斯坦布尔全球风能理事会发布的全球风能发展年度报告预测，全球风能在今后五年内将继续增长，2018 年为 60 吉瓦。中国将继续引领经济增长，预计到 2020 年将实现 200 吉瓦的突破。《国家应对气候变化规划 (2014—2020 年)》提到了到 2020 年全国风力发电装机容量达到 2 亿千瓦的目标。根据这一指标，预计在"十三五"期间，中国的风力发电需要每年投产 2 000 万千瓦以上。①图 1-8 报告了我国 2006—2016 年风能新增装机容量和累计装机容量的趋势变化。2016 年（台湾除外）新增装机容量为 2 337 万千瓦，同比下降 24%；累计装机容量 1.69 亿千瓦。虽然风力发电装机容量增长速度有所放缓，但总体来说，无论是从风力发电新增装机容量规模还是从累计装机容量规模来看，我国都处于世界前列。

由于我国人口基数大，虽然能源总量比较丰富，但人均能源却相对较低。随着我国经济的不断发展，工业化和城镇化的不断深入，能源总量和消费总量虽然在不断增加，但与其他发达国家相比，能源差距仍然很大，而且有逐步扩大的趋势。

与陆上风电装机下行相反，2016 年我国海上风电装机则增长了六成，新增装机 154 台。②20 世纪 90 年代，我国陆续开发与应用海上风电技术，相较于陆地风电，虽然其所处的运行环境恶劣，开发中经常遇到"瓶颈"，后期维护的成本也比较高，但海上风力资源丰富，发电量大，年运行时间长。此外，由于海上风力资源相对稳定，因为切入风速大导致传动系统损坏的情况几乎不存在，因此这是当今国际风电产业发展的关键领域。

---

① 2017 年中国新能源行业发展现状、趋势及前景分析. http://www.sohu.com/a/125836041_146947
② 2016 年中国风电新增装机下降，海上装机增近六成. http://www.escn.com.cn/news/show-394864.html

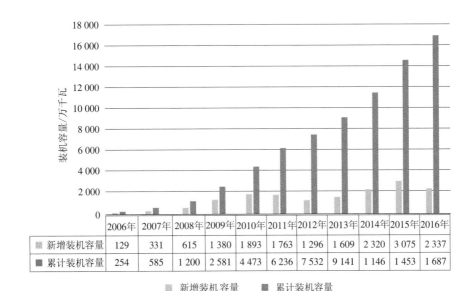

注：以上数据来源于中国风能委员会

图1-8 2006—2016年我国新增和累计装机容量

在风电行业中，海上风电技术是目前最先进的技术，近几年我国在海上风电开发领域取得了有目共睹的成绩：我国第一个海上风电场于2007年11月由中国海洋石油总公司投资建设。众所周知，海洋环境难以理解，要征服它并且利用其发展海上风力发电的风险可想而知，这就对技术提出了很高的要求。尽管如此，随着我国掌握更先进的风力发电利用技术，截至2016年，中国海上风力发电装机容量达到163万千瓦，居世界第三位。

根据"十二五"风电开发的规划，全国海上风电计划装机容量为500万千瓦，但实际完成的海上风电装机容量仅有100万千瓦左右，这与当初制定的目标安装容量有很大差别。其主要原因是海上风电上网电价偏低，但是技术和前期要求投入的成本巨大，其操作的风险也不可预计。在"十二五"期间，尤其是最近几年，我国海上新安装风电装机容量不断提高：截至2016年年底，中国海上风电累计装机量约为163万千瓦，如图1-9所示。

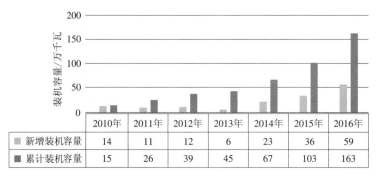

注:以上数据来源于CWEA

图1-9 2010—2016年我国海上风电新增和累计装机容量

1.2.5 中国天然气产业发展现状与特征

天然气是埋藏在沉积岩中的有机物,在长期与地质条件的作用下,通过复杂的有机化学反应形成,是地层中所含的优质可燃气体,并最终通过钻井开采。[①] 近年来,中国的天然气生产和消费都表现出迅速增长的特征。能源发展"十三五"规划提出,推广天然气现已成为发展清洁能源的主要动力,到2020年中国的能源消费总量应控制在50亿吨标准煤以内,其中天然气占能源结构的比例将努力达到10%。2007—2016年天然气产量、储量及消费总量如图1-10～图1-12所示。

2009—2013年,国际石油价格居高不下,天然气因其廉价性的优势而使消费量大幅增加。2014—2015年,在宏观经济增速缓慢和国际油价暴跌的影响下,天然气之于石油的经济优势不能很好地显露,国内天然气消费变缓。2015年后,针对天然气的政策密集推出,天然气消费恢复两位数增长。2017年后,由于宏观经济发展呈现稳定、积极的趋势,工业、电力等天然气需求也有明显恢复。此外,蓝天保卫战、"煤改气"等政策增加了天然气的使用,从数据中可以明显看出天然气消费增长加快。2017年1—11月,全国天然气消耗2 097亿立方米,同比增长18.9%,比2016年增长12%,比上一个五年的平均水平高出8%。

---

① 天然气产量规模缓慢上升,市场出现供应缺口. 中国产业信息网. http://m.china1baogao.com/fenxi/20180814/2319034.html

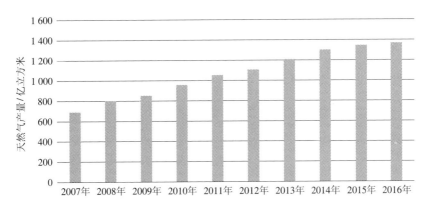

数据来源：国家统计局

图1-10 2007—2016年天然气产量

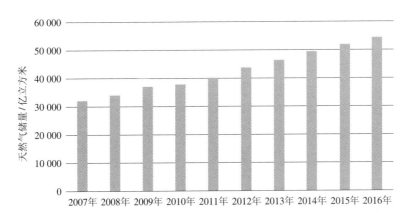

数据来源：国家统计局

图1-11 2007—2016年天然气储量

2016年，我国天然气消费比例由2015年的5.6%提高到6.4%，用天然气代替煤炭现已逐渐成为天然气推广的重要手段，其可大幅度地有效增加天然气消费，降低煤炭消费比例。"十三五"能源发展规划提出，重点在京津冀及周边地区、长三角、珠三角、东北地区加快实施"煤改气"政策，增加450亿立方米的天然气使用量，加快更换18.9万蒸吨燃煤锅炉进程。

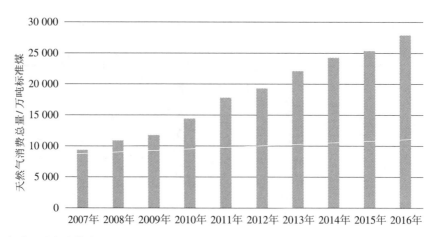

数据来源：国家统计局

图1-12　2007—2016年天然气消费总量

从生产地区来看，陕西、四川、新疆是西部地区天然气三大产量省（自治区），而其他省份的产量则小得多。2017年，这三大省（自治区）的天然气产量占全国天然气总产量的70%左右。2017年我国天然气供给地区分布情况如图1-13所示。

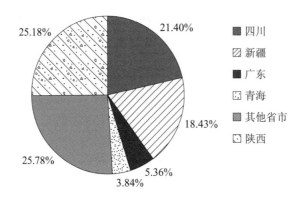

图1-13　2017年我国天然气供给地区分布情况

从储量上看，我国的常规天然气储量相对丰富。经过三次油气资源评价，陆域和近海115个盆地天然气远景资源为55.89万亿立方米，近海地质资源为35.03万亿立方米，近海可开采资源为22.03万亿立方米。此外，我国非常规天然气资源的数量也不容忽视，其中天然气水合物资源最大，超过100亿立方米，煤层气资源为36亿立方米，而且页岩气的储量与如今的常规天然气大致相同或稍低。致密砂岩气资源为50万亿～100万亿立方米。水溶气资源量总量为11.8万亿～65.3万亿立方米，[①]这表明非常规天然气资源远远大于常规天然气资源。

我国已探明的常规天然气储量集中在10个盆地，其中，塔里木盆地和四川盆地的资源最为丰富，占资源总量的四成以上。值得注意的是，大多数气田的地质结构比较复杂，勘探开发难度较大，我国的气田主要表现为中小型，如表1-5所示。

表1-5 我国常规天然气资源区域分布情况

单位：万亿立方米

区域	天然气资源量		
	远景	地质	可采
东部	4.64	2.77	1.47
中部	18.04	10.11	6.37
西部	15.85	11.6	7.46
南部	1.77	0.76	0.44
青藏	2.86	1.69	1.03
小计	43.17	26.93	16.78
近海	12.72	35.03	22.03
全国统计	55.89	61.96	38.81

数据来源：前瞻产业研究（https://bg.qianzhan.com/）。

在管道运输方面，华北6个省市的8条主输气管道总量目前约为940亿立方米/年，而其他13条管道的总输气量约为660亿立方米/年。在采暖季节，总燃气输送规模为每天4.6亿平方米。为达到北方6个省市在供暖季节供应天然气的要求，预计到2021年，全国6省天然气管道供应能力比2016年年底每天将提高6.43亿平方米。

[①] 2018年中国天然气行业现状与前景分析未来或将面对较大的供需缺口. 中国燃气网. http://www.chinagas.org.cn/tongji/xinxi/2018-07-04/43181

从长远来看，我国将持续推广天然气与大气污染治理，煤气改革也不会放弃。整个天然气产业链将享受由天然气消费增长带来的红利，上游天然气源、中游液化天然气加工和液化天然气接收站、下游天然气配送、天然气工业设备等方面有较大的发展空间。从短期来看，在2017年天然气危机和不断上涨的液化天然气价格的影响下，天然气行业的上市公司业绩都发生了变化，这些影响还将激活我国一度沉寂的天然气勘探。由此可预计，中国三大石油公司和页岩气等非常规天然气勘探企业今后将可能增加天然气勘探投资，加大勘探力度。然而，由于过去一年为保护供应而大力开采天然气资源，加上2017年新生产能力有限，生产净增长和增长率有所下降。

为顺利完成对"大气十条"的评估，2017年，总理政府工作报告提出要赢得"蓝天保卫战"，加速解决煤炭污染问题。全面实施散煤综合治理，推进北方地区冬季清洁供暖，2017年用电和燃气替代煤将达到300多万户，县级以上建成区的小型燃煤锅炉全部淘汰。随着生态文明的崛起，十九大将生态文明上升为千年大计，防治污染被纳入全面建设小康社会的三大战役。政府控制大气污染的决心会更加坚定。2018年中央经济工作会议指出，要调整产业结构，治理与预防污染同等重要，全方位地提高生态环境质量，着力打赢蓝天之战，淘汰落后产能，而推广清洁能源和天然气作为煤燃烧的替代办法正是消除空气污染的有效手段，要大力推进政策的实施。

我国天然气产业链条不完整，终端、上下游对接不畅，该问题导致了近年来的"气荒"事件。出现市场失灵时，需要政府力量的监管和调控。调控主要针对天然气生产、储存和销售环节的衔接不畅、天然气工业地区布点不平衡、产出增长高于消费增长以及进口来源地过于集中等问题。另外，天然气产业发展过程中还存在着消费结构的空间失衡，存储设施建设落后于战略需求，应急保障机制不完善等问题。

1.2.6 中国生物质能产业发展现状与特征

生物质能是太阳能在生物质上以化学能的形式储存的能量，即依赖于生物质的能量。它是一种直接或间接来自绿色植物光合作用的能量，可以转化为常规的固体、液体或气体燃料。它在自然界中无处不在，是一种可再生能源，也是唯一的可再生碳源。地球每年产生 1 730 亿吨光合作用产生的物质，这是世界能源消耗总量的 10～20 倍，但目前的利用率却不到总量的 3%。在我国，生物质能储量十分丰富，大约有 70% 的生物质能储量在农村，应用和发展也主要是在农村。生物质能发电形式如图 1-14 所示。

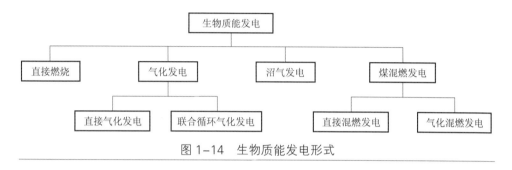

图 1-14　生物质能发电形式

近年来，生物质能源领域快速发展，因其污染低、分布广泛和丰富等特色而被广泛应用。我国是传统农业大国，幅员辽阔，气候多样，动植物资源丰富，所以具有发展生物质能产业的有利条件。现阶段生物质能源仍然主要基于直接燃烧，此外，生物质也可用来发电，并生产乙醇汽油燃料。作为新型能源，生物质能源正迅猛发展，已成为资本市场的新宠。

由于受到传统能源价格、环境保护和全球气候变化等因素的影响，自 20 世纪 70 年代以来世界各国逐渐将生物燃料纳入自己发展进程中，并取得了一些成绩。目前，美国和巴西在生物燃料生产国排名中分别位列世界上第一和第二，虽然中国在生物质发电领域起步较晚，但经过十余年的发展，现已初步能利用农业和林业生物质及城市垃圾来发电。20 世纪末，我国开始通过消化老化谷物和寻找高产玉米等新途径来推广燃料乙醇。如今，以谷物为原料的燃料乙醇的生产初步形成了规模。目前，为了达到生物燃料产业健康发展的目标，我国主要将淀粉质或糖类非粮食作物作为基础的生物液体燃料技术研发的重点，如木薯、甜高粱等。

在 2005 年以前，很少有以农林业废物为基础的大型并网发电项目。2006

年,超过100万千瓦的直燃发电项目得到国家承认。在2006年颁布的《可再生能源法》的基础上,相应的生物质发电优惠上网价等配套政策也进一步落实,使我国生物质发电产业得以快速发展并取得较大成绩。

2006—2010年,我国生物质直燃发电发展迅速。截至2010年年底,全国生物质发电总量达到550万千瓦,农林业生物质直燃发电总量为360万千瓦,占生物质发电总量的65.5%。垃圾焚烧发电总量为170万千瓦,占所有生物质能发电的30.9%,其他气化、沼气、混燃发电仅20万千瓦,所占比例很小。[①]国家陆续出台了许多政策,以加快综合利用沼气、秸秆,促进生物燃料等生物质能产业发展,此举体现了国家对"三农"问题的重视以及推进社会主义新农村建设的决心,为此,社会各界积极开展并参与试点示范和项目的建设。

我国有丰富的生物质能资源,从理论上讲,中国拥有50亿吨生物质能源。由于技术有限,现阶段可用于发展的资源主要是一些被抛弃的东西,如作物秸秆、木柴、牲畜粪便、工业有机废物和城市固体有机废物。我国被废弃的生物量总量(包括树木生长过程中树枝修剪、木材加工边角残基、薪材专用薪材林,农作物秸秆以及禽畜粪便等)大概等同于我国煤炭年开采量的一半,总计约6.56亿吨标准煤。但并未充分利用这些生物质,目前总体的利用率还不足50%。其能源利用方式也是最原始的,大多数物质以直接燃烧为主,很大程度上浪费了资源,而且对生物质能直接进行燃烧还会产生环境污染问题,将直接导致北方地区秋冬时节的雾霾天气。[②]目前,我国生物质发电已初具规模,呈现出良好的发展势头。到2015年年底,全国生物质发电总装机容量约为1 030万千瓦,占全国总装机容量的0.9%。

由于我国蕴藏的生物质能量十分丰富,在国家重视农林废弃物收集与处理的大背景下,随着生物质能产业化程度的提升,其行业的发展潜力不可估量。将这些被抛弃的生物质能集中起来并合理利用,产生的电力将不容小觑。尽管我国的生物质能具有很大的发展前景,也是我国一直致力于发展的新能源产业,但是相

---

① 2017年中国生物质能发电行业现状及未来发展趋势分析. http://huanbao.bjx.com.cn/news/20170809/842208-3.html

② 邢万里. 2030年我国新能源发展优先序列研究[D]. 中国地质大学(北京), 2015.

对已经进入成熟期的核电和风电等新能源产业，生物质能产业尚处于初级阶段，整体规模普遍偏小。

近年来，我国加快了能源结构调整，积极推进生物质能的开发利用，大力发展生物质发电、生物质燃气、生物质液体燃料等核心领域，大力支持生物质能源产业的发展，并出台了支持生物质发电和生物质燃料乙醇产业的相关政策。但是，我国对生物天然气和生物质固体燃料的开发并没有明确的政策支持。2012年3月，我国发布了《可再生能源电价附加补助资金管理暂行办法》，其中明确规定对包括生物质发电在内的可再生能源实行一定的电价补贴。

2016年年底，国家能源局发布《生物质能发展"十二五"规划》，到2020年，生物质能要实现基本的商业化，年生物量约5800万吨标准煤。在不断调整能源结构、制定严格的环境保护政策和实施大气污染控制的背景下，生物质能产业正面临着发展机遇。随着技术的进步和政府政策的不断完善，我国的生物质能产业将走上快速发展的轨道。生物质能产业促进会的成立，将为我国生物质产业健康、有序、蓬勃发展起到引领作用，为新的产业发展创造新的格局和新的高度。

1.3 中国清洁能源产业发展的短板

现阶段清洁能源具有良好的发展机遇，但相较于一些发达国家，我国的清洁能源发展较晚，在技术、制度和整体规划方面都面临着不少阻碍，主要体现在以下几个方面：一是清洁能源技术的核心内容由发达国家控制，如在风电领域，欧洲和美国等发达国家始终处于"领头羊"位置；在光伏发电领域，德国和日本占主导地位。我国的清洁能源技术研发滞后于国外，技术开发体系不是很完善，开发利用成本仍然很高，这在很大程度上限制了发展。二是我国有关机构的机制仍然不健全，而其发展需要政府各个部门的协调与统一，但是目前各部门之间还不能达成高度统一，在日常审批、资源共享、资金流动方面都存在诸多不便。三是中国清洁能源发展缺乏统筹规划和布局。地方规划和国家规划存在冲突，各地区之间存在重复建设，导致了资源的浪费和产业的无序竞争，最终迟滞甚至阻碍了我国清洁能源产业的发展。

中国清洁能源产业发展的短板具体体现在以下几个方面：

第一，清洁能源技术"瓶颈"仍需突破。清洁能源在国内规模巨大并且正以一个较快的速度发展，但快速发展的背后暗藏着诸多漏洞，如放之不理则有可能带来不可预计的灾害，其中一个显著问题就是过度依赖补贴，之前的光伏产业就是一个例子。我国技术创新受到不完善的可再生能源战略的阻碍，很多光伏制造商为了扩大其市场占有率，过分依赖补贴带来的价格优势来降低成本，而不是依靠技术进步和效率来降低成本。除了建设成本的增加外，我国的水电工业还面临着另一个问题——云南、四川两个水电大省存在大量"弃水"。截至2015年年底，四川水电装机容量为6 759万千瓦，约占总体装机容量的80%。2012—2015年，四川电网水电"弃水"电量分别为76亿千瓦时、26亿千瓦时、97亿千瓦时、102亿千瓦时。而邻近的云南，大量的"弃水"也在2013年开始出现。2013—2015年，弃水电量分别为50亿千瓦时、168亿千瓦时和153亿千瓦时。①

第二，清洁能源发展体制机制不够完善。清洁能源的发展涉及许多政府部门，它们之间缺乏统一的协调、促进和监督工作机制，导致资金投入分散、资源共享不足、平台建设冗余、项目申报周期长等问题。目前，我国行政管理职能部门包括国家发展和改革委员会、商务部、农业农村部、水利部和国家电力监管委员会。它们负责清洁能源的监督和管理、项目审批、政策制定等，这往往导致多重政治交易、跨职能管理、多头管理、分散资金、重复建设、烦琐的程序以及难以协调与沟通，不仅会导致管理效率低下，而且混乱的机制将削弱国家的宏观调控效果，而这个问题在地方上表现得更为突出。虽然有些地方已经出台一些举措，如建立能源生产和供应联合会议制度，但这远远不够。为了解决这一冲突点，有关部门出台了一系列支持清洁能源发展的政策，但这些政策普遍大而空，缺乏实际实施的细则，其中一些政策特别是税收激励措施还需要国家大力扶持。

中国风电的发展呈下降趋势，大致可以归纳为两个因素，一是烦琐的风电补

---

① 2017年中国能源总体发展情况分析. http://www.chyxx.com/industry/201802/611045.html

贴政策；二是税收政策。由于受到政策激励，当地政府强制让风电公司购买当地生产的设备并鼓励低水平的制造业，一个看似竞争激烈的行业就以这种不正常的方式发展起来了。此外，风电并网和跨区域电力传输也很困难。其风力发电设施集中在北方三个相对偏远、经济欠发达的地区，给大规模开发带来巨大困难。更令人不安的是，当地政府建设发电站是为了增加 GDP，而不是为了满足电力需求，这些利益就会操纵电力设施的建设，从而导致许多地方严重盲目地建设。

第三，清洁能源发展规划需进一步统筹规范。在规划目标上，一些地方颁发的举措与国家政策还存在一些沟壑，在地方上一般是重视规模而轻视消费，这就导致了当地的吸收能力远不及开发能力。在审批机关权力下放后，清洁能源产业的发展与宏观管理之间的关系不是很清晰，出现了"地方点菜国家买单"的现象，不利于以后的可持续发展。同时在规划层面，电网的发展规划和清洁能源的发展规划没有同步进行，这就导致清洁能源开发与电网规划之间脱节。此外，资源与发展也不匹配，在偏远和经济欠发达地区清洁能源资源往往比较丰富，但经济不足以支撑其发展清洁能源，迫切需要制定国家层面的特殊扶持政策。

第四，清洁能源应用市场需进一步培育扶持。我国分布式供电虽然传输距离短，但需求量不容小觑，具有良好的市场前景和发展潜力。然而，关于光伏一体化建设的责任仍不明确。由于利益的分配问题，项目的开发商、业主和能源最终用户容易出现不同意见，长期看来其关系与责任并不稳定，使合同能源管理模式难以推广。同时，作为未来重要的交通工具，有必要加强新能源汽车更换服务的普及性和可靠性。可再充电基础设施的建设也在一定程度上限制了新能源汽车的商业化，城市公共区和居住区缺乏总体规划、制度设计、扶持，并且补贴政策缺乏系统性，支持效果不如预期。我国也在为未来的新能源提供更简单的补贴和公平且开放的市场环境。2011 年 8 月以来，所有装机容量小于 50 兆瓦的风电项目必须由国家能源管理局进行评估和登记，由政府批准和补贴。这一要求主要是为了遏制地方腐败和政治成果盲目扩张。而正是由于这一政策的出台，世界上最大、最具竞争力的风力发电市场的新风电建设进程经历了暂时的落后。

世界各国针对风电上网电价都有一定的优惠或者补贴，但各个国家对于优惠电价补贴资金的来源和管理方式的具体操作存在一些差异。美国采取的优惠政策是税收减免，每千瓦时风电提供2.1美分的补贴，由风电投资者在他们支付税款时统一扣除；澳大利亚实施的是配额制度，规定电力公司在销售电力时可再生能源发电必须占一部分；德国则是着眼于电力消费者，为了弥补电力建设资金不足的问题，从终端用户随用电量计征一部分费用，导致了风电价格高于当地平均电价。从中国的实践来看，当接受补贴的企业和补贴金额较小时，补贴政策较为合适。然而，随着后期风电企业数量的增加，所消耗的补贴资金已经成为沉重的财政负担，这导致了补贴政策难以为继。除此之外，风电发展还受限于电网等设施的硬件约束。我国电网运营处于垄断局面。实现清洁能源和国家电网的有效对接，需要国家出台相关支持政策。

清洁能源正成为我国能源的"领头羊"，尽管清洁能源其增长态势并不明朗，但不会停止。在目前的市场条件下，清洁能源仍然缺乏竞争力，除其他措施外，必须依靠政策支持以达到进一步发展清洁能源的目的，并最终提高其核心技术竞争力。最近几年我国陆续推出了一系列针对清洁能源的推广政策，但过于宏观，在实际运用方面并不能很好地落实。特别需要进一步改善财政和税收激励措施，加强执行力度并确保政策的有效实施。除此以外，我国的清洁能源分布并不均匀，在地处偏远、经济不是很发达的山区，一般储存量大，这就需要政府出台相应的政策以扶持其发展。我国政府已清楚地认识到清洁能源的巨大市场潜力和战略价值，但这个行业也存在着挥之不去的弊端。如果想取得更大的进步，就必须改变它。

第 2 章
中国清洁能源产业 SCP 分析

2.1 SCP 范式理论发展及分析框架

19 世纪末，新古典经济学家阿尔弗雷德·马歇尔在其发表的著作《经济学原理》中，首次将产业组织理论引到经济学中，认为产业组织和劳动力、资本、技术一样，也应视为一种生产要素。20 世纪 30 年代末，以哈佛大学教授梅森为代表的"哈佛学派"在张伯伦等前人研究的基础上提出了有效竞争的概念，并把市场结构、市场绩效作为判定有效竞争的标准。20 世纪 50 年代，贝恩在其出版的著作《产业组织论》中更为系统地总结和阐述了产业组织理论，并根据特定的市场提出 SCP 范式由结构、行为和绩效三个部分组成，至此标志着 SCP 范式理论基本形成。同时，"哈佛学派"认为市场结构通过市场行为影响市场绩效，市场结构在其中起着决定性作用，认为在产业的布局中，政府应该把焦点放在市场结构上，以此限制寡头经济结构的形成。20 世纪 60 年代，以施蒂格勒、德姆塞兹等为代表的"芝加哥学派"兴起，对 SCP 范式提出了强烈的批评，他们的矛盾主要表现在市场结构、市场行为以及市场绩效三者的逻辑关系上。与"哈佛学派"相反，他们认为市场绩效决定市场行为，从而决定着市场结构，进一步丰富了该理论的发展。1970 年，施蒂格勒在其著作《产业市场结构与经济绩效》一书中，正式完整地提出了"结构—行为—绩效"的标准范式。

目前，国内已有许多学者运用 SCP 范式对我国的各个行业和产业进行研究。

江勇（2008）以 SCP 范式视角对我国银行市场结构进行了研究，认为银行内部成员之间竞争呈现白热化状态，机构扩张依然是重要的竞争手段之一。侯艳良（2011）在研究 SCP 范式在中国的应用中认为，传统 SCP 范式理论的观点不准确，在运用 SCP 理论分析具体的行业时不应照搬硬套。谢知之（2013）采用 SCP 范式理论对我国证券业进行研究，认为政府的行政干预影响了市场行为的有效发挥。陈夜晓（2013）在武汉市旅游业的研究中认为，集中度低、产品差异化小、进入和退出壁垒低的市场结构与以恶性价格竞争、产品创新能力不足为特征的市场行为相互影响，共同决定了武汉市旅游业的低绩效。杨阳、应淑雯（2015）基于 SCP 范式，认为中国电子商务只有加强技术创新，才能维持现有的市场份额，获得竞争优势，取得更大的利润。周裕君（2014）通过对不同的投资领域进行实证分析，认为高新技术产业的市场绩效高于一般的传统产业。赵雪梅、郭星（2015）通过对小额贷款公司进行 SCP 分析，认为市场结构的多元化促使企业以积极的市场行为面对当今日趋激烈的市场竞争形势，以此来更好地提高企业的市场绩效。牛晓灿（2016）通过实证分析，认为在中国棉花流通产业中，市场的集中度对市场绩效的影响较小，而经济规模对市场绩效的影响较大。同时，由于产品的差异性较小，棉花流通行业恶性竞争现象严重。陈周树、乔翠霞（2016）认为市场绩效提高的关键在于合理调整市场结构中的不合理之处，尤其要改善产品同质化现象，提高产品的差异度。罗声远（2017）对我国生鲜行业的市场结构、市场行为以及市场绩效进行了分析，认为该行业存在冷链物流成本高、市场规模不足、产品质量信息不健全的问题，并从宏观和微观两个方面提出了改进建议。霍健（2017）以 SCP 范式为基础，运用实证研究的方法，认为由于"后石油时代"外部环境的变化，石油产业的市场行为正在改变该产业的结构和绩效。张易航（2018）以滴滴出行和 Uber 为例，运用 SCP 范式对共享经济模式下企业的竞争策略进行了分析，深化了共享经济的概念，同时为市场经济体制下企业改善经营模式提供了参考。苗春竹（2018）运用 SCP 范式对我国滑雪产业进行了研究，认为只有开展技术创新、提高产业集中度、实施产品差异化战略、扩大消费市场，才能解决当前所面临的难题。李昱瑢（2018）运用 SCP 范式对山西省煤炭行业进行研究，认为提高产品竞争力不仅依靠产品差异度，而且依靠产品附加值，面对资源利用率低下的状况，技术进步是关键。

另外，在清洁能源方面，国内已经有许多学者从能源结构、技术创新、发展政策以及发展战略等方面对我国清洁能源产业进行了分析。马杰、郝文静（2017）认为江西省清洁能源在面临创新制度、法规建设不健全的情况下，只有健全创新环境、加强对创新的引导、营造创新的氛围，才能解决当前难题。李苓（2015）认为，为了更好地促进新能源的发展，在加强技术创新、拓宽融资渠道的同时，也应加强政府的财政补贴和税收支持。张玉卓（2014）通过分析我国清洁能源发展的现状以及当前的形势，为我国清洁能源发展战略提出了具体的建议。刘邦凡、张贝、连凯宇（2015）在对我国清洁能源发展与对策分析的研究中认为，当前我国存在对清洁能源认识不足、对清洁能源应用少、制度保障缺乏等问题。以上都为本书清洁能源产业的研究提供了支持和借鉴。

综上，部分成果虽然基于SCP理论对具体的行业或者产业进行了分析，但是很少涉及清洁能源产业，以及市场结构、市场行为和市场绩效之间的相互关系或者影响。虽然有不少关于清洁能源产业的研究，但是很少运用产业组织理论SCP范式对其进行研究。本章主要通过对我国清洁能源产业市场结构、市场行为和市场绩效三个方面的研究，分析中国清洁能源产业发展的困境，以期为政府制定扶持和干预政策来提高清洁能源产业发展的绩效，促进该产业的可持续发展提供参考和支撑。为了将对清洁能源产业的分析纳入合理的理论框架中，根据现有研究成果，构建了清洁能源产业SCP分析框架（见图2-1）。

2.2 中国风电产业发展分析

我国煤炭资源丰富，据统计，2017年中国煤炭储量占世界总储量的13.3%，仅次于美国和俄罗斯，其分别为27.6%和18.2%。但是中国能源结构严重失衡，热能占69%，水能占22%，核能占1%，其他清洁能源占7%。而在热能发电中，煤炭占70%，这种严重失衡的能源结构不仅带来环境污染、生态恶化问题，更不利于电力行业的可持续发展。近年来，中国逐渐加大对能源安全、生态环境等问题的重视，减少化石燃料的燃烧，优化能源结构，开发新能源。

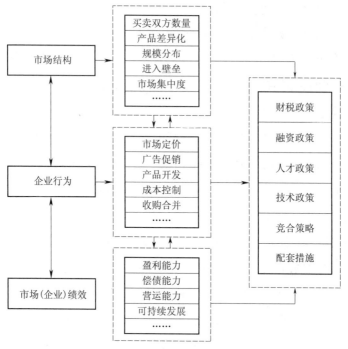

图 2-1 清洁能源产业 SCP 分析框架

风能具有储量大、可再生、无污染等特点，所以风力发电在新能源发电中的地位越来越突出。我国不断加大对风力发电中的技术投入和规模使用，早在 2010 年，中国就已经赶超美国成为世界规模最大的风能生产国。尽管我国在风电产业发展迅速，但是由于自身前期建设成本高、核心技术创新不足、制造和配套设施相对落后等，我国风电产业的快速扩张仍严重依赖国外市场和国外先进技术，急需投入大量资金走出目前的困境。

借助 SCP 范式分析方法对我国风电产业市场结构、市场行为和市场绩效进行实证分析，概括总结我国目前发展风电产业的现状和困境，通过对我国风电产业结构、行为和绩效进行实证分析，汇总风电产业在市场结构等方面存在的问题，从而在法律、技术、财政、金融四个方面对我国发展风电产业提出意见和建议。

2.2.1 我国风电产业的市场结构分析

市场结构是对市场内竞争程度及价格形成等产生战略性影响的市场组织的特

征。通过分析我国风电产业市场集中度、规模分布和进入壁垒情况来总结目前我国风电产业发展过程中的市场结构情况，以此总结出我国风电产业面临的处境和难题。

随着产业链的延伸，风电产业市场集中度呈现先降低后升高的趋势，风电产业整体企业规模差异较大，存在少数企业垄断市场现象。在分析风电市场的集中度时，一般采用卖方集中度指标，即采用风电市场这一具体行业内规模最大的前几位企业的市场份额来衡量整个风电行业的市场集中度。我们选取衡量市场集中度的指标为CR4（规模最大的前4位企业的累计市场占有率）和HHI（赫菲尔德—赫希曼指数）。

通过表2-1可以看出，2013—2017年中国前4大企业风电整装机容量占总装机容量的30%以上，2017年达到60%以上；2013—2015年CR4值不断上升，2016年较2015年小幅度下降之后，2016年急剧上升，且上升幅度增长约20%。按照"贝恩分类法"，行业集中度CR4<30%，则该行业为竞争型；如果CR4≥30%，则该行业为寡头垄断型（徐枫，李云龙，2012），因此得出结论，风电整装机市场一直由前4个较大规模的企业控制，被大企业垄断；市场份额逐年加大，说明企业间竞争程度较低。根据产业生命周期理论，2014年CR4指标下降的原因有可能是此时有大量投资者和大批企业加入该产业，发展成熟之后由掌握风机核心技术且风电设备正常运营使用的企业占据市场，进而出现垄断的结构特征。

在产业理论中，CR_n反映的是前几大企业的整体规模，并不能显示这几家企业的相对规模以及其他几家企业的规模分布和市场份额的实际变化。因此，本书引入HHI指标。由于HHI指标显示的是某一行业市场上所有企业规模信息，该指标由市场上所有公司的市场份额求平方和得出，因此HHI指标能够避免CR_n的缺陷，能够反映风电市场的集中度。根据美国司法部制定的HHI标准（见表2-3），可以看出表2-2中，2014—2017年HHI值不断升高，市场集中度不断升高，2017年HHI大于1 000，说明此时风电产业处于寡头垄断市场，主要由前几位大型企业垄断竞争。各企业之间企业规模差异较大，存在少数企业垄断市场的现象。

表 2-1　中国风电整装机 CR4　　　　单位：万千瓦时

年份	2013 年	2014 年	2015 年	2016 年	2017 年
前 4 大企业装机容量	765.39	1 103.71	1 583	957.81	1 204
总装机容量	1 608.87	2 319.6	3 075.3	2 336.9	1 966
CR4	47.57%	47.58%	51.14%	40.99%	61.24%

资料来源：根据《中国新能源与可再生能源年鉴 2016》整理。

表 2-2　中国风电整装机 HHI

年份	2013 年	2014 年	2015 年	2016 年	2017 年
HHI	678	347	903	938	1 071

资料来源：根据互联网数据整理计算得出。

表 2-3　以 HHI 值为基准的市场结构分类标准

市场结构	寡占型				竞争型	
	高寡占Ⅰ型	高寡占Ⅱ型	低寡占Ⅰ型	低寡占Ⅱ型	竞争Ⅰ型	竞争Ⅱ型
HHI	≥ 3 000	[1 800, 3 000)	[1 400, 1 800)	[1 000, 1 400)	[500, 1 000)	<500

资料来源：引自陈保启，杨丽，《产业经济学》。

从进入壁垒来看，风电产业核心技术仍落后于世界先进水平，并网技术是发展风电产业最大的技术壁垒。进入壁垒是企业为获取高额利润而进入某一产业过程中遭遇到的障碍与困境。对于风电产业来说，进入壁垒主要包括技术壁垒、规模经济壁垒和政策壁垒。

第一，技术壁垒。风电产业是技术密集型产业，无论是在开发、投入使用还是在后期建设方面都需要大量先进的技术做支撑。虽然我国已经自主研发出相关风电设备及其零部件，但是在风电设备的稳定性、安全性方面相比国外技术差距较大，在风电产业核心技术上仍然依靠国外先进技术，自主创新能力不足，核心设备及零部件依靠进口。风电机组要求的硬性指标较多，包括运行稳定性、野外可靠运行时长（约为 20 年）、承受极端恶劣天气以及复杂的风力交变载荷考验的能力（薛强军，王仲珏，王智明，2009）。这些硬性指标给新进入的研发实力较差、资金明显不足的中小企业带来极大的进入壁垒障碍，障碍越高，企业需要克服壁垒的时间就越长，这就进入一个恶性循环。目前国内许多公司为了克服进入壁垒障碍，缩短进入市场的时间，开始大力研发联合技术的复制技术，然而就目前的技术水平而言，只有华锐风电、金风科技等几家大型公司拥有专业的专利研发团队和专业技术研发机构。拥有排他性的专利技术的企业掌握先进技术的同时，阻碍了新企业或者潜在企业进入，对于此类新兴企业存在竞争不公平的现象。此外，我国风电企业分布差异大，大部分企业建于西北地区，这就导致规模较大的风电企业不能满足全国大规模接入的要求，造成"发电容易，送电难"的局面，因此，制定并网技术标准、加大并网技术管理是发展风电产业不容忽视的问题之一。

第二，规模经济壁垒。风电产业的规模经济是指通过扩大装机规模，以及人员、产品的增多，从而使单位产品成本下降，反映风电产业规模与成本收益的变动关系（梁苡萍，2012）。近几年，我国风电产业发展迅速，新增装机规模也在不断上升，然而各区域的新增装机规模却存在显著差异，大型垄断企业的规模也在影响着整个风电企业的规模经济。

通过图2-2可以看出，2013—2015年我国新增装机容量和累计装机容量不断提高，但2015年之后新增装机容量同比和累计装机容量同比下降幅度明显。存在这一现象的原因可能在于海上风电的大力发展，一直以来陆上风电建设是该行业发展的主体，因此海上风电的大力发展必然会在初期拖累行业增速，陆上风电装机容量大幅下降，现有的陆上风电产能利用率低，降低了大部分企业的建设激情。

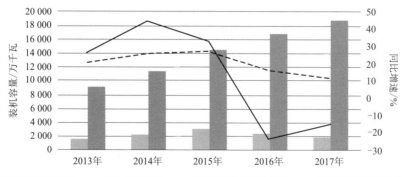

图2-2　2013—2017年中国新增和累计风电装机容量及同比增速

据中国风能协会（CWEA）统计，2016年我国六大区域的风电新增装机容量所占比例分别为西北26%、华北24%、华东20%、西南14%、中南13%和东北3%。华北地区因为独特的地理位置，海上资源丰富，大力发展海上发电使近几年海上风电新增装机容量上升。然而目前我国风电产业仍然以陆上风电为主，且主要集中在内蒙古、新疆等省份（自治区）。目前发展成熟的风电企业规模逐渐扩大，在整个风电产业中的比例也不断增加，大规模企业对新进入企业构成了强大的规模经济壁垒，新企业要想实现规模经济并占据一定市场困难较大。

第三，政策壁垒。近几年风电产业发展迅速，各种风电企业一拥而上，只考虑风电产业的隐性利益，并没有具体考虑本地区的实际环境容量和资源储量。一哄而上、重复建设等问题必然引发技术水平欠缺、资金不足的企业大量倒闭。2016年，国家开始建立弃风率和弃光率预警考核机制，制定弃风率限额，对弃风率高的企业予以警告，严重者予以关闭。2017年，国家能源局公布发展风电的三项标准，分别为《风电场调度运行信息交换规范》《风电场有功功率调节与控制技术规定》《风电机组高电压穿越测试规程》。三项标准对风电场开发建设制定了严格的审批程序，提高了新兴企业的准入标准，只有审批合格，方可进行项目建设。这一系列措施可以有效避免企业一哄而上和恶性竞争，有利于风电产业的健康发展。此外，政府加大对风电企业的补贴力度导致各企业抢装风机设备，直接加剧弃风限电。而当弃风率高时，开发商的投资积极性差，政策监管趋严，直接影响风电新增装机，进而影响风电企业的投入力度，影响市场结构。

2.2.2 风电产业的企业行为分析

本章在考虑风电市场的供求条件和上下游企业生存关系的基础上，对我国风电产业发展中的价格制定和上下游整合行为进行分析，得出企业行为的规律和趋势。

1. 产业链中各环节的上下游整合是产业发展的趋势

企业进行产业整合有利于扩大企业规模，增强企业间的市场竞争力，控制成本，实现利益最大化。龙头厂商为提高市场份额，追求短期内的经济产能，可以整合上游企业。而对于中小企业，为增强企业竞争力，在激烈的市场竞争中长久发展，需依靠龙头企业，整合过程无疑也会促进整个风电产业的兼并重组。例如，2008年金风科技为获得国外2.5兆瓦直驱永磁风机技术，并购了德国VENSYS能源风电企业，真正实现"研发—生产—销售"的产业链，有利于提高本企业的市场竞争力，扩大市场份额，进而拓展海外市场。

2. 龙头企业决定价格走势，其他企业采取追随策略

由于风力发电企业的上网价格受到政府规制，因此本部分仅讨论风电产业链上游设备制造装机的价格。风电设备制造业的垄断企业，如金风科技、华锐风电等前4大企业已经占据中国风电市场份额的60%以上，这些实力强、规模大、市场份额高的龙头企业依据本企业实际情况、研发投入力度、成本等因素来制定风电机组的价格和产量，而其他中小企业只能依附垄断企业制定的标准来制定本企业的价格和产量。

2.2.3 风电产业的市场绩效分析

市场绩效是指在一定的市场结构和市场行为条件下市场运行过程中达到的最终经济效果。本书选取风电产业生产过程中的盈利能力、装机成本和市场规模作为衡量绩效指标。

1. 风电行业前期投入成本较大，利润较低，短时间内投资收益不明显

风机制造业是风电产业的核心，龙头企业大多以风机安装作为本公司的主营业务。因此，本书引用风机制造业的主要上市公司的财务指标分析整个风电产业的盈利能力。由于风机制造业的主要龙头企业占据风电行业80%以上的市场份额，因此选用龙头企业的财务指标具有代表性且有说服力。本书选用金风科技、华锐风电、泰盛风能、天顺风能、东方电气、华仪电气6家上市公司的平均利润率和平均建设成本来分析整个风电行业的盈利情况。

通过图2-3可以看出，该行业平均主营业务成本率远远高于平均主营业务利润率，平均主营业务成本率大都集中在70%~80%，而主营业务利润率仅在20%~30%；2013—2016年整个行业的主营业务利润率有小幅度提升，2016年以后下降3%。据资料显示，2017年风电行业平均销售毛利率为28.83%，同比下

降1.38%。通过分析可以得出结论，风电产业作为新能源新兴产业，前期投入成本较大，但收益低，大部分风能企业也是因为风电发展前期盈利低最终缺乏资金而面临公司倒闭的风险。因此，企业要想长足发展，必须考虑风电发展的长远经营效益，加大对风电的投入力度，从而获得长久收益。

图2-3 主要盈利指标分析

2. 风电企业装机容量持续增长，全球占比逐年提高，但增长率呈减小趋势

近几年，中国风电产业规模持续增长，新增装机容量和累计装机容量不断升高，市场占有率稳居世界前列。通过图2-4、图2-5、图2-6可以看出，2013—2015年全球以及中国累计装机容量不断提高，中国在世界风电累计装机容量的市场份额持续提高，2015—2017年逐渐平稳，所占市场份额趋于34%。从新增装机容量来看，中国与全球发展趋势相同，2013—2015年全球以及中国新增装机容量不断提高，2016年下降幅度较大，2017年又有小范围提升，2015年以后市场份额中国在世界中的比率下降明显，2015年达到最高48%，2017年则下降到最低点33%。

总体来说，我国风电产业的产业规模可观，并且逐渐加大。中国风电产业在世界范围内占比较大，对世界风电产业的发展做出了较大贡献，但2015年之后，由于世界加大对风能建设的准入建设以及中国制定各种规章制度，对弃风率高、产能过剩的企业进行限期整改，中国风电产业的发展脚步有所减缓。

图 2-4　中国及全球风力发电累计装机容量

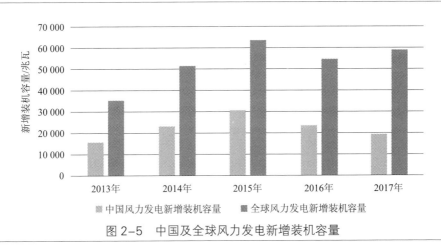

图 2-5　中国及全球风力发电新增装机容量

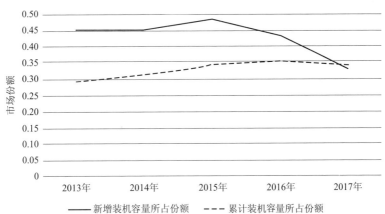

数据来源：根据中国风能协会（CWEA）数据整理

图 2-6　中国占全球风力发电新增装机容量和累计装机容量所占份额

2.2.4 促进我国风电产业发展的政策建议

1. 完善法律法规，提高风电产业的战略地位

2006年，我国颁布了《可再生能源法》，把风电发展作为长期政策执行；2007年，我国发布了《可再生能源中长期发展规划》，指出到2020年风电装机容量为500万千瓦，风电投资1 900亿元；2010年，国家海洋局颁布了《海上风电开发建设管理暂行办法》，这是第一部关于发展海上风电的细分法规；2016年，发布了《国家能源局关于印发风电发展"十三五"规划的通知》，提出到2020年年底，我国风力累计并网装机容量达到2.1亿千瓦，其中海上风电并网装机容量达到500千瓦（袁炯，2017）。

虽然我国法律法规对风电发展指出了明确目标和发展方向，但是相比国外风电应用领先的发达国家，我国扶持风电产业发展的法律法规仍然较少，并且缺乏系统性和针对性。因此，我国应该完善有关风力发电的法律法规，制定系统明确的风电发展政策，如制定风电企业的市场准入制度、行政管理制度等；借鉴外国在支持风电发展过程中的相关规定，建立完善符合我国国情的风电发展体系，使风电发展有坚实的法律基础。

2. 加大技术扶持，提高风电产业核心竞争力

通过对风电产业市场结构进行分析，可知我国风电产业发展仍然依靠国外发达国家的核心技术，虽然可以通过上下游整合收购技术发达的企业，但相比中小企业来说，技术创新是发展风电产业的障碍。此时，我国应该加大对技术的扶持力度，引导企业加大对技术研发的投入力度，创新发展发电技术，提升风力发电率，降低风力发电成本；国家应该加大对高技术人才的培养力度，并对积极研发风力发电技术的企业给予相关资金支持和奖励。

3. 打通上下游通路，创造公平竞争环境

虽然最近几年我国风电产业发展迅猛，但目前仍然是由几家规模较大的企业垄断。市场垄断不利于新兴企业的进入，也阻碍着中小企业的发展，进而影响整个风电产业的公平竞争。而风电设备的下游行业参与者，包括风力发电整装厂商和风力发电企业在整个风电发展产业链中具有较大的牵引作用，下游行业的发

展需求增加有利于整个产业链的发展。因此，我国应该加大对风电产业的市场监管，特别是对下游企业的政策扶持，深化电力体制改革，调动产业链上下游市场参与者的积极性，打通上下游渠道，使产业链各环节独立运营和管理，创造公平竞争的环境。

4. 健全金融市场，完善融资渠道，提高融资规模

风电行业的健康有序发展离不开金融市场的支持，虽然目前我国已经出台多项风电发展的金融支持政策，但关于风电产业方面的信贷产品仍然较少，各商业银行对风电产业的贷款支持力度并不大。我国应该继续建立健全金融市场，完善产业融资渠道，提高风电产业的融资规模。可以通过发行产业基金、提供低利息贷款等措施加大商业银行的信贷力度，完善信贷支持体系，通过国家的政策支持、财政拨款来减少信贷机构的金融风险，实现银行、担保机构和企业之间的联动，从而促进风电产业健康有序发展。

2.3 中国天然气产业发展分析

天然气作为一种清洁能源，具有高热值和低污染的优点。而一直以来我国的天然气产业与发达国家相比都存在很大差距，天然气在能源消费中的占比偏低。在"谈霾色变"的今天，天然气迎来了新的发展机遇。我国政府非常重视天然气产业的发展。早在1998年，我国政府就召开了首次"全国天然气利用规划工作会议"，这成为我国天然气产业发展史上的里程碑。2002年7月，"西气东输"工程开工，拉开了我国大力发展天然气工业的序幕。近年来，北方地区加速推进"煤改气"工程，导致天然气需求进一步增长。作为清洁能源，天然气将在未来一段时间内成为我国北方地区优先发展的供暖能源之一。

2.3.1 天然气产业的市场结构分析

1. 产业集中度高，天然气市场存在垄断局面

市场集中度是指行业内主要企业的生产量、销售量、资产总额等对某一行业的支配程度，一般是用这几家企业的某一指标占该行业总量的百分比来表示。本

书利用行业集中度指标对天然气行业的垄断程度进行测定，该指标通过行业内企业数目和相对规模的差异化体现市场的竞争和垄断程度，能够很好地体现整个行业的市场结构。行业集中度用 CRn 表示，指该行业内前 n 家企业所占市场份额总和，介于 0 和 1 之间，越接近 0，表明竞争越激烈；越接近 1，表示垄断程度越高。一般通行标准取 CR8。参考日本通产省和美国经济学家贝恩对行业集中度的划分标准，将行业市场结构粗分为垄断型（CR8 ≥ 40%）和竞争型（CR8<40%）两类。其中，垄断型又细分为绝对垄断（CR8 ≥ 70%）和高度垄断（40% ≤ CR8<70%）；竞争型又细分为高度竞争（20% ≤ CR8<40%）和完全竞争（CR8<20%）（顾海兵，李志云，2017）。

首先分析国内天然气生产的垄断情况。国内拥有天然气开发资质的企业只有 4 家，分别是中国石油天然气股份有限公司（简称中石油）、中国石油化工集团公司（简称中石化）、中国海洋石油集团有限公司（简称中海油）和陕西延长石油集团有限公司（简称陕西延长）。其中"三桶油"在国家各种政策保护下，利用其自身积累的巨大规模和技术优势，不断扩张其天然气生产份额。2011—2015 年中国天然气产量情况如表 2-4 所示。

表 2-4　2011—2015 年中国天然气产量情况[①]　　　亿立方米

时间	总产量	中石油	中石化	中海油
2011 年	1 027	679	146	107
2012 年	1 072	725	169	99
2013 年	1 210	793	187	114
2014 年	1 329	858	229	121
2015 年	1 350	887	208	126

可以看出，"三桶油"天然气产量之和超过全国的 90%，仅中石油就占 60%。参考美国经济学家贝恩和日本通产省对行业集中度的划分标准，我国上游

[①] 表 2-4 和表 2-5 中的数据引自：顾海兵，李志云. 国内天然气行业垄断程度研究［J］. 国家行政学院学报，2017（04）：121-127。

天然气行业在国内生产领域属于绝对垄断型（CR8 ≥ 70%）。

其次分析国内天然气销售的垄断情况。天然气行业下游已经放开，民营、港资、国资不断涌入，目前国内有超过 200 家城市燃气公司，活跃了天然气销售市场。分析 2011—2015 年从事天然气销售业务的上市企业（共 21 家）前 8 名的天然气销售量占我国天然气消费总量的比例，来说明天然气销售的垄断程度，如表 2-5 所示。

单位：亿立方米

表 2-5 企业天然气销售的市场份额

时间	2011 年	2012 年	2013 年	2014 年	2015 年
中华燃气	97.0	119.0	133.3	152.2	155.0
华润燃气	72.2	92.7	120.9	133.2	149.1
北京燃气	65.1	79.4	100.7	108.6	130.6
新奥能源	50.1	62.3	80.3	101.2	112.9
中燃集团	44.5	55.6	68.2	80.4	89.7
申能股份	54.0	62.6	68.7	70.9	74.0
昆仑集团	36.3	48.2	71.5	77.6	72.6
港华燃气	46.7	53.2	59.5	65.1	65.6
合计	465.9	573.0	703.1	789.2	849.5
全国销量	1 313	1 509	1 719	1 884	1 932
市场占有率/%	35	38	41	42	44

从表 2-5 可以看出，在天然气产业销售领域，前 8 家企业天然气销量之和占我国天然气消费量的比例在 2011—2015 年呈上升趋势，2013 年超过 40%，2015 年达到 44%。参考美国经济学家贝恩和日本通产省对行业集中率标准的划分，我国天然气行业下游属于高度垄断型（40% ≤ CR8<70%）。

2. 天然气资源不足，供需矛盾突出，对外进口依存度较高

需求增长太快，供给则难以招架。在环保高压和"煤改气"的迅速推进下，我国天然气需求量持续大幅增加。据国家发改委数据显示，2017 年天然气消费

量为 2 373 亿立方米，同比增长 15.3%，增量超过 330 亿立方米，刷新了我国天然气消费增量的历史。但中国的能源现状是缺油少气，10 年前国内四大主力气田产量每年仅为 500 亿立方米，随着这些年的不断增长，2017 年已经接近 1 000 亿立方米，年增幅超过 7%，但这样的增幅跟 17% 的需求增幅相比仍然杯水车薪，天然气供应"淡季不淡"，甚至出现"高峰限供"的紧张局面。进入 2018 年，天然气供需矛盾有增无减。而如今中亚管道输送量急剧减少，中亚来气供应持续不稳定，国内的天然气却遭遇历史最低库存，使天然气供需矛盾一度陷入尴尬。

消费需求的增长与"气荒"现象的来临，使我国天然气对外进口依存度不断提升，如图 2-7 所示。

图 2-7　2013—2017 年我国天然气进口依存度

2016 年我国天然气进口量为 733 亿立方米，同比增长 19.0%，天然气进口依存度快速达到 34.3%；2017 年我国天然气进口量为 926 亿立方米，同比增长 24.4%，进口依存度快速升至 39.4%。2017 年我国液化天然气进口量仅次于日本，位居全球第二。从进口方式来看，目前我国天然气进口仍然以陆上气态进口及海上液态进口这两种方式为主。陆上气态进口主要通过三大通道：西北中亚管道、西南中缅管道和东北中俄管道。东北中俄管道尚在建设中，中亚及中缅管道均已投产运营，每年为我国输送天然气达数百亿立方米。

3. 受宏观环境影响，液化天然气陷"高成本低利润"僵局

液化天然气是工业生产和居民日常生活所消耗煤炭最合适的替代品。液化天然气燃烧时无污染、效率高，这使它成为当前最适合大范围应用的新型能源之一。

20 世纪 80 年代末，我国的液化天然气工业开始起步，在几十年的发展过程中，在液化天然气产业的每一个链条上都有所突破和发展，并连续不断地投入建设了十几个液化天然气项目。近几年，液化天然气行业逐渐告别以往的高利润黄金期，增长趋势下滑。前期液化天然气产能投入过大，下游建设跟进不足，从而导致上下游发展不同步，液化天然气企业受到冲击，行业面临着洗牌的现象[①]，主要体现在以下几个方面：下游市场推广不利，市场需求持续萎靡；上游生产企业利润下跌，部分甚至倒挂经营；设备厂商效益受损，订单减少，出货不畅。

究其原因，车辆船舶、城市燃气、工业、发电等是液化天然气的主要消费领域，而受煤炭、钢铁等行业的影响，目前国内液化天然气汽车运行状况欠佳，加气站的用气量也有所减少。而油价的不稳定、车用市场受阻、其他替代能源经济性回升，使液化天然气的市场需求量难以增加。车辆船舶液化天然气消费已占到我国液化天然气市场的 40% 以上，如果原油价格不断降低，那么液化天然气的经济性将会遭受持续性打击。液化天然气行业未来几年必将经历凤凰涅槃般的重整，以淘汰落后产能。

2.3.2 天然气产业的企业行为分析

1. 大规模的管道建设推动了天然气市场的发展

城市管道给天然气的使用提供了一个比较安全的环境，同时给市民提供了较为实效的城市燃气使用方式，给我国带来一定的环境、社会与经济效益。我国常规天然气主要分布在经济欠发达的中西部地区，而天然气的消费主要集中在经济发达的东部和南部沿海城市，因此，管道运输成为一种客观需求。从 20 世纪 90

---

① 液化天然气行业陷"高成本低利润"困局. http://m.sohu.com/n/423758412/，2018–10–21 08：40.

年代初开始，随着鄂尔多斯天然气资源的重大发现，政府决定兴建首个大型跨区域管道，1997 年建成陕京一线，管道长达 868 千米，每年输气能力为 3.6 亿立方米；2004 年建设西气东输一线，主要干线长达 4 200 千米，西起新疆塔里木油田轮南油气田，东抵上海，容量 12 亿立方米，在加压情况下达到 17 亿立方米；2005 年鄂尔多斯第二个具有 12 亿立方米能力的陕京二线完成。截至 2008 年年底，管网总长达到 31 000 千米。西气东输二线管道西起新疆霍尔果斯口岸，南至广州，东达上海，干线全长 4 895 千米，加上若干条支线，管道总长度超过 9 102 千米。该线与中亚管道相连，将满足日益增长的沿海两大经济区的需求。同时，总容量达到 2.5 亿立方米的河南平顶山储气库、湖北云应盐穴储气库和江西南昌麻丘水层储气库已沿着西气东输二线主干线建成，总投资约为 1 420 亿元。另外，中石化正修建从四川到长三角和珠三角的管道：川气东输延伸管道和川南管道。政府大规模的管道建设助推了天然气基础设施的施工。

　　管道的建设为天然气的运输带来便利，推动了天然气产业的发展，但存在的问题是各个地区政府的扶持力度不够。虽然我国各地政府相继出台了有关城市管道燃气的扶持政策，但从总体而言，对于城市管道燃气的资金投入尚且不够，而且没有设立城市管道燃气的专项资金，通常采取政策引导的方式。燃气管道在前期建设过程中所要的资金数额较大，一般中小企业无法承担这种大型的资金投入压力。

　　2. 价格形成机制不合理

　　价格是市场发展的关键因素，也是调整供需关系的有效手段。在垄断市场中，采用固定价格制度成了一种必然。具体来说，我国天然气中上游价格由国家发展和改革委员会（简称发改委）制定，下游售价则由地方发改委制定。这就使我国天然气的价格不能随着经济市场指数的变化而变化。当然，在如今我国经济、市场平稳发展的大环境下，这种由发改委定价的机制操作起来比较简单，也是可取的。现阶段我国天然气定价主要采用成本加成的方法。成本加成是指出厂成本加上合理的利润来构成天然气的成本价。政府这样做的目的在于控制剩余价值，稳定国民经济，使全国天然气有一个长期合理并且稳定的出厂价格。但该方法往往只适于处于天然气业发展初期阶段的国家。随着我国经济的发展和行业的进步，价格的行政化使价值规律对市场的影响调节作用被严重限制，灵活性的缺乏使价格难以反映市场的实际供求状况,这在某种程度上对企业生产转型的积极性产生了制约,也不利于发挥市场消费的引导作用。

3. 重组愈演愈烈,但规范的现代企业制度尚未建立

我国天然气行业从最初的提升战略布局的角度进行"跑马圈地",到关注各方利益,发展优势项目的"群雄逐鹿"状态,最终形成大型国有、外资(港资)、民营"三分天下"的局面。根据中国企业并购的三次浪潮,国内天然气行业真正意义上的并购在第三次并购浪潮开始之后,中石油、中石化的国内天然气业务在2000年之后开始海外上市,在国内进行布局,2005年起开始整合,发展历史较短。

近年来,在国家政策的引导和鼓励下,民营企业已经多渠道介入新疆、大庆、吉林等油田的油气开发业务,并开始获得大型油气管网支线管道的建设和经营权。2012年开始,众多非燃气行业企业开始进入天然气下游市场的开发,如莱茵置地、胜利股份等企业。一方面,行业新入者对原有中小型天然气企业进行并购,以拓展新的市场;另一方面,由于行业新入者在发展过程中并不理想,其市场也在被其他天然气企业并购。

天然气产业比石油产业更为特殊,具有由运输网络性所带来的自然垄断现象。而在传统的认识中,石油、天然气开发生产行业属于竞争性领域,在竞争性领域政府应减少干预和介入,支持企业间的竞争。但在运输和供应上,天然气却具有公用事业性质,这就需要发挥政府的调节和管控作用。可是,天然气行业却没有明确的产业政策和产业组织政策。政策的不明确,导致难以确定与现代企业制度建立密切相关的一些问题,如未来天然气公司的组织形式、市场进入的要求和国有股的占比等。就像著名经济学家植草益所说:"在产业政策、产业组织政策、直接干预政策都不明确的情况下,讨论国有企业的股份制改造是危险的。"

2.3.3 天然气产业的市场绩效分析

1. 产量继续增长,消费占比逐年升高,但占比依然偏低

我国天然气产业起步较晚,1950—1990年消费总量较低,进入21世纪以

来，中国天然气产业发展迅猛。2004年，西气东输一线管道建成且正式投入商业运营，标志着中国的天然气市场进入快速发展期。2005—2013年，天然气的绝对消费量年均增长148亿立方米，年均增速17.1%，如图2-8所示。

图2-8　1970—2015年我国天然气消费量及增速

但细分来看，我国天然气发展显著低于国外水平。由于资源不足、基础设施不完善等历史原因，《天然气利用政策》鼓励优先发展城市燃气，允许发展工业燃料用户，限制大规模天然气发电，因此目前城市燃气用气比例较大，而天然气发电所占比例较小。2016年，天然气在一次能源消费结构中的占比仅为7%，与世界平均水平24%差距较大，如图2-9、图2-10所示。

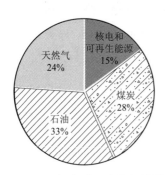
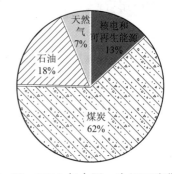

图2-9　2016年全球一次能源消费结构　　图2-10　2016年中国一次能源消费结构

2. 农村仍以煤炭消费为主

根据国内天然气利用的几种主要方式，天然气应用领域可以分为居民燃气、工业化工、发电供热以及交通能源等，如图2-11所示。

2017年6月，国家发改委等13个部委联合发文，提出"逐步将天然气培育成我国现代清洁能源体系的主体能源之一"。主体能源概念的提出，进一步明确了天然气在能源结构中的地位，鼓舞了行业发展的信心。但同时值得注意的是，当前在中国推广天然气应用过程中依然面临一系列挑战，包括农村天然气市场惨淡、市场化处于初期阶段、企业认知度较低和相关鼓励政策有待完善等。

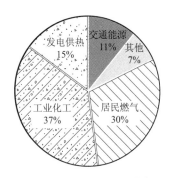

图2-11 2016年天然气应用领域占比情况

（1）农村天然气市场惨淡。一是天然气价格偏高，相对来说农村居民更容易接受煤炭。二是由于投资成本太高而回收成本太慢，天然气公司也不愿意把天然气管道铺设到农村。三是农村住户分散，管道铺设难，而且农村有木柴当燃料，天然气使用量并不大。四是农村的管道和城市不同，排管在路边没有保护，经常因为一些私人工程而使管道保护得不到保障，维护成本高，发生漏气时工人到达现场慢。

（2）市场化处于初期阶段。现阶段国内上游开采缺乏竞争，管道天然气商品定价机制不透明，虽然液化天然气价格已逐步跟市场接轨，但整体上国内天然气市场处于早期阶段，市场竞争不充分，供需变化有待价格的及时反映。市场化机制的缺乏也阻碍了社会资本大规模进入天然气行业。

（3）企业认知度较低。很多企业对天然气的环保价值、安全价值、高效率等特点缺乏了解，对于使用天然气给企业带来的利益也持怀疑态度。这种不理解在一定程度上降低了企业使用天然气的意愿，阻碍了天然气政策推广的落地实施。

（4）相关鼓励政策有待完善。国家近几年出台多个政策法规，大力鼓励天然气产业发展，这些政策对推动市场发展起到了积极指导作用。但在落地实施中，存在监管不规范、补贴不合理、一刀切、缺少透明度等问题，这些问题影响到天然气消费用户的切身利益，甚至导致政策反复，影响了市场信心和稳定性。

2.3.4 促进我国天然气产业发展的政策建议

通过分析可以发现，我国天然气产业发展主要面临着产业集中度高、行业进入难度大，资源储备不足、供需矛盾突出，项目建设成本高、存在较大的投融资风险，定价机制不合理，天然气消费在能源消费中的占比偏低等困境。

1. 加大资源开发力度，统筹供需，保障天然气供应

世界天然气储量十分丰富，但随着天然气消费量的增加和利用领域的扩大，我国天然气供应急需得到保障。因此，我国要加大对天然气的开发力度，深化供给侧改革，统筹供需，建设多元化供应渠道，走出天然气供应紧张的困境。

加大资源开发力度，是指根据国务院"充分利用国内外两种资源，两个市场"的原则，一方面要落实国内发展战略，短期规划与长远规划相结合，促进天然气产能建设，满足日益增长的天然气产业发展需求；另一方面要加强国际合作，加大海外资源开发的投资力度，采用多种途径获得国外资源，如投资开发气田、长约进口、现货贸易等。要充分利用"一带一路"平台，向东南亚、中亚、东非等地区延伸，和资源国建立持续稳定的合作关系。此外，风险意识是必需的，要研究国际天然气市场的变化规律，提高供给侧抗风险的能力。

统筹供需，做好衔接。供需平衡是资源发展的关键问题，在加大对天然气资源勘探开发的同时，需要引导消费需求，有序推进天然气产业进步。各地区要优化天然气使用方式，实现对天然气的有序使用和有序调度，加强区域内地区之间、民生与非民生用气之间的调度。天然气销售企业要落实年度天然气生产和进口计划，切实履行调峰供气义务。城镇天然气经营企业要严格遵守需求侧管理方案和应急调度措施。另外，为及时发现供应风险并加以处理，应重视发展天然气的预警和监测机制。

2. 进一步完善法律法规制定，提升天然气产业的战略地位

完善天然气法律法规制度，需要政府建立宏观调控体系，明确天然气行业管理和技术标准，规范管理全国的天然气资源；在法律方面，需要制定单独的《天然气法》和天然气利用的政策措施；建立企业综合考评制度，促进天然气行业、企业和项目管理，提高运营效率。

提升天然气产业的战略地位，一是继续推进天然气体制改革。按照"放开两端，管住中间"原则，推进城市燃气市场改革，压缩门站层级，降低城市输配成本。研究天然气与其他能源特别是煤炭之间的价格联动机制，使相互间比价落在合理的范围内，避免逆替代造成环境问题的反复。二是提高其在能源结构中的比例。天然气是优质高效、绿色清洁的低碳能源，提高天然气消费量是有效治理大气污染、积极应对气候变化等生态环境问题的现实选择。从国家层面要进一步明确其主体能源之一的战略定位，按照既定的发展规划、目标与实现路径，逐步把天然气培育成为我国的主体能源之一，达到世界天然气消费在能源结构占比的平均水平。三是淘汰落后产能，控制我国的煤炭消费总量，完善基础设施，以鼓励农村使用天然气，推进能源生产和利用方式的变革。

3. 加强输气管及储气系统建设，降低成本，拓展液化天然气市场

随着天然气生产和消费的发展，输气管网等基础设施仍难以满足市场需求，严重制约天然气的发展。国家应该在天然气输气管、储气库建设上下功夫。液化天然气方面，需要降低成本，拓展市场。

（1）加快天然气管网及储气系统建设。充分利用国内外两种资源，合理规划，加快构建跨区域性干线管道系统；完善四大进口通道，提高干线管输能力，为实现全国天然气发展战略打下坚实基础；通过多方支持，鼓励储气设施的投资建设，使各类市场主体都可以依法平等参与储气设备的建设与运营。此外，国家需要加强地下储气库建设，提高天然气储气库的供应能力。

（2）在液化天然气方面，以贸易促投资。筛选、锁定一批综合条件较好的长期资源，推动我国企业，尤其是增量市场的民营企业和沿海地方企业与相关项目签署长期贸易合同，促成这些项目的建设，同时积极谋取定价权，推动液化天然气期货等发展；积极寻找新的液化天然气海外投资地区，通过直接投资等方式推动新液化天然气项目开发。而政府层面，应支持石油公司获得海外天然气优质资源，并继续给予优惠税收支持和融资支持。另外，加强与日、韩、欧洲等传统液化天然气消费进口地区的协调，形成协同力量，共同打造一个有利于天然气发展的环境，共同推动液化天然气市场的持续稳健发展。

4. 建立科学合理的定价机制，解决气价上涨带来的电厂发电问题

由于近年来天然气价格的持续提高，燃气电厂也面临着不断增加的压力，一些电厂被迫减少发电量甚至出现停产的现象，这对于调整资源结构、节能减排、改善环境状况非常不利。而在国外很多发达国家中，天然气发电使用量的比例达到全部发电消费量的 1/3。天然气发电低碳且效率高，潜力巨大。"富煤贫气"是我国存在的客观情况，加上人口众多带来的环境压力，政府应该深入分析天然气发电的成本，把发电成本、环境成本、社会成本加权综合考虑，制定合理的联动机制，从而真正解决气价高带来的发电问题。

改变当前天然气计价以成本为基础的做法，建立科学合理的定价机制，具体来讲，需要做好以下几个方面的工作：一是要组织制定标准。只有在同一标准的指导下，才能建设统一有序的天然气市场。二是理顺价格机制，避免价格大起大落。价格管理政府和市场要共同发挥作用，单靠市场是不够的，政府要加强宏观调控，提高国内市场天然气价格的竞争力。三是进一步研究天然气可替代能源的价格关系，并且在此基础上出台对应的对比关系标准，为实现国内能源结构的优化调整打下基础。

5. 继续健全天然气市场，完善天然气企业融资渠道，提高企业融资规模

健全天然气市场，一是要完善特许经营权制度。特许经营权制度的完善有利于消除燃气企业运营中的顾虑，吸引更多的市场主体，遏制燃气企业的不正当竞争行为。二是管输业务和销售业务分离。管输业务和销售业务分离后，其他主体就可以直接和上游企业或者其他贸易商商谈价格，有利于促进整个天然气市场的竞争，有利于天然气价格市场化改革的进一步推进。

完善天然气企业融资渠道，政府应积极出台相关政策，充分运用金融杠杆，制定利于天然气企业融资的贷款机制，可以根据地区的不同分别采取适合本地区的财政措施。例如，在经济发展水平高、能源价格承受力强的地区可以采用初始投资和加速折旧、税收减免等运营支持政策；在经济发展欠佳、污染严重和高排放的地区，政府要增加补贴基金，鼓励使用清洁能源，鼓励通过PPP（政府和社会资本合作）、混合所有制等商业模式建设天然气分布式能源项目。

此外，促进天然气企业融资，政府还需要简化天然气利用行政审批事项，促

进各类资本平等竞争；推进天然气利用项目投资信息平台建设，及时向社会公开发布相关信息；鼓励支持各类有实力、有资源的企业参与基础设施与终端市场的建设运营；积极吸引各类社会资本支持天然气基础设施的建设与运营；鼓励各类金融机构在防御风险的前提下，创新和灵活利用各种金融工具；对于建设、运营、使用天然气基础设施的企业，加大融资支持力度，加强对民间投资的金融服务。

2.4 中国核能产业发展分析

长期以来，以煤炭为主的能源结构给我国带来了严重的环境问题，许多地区面临雾霾的困扰，发展清洁能源成为我国解决能源问题和环境问题的必然途径。核能作为清洁能源的一种，因其高效、富集、清洁、经济等特点，成为发展清洁能源的一个重要选择，具有广阔的运用前景。发展核能有利于我国优化能源结构、保障能源安全、促进污染减排和应对气候变化，对我国可持续发展有着重要的战略意义。

《中国核能发展报告》（2018）蓝皮书显示，截至 2017 年年底，我国在运核电机组已经达到 37 台，装机规模 3 581 万千瓦，位列全球第四；发电量 2 474.69 亿千瓦时，占全国总发电量的 3.94%，位列全球第三（张廷克，李闽榕，潘启龙，2018）。目前，世界核电发电量占全球发电量的 10.6%，而我国核电发电量仅为总发电量的 3.94%，中国核能事业未来依然拥有巨大的发展空间。根据国务院批准发布的《核电发展中长期规划》以及《能源发展十三五规划》，到 2020 年，我国核电装机容量将达到 5 800 万千瓦，在建容量将达到 3 000 万千瓦（国家能源局，2013）。与此同时，我国实施"一带一路"和核电"走出去"战略，目前"一带一路"沿线有 70 多个国家正在考虑发展核电，其中 40 多个国家为无核电国家，这些都为我国核电产业的发展提供了机遇。

本节利用 SCP 分析方法对我国核能产业市场结构、市场行为和市场绩效进行分析，概括了我国核能产业的发展现状并分析了我国核能产业发展中存在的问题。针对我国核电产业提出以下建议：完善核能法律法规，加强核能人才培养，丰富核能融资渠道，推动核能技术创新。

2.4.1 核能产业的市场结构分析

决定市场结构的因素很多，主要有市场集中度、产品差异化、进入壁垒、规模经济等。考虑到核能行业的特征，本节主要集中在市场集中度和进入壁垒两个方面对核能产业市场结构进行分析，以此总结出我国核电产业市场结构情况。

1. 市场集中度

集中度是反映市场结构的重要指标，市场集中度表示在具体某个产业或市场中具有怎样的相对规模结构的指标。我国核电产业集中度非常高，主要集中在中国核工业集团公司（简称中核）、中国广东核工业集团有限公司（简称中广核）和国家电力投资集团有限公司（简称国家电投）三家国有企业中。中核、中广核、国家电投是我国少数具有核电控股资质的三家企业，核电产业是具有寡头垄断性质的产业。从在运核电机组数量来看，截至 2018 年 9 月 30 日，我国共有在运核电机组 40 台，装机容量达到 39 269.16 兆瓦电力（额定装机容量）。其分布在沿海地区，形成了浙江秦山、广东大亚湾和江苏田湾三个核电基地，同时其他地区也有部分核电项目投产。如图 2-12～图 2-13 所示，在运的 40 台核电机组中，中广核控股的数量为 17 台，装机容量达到 18 096 万千瓦，占我国在运核电装机容量的 46.21%；中核控股的在运核电机组数量为 19 台，总装机容量为 16 576 万千瓦，占我国在运核电装机容量的 41.64%；中广核和国家电投控股的核电机组数量为 4

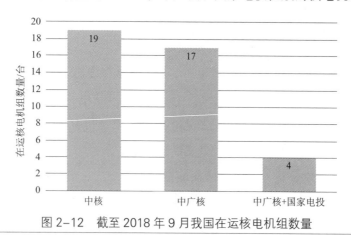

图 2-12 截至 2018 年 9 月我国在运核电机组数量

台，总装机容量为 4 472 万千瓦，占我国在运核电装机容量的 12.15%。就装机容量而言，在我国核电企业中，中广核位于首位。

从上网电量来看（见图 2-14），2017 年，我国核电发电量为 2 474.69 亿千瓦时，占我国总发电量的 3.94%。核电上网电量为 2 316.42 亿千瓦时，比 2016 年上升了 17.83%。其中，中核上网电量为 939.08 亿千瓦时，中广核上网电量为 1 377.34 亿千瓦时，中广核与中核上网电量占核电上网电量的比例达 100%。从在建核电装机规模来看（见图 2-15），截至 2018 年，我国在建核电机组 18 台，中广核与中核预计装机规模合计 18 310 万千瓦，占我国在建核电装机规模的 87.15%。

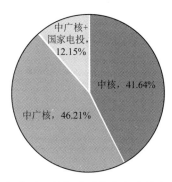

数据来源：根据中国核能行业协会数据整理

图 2-13 截至 2018 年 9 月我国在运核电机组装机占比

图 2-14 2016—2017 年中广核与中核上网电量占核电上网电量比例

2. 进入壁垒

进入壁垒是企业为获取高额利润而进入某一产业过程中遭遇到的障碍与困境。下面主要从技术与资金壁垒、资质与人才壁垒、政策壁垒角度探讨核电行业进入障碍。

第一，技术与资金壁垒。核电行业是技术密集、资金密集的行业，涉及大量的专有技术，且这些技术需要通过长期的积累、创新及国际合作才能取得。核电

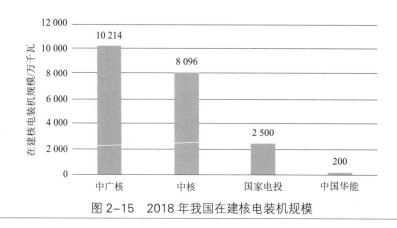

图 2-15　2018 年我国在建核电装机规模

站是世界最复杂的工业生产系统之一,涉及核物理、化学、材料、运维、环境污染监测、辐射屏蔽和防护等多个领域。一台大型商业核电机组涉及的设备数以万计,在核电站生命周期中,涵盖了核燃料供应、乏燃料处理、核电站工程设计及建造、设备制造、核电站运营及退役等各个环节,每个环节都需要先进的技术作为支撑。核电厂在建设过程中,需要综合考虑安全性、技术先进性、经济性和可实施性等要求,在符合核安全法规要求的范围内,采用经过验证的成熟技术;也要符合技术经济性原则,将造价控制在总体目标范围内;还要符合工程总体进度要求,包括开工条件、建造周期等方面。核电行业是资金密集型的行业,核电项目建设周期长、资金投入较大,一台百万千瓦级的核电机组建设周期长达 60 个月左右,造价高达 150 亿 ~ 200 亿元,对核电企业的资金要求极高。对于设备制造类公司,由于核电的高技术壁垒,其往往需要持续投入大量的资金进行技术研发以及相应的生产设备采购与更新。在福岛核事故后,国家对环保、核安全提出了更高的要求,核电企业在安全、环保等相关辅助设施的技术要求和投资进一步加大,核电行业的资金壁垒不断提高。

第二,资质与人才壁垒。核电在生产过程中会产生放射性,若出现放射性泄漏等事故,其对环境将造成较为严重的危害,所以国家对核电的安全性高度重视,在产业链上各个环节均有较高的准入壁垒,各参与方均需取得相应主管部门核发的准入资质。目前我国具有核电业主资质的企业只有三家:中核、中广核和国家电投。按照相关准入规则,四大电力集团在参股建设的核电站投产运行后，才有资格独立和控股建设核电站，并可能拥有核电业主资质。而其他企业要想获得核电业主资质则非常困难，因此，其他企业参与核电项目投资面临着诸多障碍。核电工程建设必须严格遵守 IAEA 标准和 HAF 法规的要求，建立完善的质量保证体系，并接受国家核安全监管部门的严格监督。核电建设企业需要大量的管理技术人才和高技能人才，且核电领域的人才培养周期较长，因此人才资源长期处于稀缺状态。2012 年 IAEA 工作报告指出"培养一名合格的核电建设者至少需要十年时间"，管理技术人才和高技能人才已成为进入核电行业的重要障碍。

第三，政策壁垒。受 2011 年福岛核事故的影响，民众对核电站的安全更加关注，政府对核电项目的审批更加严格。2017 年，我国第一部核安全法正式发布，对核电发展进行了细致的法律规定。另外，我国的原子能法也在积极修订当中。核安全准入门槛不断提高，这对核电项目的建设提出了更高的要求。首先，在核电站选址方面，需要考虑众多外部因素，包括经济条件、人口分布以及自然灾害的叠加效应对核电站的影响等。其次，在应急堆芯冷却的可靠性方面，包括电源的多样性方面，要求也会进一步提高。再次，围绕乏燃料池的安全冷却，包括冷源和电源的可靠性方面的标准也会提高。最后，是整个安全壳的消氢，以及在防止氢爆方面相关设计标准的提高。

2.4.2 核电产业的企业行为分析

1. 定价行为

核电发电成本由运行费、基建费和燃料费三部分组成。由于核电站系统的复杂和出于安全的考虑，它的基建费较高，核电投资比火电投资高 3～4.5 倍。我国核电建设周期相对较长，一般为 6 年，但核电设施使用寿命要比火电长 30 年左右。而且其成本构成使得越往后越有竞争力，在固定资产投资上，成本为 50%～60%，而火电的比例为 30%～40%；燃料费用上核电为 20%，而火电为 50% 多。相比火电，核电具有一定的优势。但近年来，随着核安全保障的要求，核电建设成本也在不断提高，对核电的发展提出了更高的要求。2013 年 7 月，发改委下发通知，将核电上网电价由个别定价改为对新建核电机组实行标杆上网电价政策，并核定全国核电标杆电价为每千瓦时 0.43 元，此后根据核电技术进步、成本变化、电力市场供需状况等对核电标杆电价定期评估并适时调整。采用标杆定价有利于核电电价的稳定，同时进一步发挥市场在价格形成中基础性作用的重要举措，有利于利用价格信号引导核电投资，有助于激励企业约束成本，促进核电健康发展。

2. 研发行为

核电发展离不开研发的投入，特别是对核电安全运行的追求是没有尽头的，小型化、智能化、耐事故是未来核电技术发展的方向。《核电中长期发展规划（2005—2020 年）》明确指出要适时开展小型堆核电示范项目建设。《能源技术创新"十三五"规划》也将开展小型智能堆的自主创新列为重点任务。小型堆整体结构紧凑，大多采用全埋式安全壳，上层建筑矮小，具有先天的抗撞、抗震性能。各模块独立运行，单模块机组离线换料/检修时，其他机组可正常在线运行。继续研发设计小型反应堆，提高堆型的安全性、多应用性，是未来核电发展的一个重要选择。我国提出了 ACP100、CAP150、ACPR50S 等小型压水堆概念，其中 ACP100 成为世界上首个通过 IAEA 安全审查的小堆（IAEA，2016）。我国部分核电厂乏燃料水池储存能力接近饱和，乏燃料运输和离堆储存能力也很有限；后处理和废物处置需求日益迫切。人工智能对提高核电运行的安全性具有不可替代作用。其有利于核电关键系统和设备的自动运行监控，提高系统、设备的可靠性；对人不可达区域通过机器人进行维修，减少工作人员的辐射危险。降低堆芯（燃料）熔化的风险，缓解或消除锆水反应导致的氢爆风险，提高事故下裂变产物的包容能力。

3. 并购行为

我国的铀资源相对贫乏，而根据我国核电可预期的远期发展目标，未来对铀资源的需求将极大，国内铀资源远远不能满足发展的需要，积极开发利用海外铀资源成为一条可靠的途径。受福岛核事故的影响，目前国际铀市场现货价格及中期价格依然低迷，这有利于我国利用此战略机遇期，大力实施铀资源海外战略。2012 年，中广核全资收购了储量位列世界第三的非洲湖山铀矿，2017 年湖山铀矿铀产量达到 1 000 吨。国内其他核电企业也在积极开展海外铀资源勘探与开发工作,在纳米比亚、乌兹别克斯坦、加拿大等国成立了铀矿开采公司,拥有了一定的铀矿开采权。目前我国从事铀矿开采和进出口的公司主要是中核下属的中核金原铀业有限责任公司、中国铀业有限公司、中核国际以及中广核下属的中广核矿业。这几家企业在海外铀矿开采和进出口中发挥着重要作用,为我国核电的发展打下了坚实的资源基础。

2.4.3 核电产业的市场绩效分析

市场绩效是指在一定的市场结构和市场行为条件下市场运行过程中达到的最终经济效果。本书选取核电产业 2012—2017 年盈利能力以及近年来发电量情况作为衡量绩效指标。

1. 核电企业净利率高,营收逐年增长

表 2-6 和表 2-7 显示,2012—2017 年核电营业收入实现了快速增长。中核 5 年来营收翻了近一倍,而中广核营收翻了 2.5 倍多。2015 年核电行业的销售收入实现了快速增长,中核与中广核销售收入达到 494.63 亿元,同比增速达到 25.37%。2015 年,核电营业收入的快速增长主要受大量核电机组在这一年投入运营的影响。另外,核电企业净利率高,经营效益好,2012—2017 年中核和中广核销售毛利率在 40% 以上,销售利润率在 30% 左右。整体来说,核电行业的盈利空间高,盈利能力强。2012 年受福岛核事故的影响,各核电企业加大了核安全方面的投入,销售净利率同比出现负增长。与此同时,由于核电行业前期基建投入大、费用高,同时受政府政策的影响,核电企业的利润增长出现较大的波动性。总体来说,核电企业净利率高,未来在营运能力方面依然还有较大挖掘潜力,核电企业应不断提升管理能力,使企业的财务能力和营运能力不断增强。

表 2-6 2012—2017 年中核财务指标

年份	2017 年	2016 年	2015 年	2014 年	2013 年	2012 年
营业总收入 / 亿元	336	300	262	188	181	178
毛利润 / 亿元	127	118	112	70.8	61.2	68.1
归属净利润 / 亿元	45.0	44.9	37.8	24.7	24.8	21.1
营业总收入同比增长 /%	11.93	14.53	39.37	3.98	1.86	13.66

续表

年份	2017年	2016年	2015年	2014年	2013年	2012年
归属净利润同比增长/%	0.2	18.71	52.98	−0.17	17.39	−0.81
毛利率/%	39.61	41	44.18	39.51	35.73	40.23
净利率/%	23.92	27.02	27.13	27.43	28.32	25.76

表2-7　2012—2017年中广核财务指标

年份	2017年	2016年	2015年	2014年	2013年	2012年
营业总收入/亿元	456.16	328.90	232.63	207.93	173.65	175.75
毛利润/亿元	195.83	143.57	111.33	100.90	81.48	81.70
归属净利润/亿元	95.00	72.87	65.94	57.13	41.95	41.45
营业总收入同比增长/%	38.692 7	41.385 3	11.877	19.742 4	−1.195 2	10.667 3
归属净利润同比增长/%	30.374 7	10.514 5	15.423 5	36.190 3	1.204	−12.328 8
毛利率/%	42.928 9	43.651 3	47.855 5	48.524 5	46.924 7	46.488 6
净利率/%	27.434 2	27.134 8	34.701 5	33.062 5	29.204 7	28.320 5

2. 核电发电量稳步攀升，前景广阔

进入21世纪，我国核电进入快速发展时期，2005—2017年核电发电量呈现逐年递增的趋势（见图2-16）。核电发电量同比增速基本维持在10%以上，受2008年金融危机和2011年福岛核事故影响，增速有所下跌。而我国核电发电量占总发电量比率在不断上升，特别是在2014年后，核电发电量占总发电量比率呈现快速拉升的趋势（见图2-17）。截至2018年9月30日，我国投入商业运行的核电机组共40台，装机容量达到39 269.16万千瓦。而根据《能源发展"十三五"规划》目标，到2020年，我国核电装机容量要达到5 800万千瓦，在建核电装机容量达到3 000万千瓦以上。我国现在的核电装机容量与"十三五"核电发展目标之间有很大差距。然而，2016—2017年，核电新机组的审批再次进入相对沉寂期，核电发电量同比增速减缓，核电发展远低于预期，为实现"十三五"核电发展目标，预计未来的3年里新机组审核进度将有所提速。随着我国投运核电机组数量的稳步攀升，核电占总发电比例已经由2006年的1.92%上升至2017年的3.95%，2018年核电占总发电比例再次上升，1—9月全国累计发电量为50 361.70亿千瓦时，商运核电机组累计发电量为2 065.62亿千瓦时，约占全国累计发电量的4.10%（见图2-18）。我国核电发展迅速，已经取得较大的成就，但相对于核电大国而言，差距依旧较为明显，即使与世界的平均水平相比较，也有很大的发展空间。

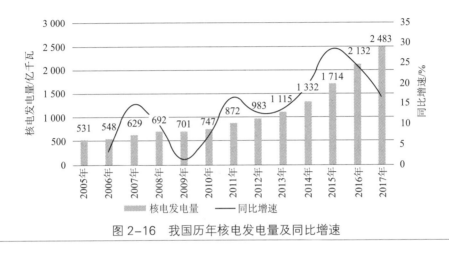

图2-16 我国历年核电发电量及同比增速

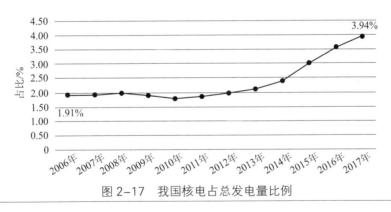

图2-17 我国核电占总发电量比例

2.4.4 促进我国核能产业发展的政策建议

1. 完善核能法律法规，促进核能健康发展

我国核能相对于发达国家而言发展较晚，国内对核能安全保障法律制度的建设相对较弱，远远不能满足我国核能快速发展的需要。为了实现核能发展有法可依，完善的法律法规必不可少。2017年，我国第一部核能法律《核安全法》正

式发布，国家原子能法也在加紧修订过程中。核能法律法规建设须遵循以人为本、可持续发展等原则，适应核能发展的需要。加强公众参与的程度，构建沟通交流的平台，切实保障公众的知情权和参与权，取得民众对核能发展的认可和理解。当下，可先制定灵活性和规范性兼具的通行文件指导公众参与，如政策、行政法规、地方性法规、部门规范性文件等，就参与的形式、内容、公众意见采纳的原则、法律责任等问题做出明确规定，妥善处理好民用核能众参与信息保密国家核能发展之间的关系。

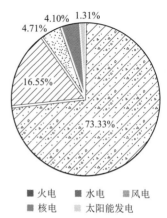

数据来源：根据中国核能行业协会数据整理

图 2-18 2018 年 1—9 月全国发电量统计分布

2. 加强核能人才培养，适应核能发展新态势

核能的发展离不开人才的支撑，特别是在当前核能快速发展的背景下，人才短缺已经成为我国核电发展的重要"瓶颈"。核能人才对核能的安全来说至关重要，政府、核电企业都把发展核能专业人才作为安全发展核电事业的第一步（夏心欣，2012）。核工业作为知识密集型产业，所需人才涉及机械设备、热能、自动化控制、精密仪器等 60 多个相关专业。加之核电本身建设周期长，需要各类专业技术和管理人才，而我国核电起步较晚，核电人才储备有限，难以满足核电发展的需要。为实现 2020 年核电的战略目标，迫切需要加快核能人才的培养。人才是核能产业长足发展的关键，为使人才规划适应核能发展新态势，需要做好以下工作：加强对高校有关核专业办学的统筹规划，建立完善的核能教育体系；鼓励核电企业与高校加强合作，缩短人才积累实际经验的时间；进一步提高人员素质，将核安全文化与质量意识转化为每个人的自觉行为。通过提升人员素质，将我国的核电人培养成具备国际竞争力的核电专家，适应核能发展新态势。

3. 健全金融市场，丰富核能融资渠道

核电建设前期基建费用高、资金需求大，我国核电投资主要是依靠政府支持和银行贷款，融资渠道单一。随着核电投资项目的扩大，这种单一的融资模式已经越来越难以满足我国核电发展的需要。目前，中西部地区都在积极推动核电站的建设，随着我国三代核电建设推进，中西部地区将是我国核电建设的主体。此外，我国还在积极推进核电"走出去"战略，海外核电站投资也存在巨大的融资需求。如何丰富核能融资渠道是我国核电发展过程中必须解决的问题。为满足核电发展的需要，可以吸引社会资本投入核电站的建设，积极发挥市场化的作用，形成核能产业良性自我发展。建立完善的资本市场体系，发挥市场在清洁能源产业资源配置中的作用。建立健全金融市场，加大商业银行的信贷力度，完善信贷支持体系，降低企业融资成本，从而促进核电产业健康有序发展。通过多种方式满足境外核电投资融资需求，加大国内担保力度，通过国内银行向国内核电公司提供担保并为境外的子公司出具担保函，子公司向该国内银行的境外分支机构申请贷款以及允许核电企业境外公开发债或利用外汇储备通过主权投资平台注资认购核电企业定向债券。

4. 推动核能技术创新，保障核电安全运行

核能产业是一个涉及众多行业的高技术密集型产业，其规模化的发展必将带动多方面的科学、技术进步。对国家来说，这是一个抢占科技优势制高点的大战略，也是创新型国家的重要标志之一(杜祥琬,2014)。加强核能科学相关基础技术的研究和开发，形成自主知识产权，提高我国核能的综合竞争力。核电的安全运行离不开先进核电技术的保障。加快核电小型化、智能化的研究，通过智能化的平台准确、实时地评估核电安全状态，降低核电运行过程中存在的不确定性风险，稳步推进核电工业的安全发展。积极发展模块化小堆，加快技术更新换代节奏，发展更加安全、先进的新型反应堆技术。加强核能的运用研究，实现热电联产，发展浮动核电站，满足大型海洋船舶、作战潜艇等的需要。加强乏燃料和后处理技术的发展，目前我国部分核电厂乏燃料水池储存能力接近饱和，其次随着核电站运行到期，后处理需求将大大扩大，加紧乏燃料储存和后处理技术的研发有利于保障核电安全稳定运行。

第3章 中国清洁能源产业发展政策的变迁

3.1 清洁能源产业发展政策的逻辑起点

在产业演进过程中,产业发展政策必须遵循产业经营的内在规律,产业发展的内在规律要与产业经营体制相适应,而产业发展政策的制定要以产业理论作为主要依据。

3.1.1 产业发展理论是制定产业发展政策的主要依据

从总体角度看,产业发展与经济发展都是由低层次不断向高层次过渡的过程,因此有很多相似之处。从个体角度看,不同的产业会表现出不同的差异性和特殊性,其发展在经营的特征和生命周期上也各不相同。产业发展理论是指从各个不同产业的发展差别中总结出产业发展的一般规律。所以,产业发展的运行机制是从差异中提炼和概括出来的。产业发展所存在的一些问题,如产业周期波动、影响因素状况、资源配置和可持续性等,是制定、调整和实施产业发展政策的依据。

产业发展理论有生命周期理论、产业发展的要素与结构理论和可持续发展理论等。产业发展理论阐明了产业发展的状况和阶段,对产业发展做出了进一步阐释,明确了支撑产业发展的原动力,表明了可持续发展理论能指导工业发展的方向和目标。产业发展政策的制定和完善需在产业发展理论的指导下进行,并且顺应工业经营发展的方向和内在规律。

总之，根据我国产业经济的实际情况和发展要求，有中国特色的产业经济理论体系中应包括产业发展理论和产业发展政策的有关内容。政策实践已成为产业经济学的重要构成部分。

3.1.2 资源配置理论是产业发展政策的根本依据

人类经济社会不断进步，逐渐发展出两种最常见的资源配置手段，即市场手段和政府手段。前者被称为"看不见的手"，后者被称为"看得见的手"。无论是市场手段还是政府手段，它们都具有自己的优势，也存在不足之处。这两种资源配置手段既独立存在又相互依存和影响，如同矛盾的两个对立面。作为一种具体的政策措施，产业发展政策无论是进入还是退出，追本溯源是资源配置理论在起作用。

1. 从"市场失灵"看政策进入的必要性

市场机制是通过一系列要素实现的，如供求、价格、竞争和风险等。而这又是市场主体基于自身利益，最大限度地追求成本最小或收益最大化的问题。就像保罗·萨缪尔森、威廉·诺德豪斯（2005）所说的，"通过市场机制的方式组织的生产和资源配置，是令人啧啧称奇的，但'市场失灵'时可能产生不好的经济影响[①]。"他认为"市场失灵"主要是由于低效或无效的不完全竞争、外部性、收入分配上的不公平和商业周期的不稳定造成的，表现为经济增长放缓、经济波动性放大以及社会福利的耗散等问题。市场机制无法发挥调节作用，为政策调控提供了空间。

2. 从"政府失灵"看政策退出的可能性

和通过想象得到的理想化结构相比，市场也许会失败的观点普遍被看作对政治和政府干预的辩护[②]。但政府干预也不是万能的，政府干预也存在"政府失灵"的情况。而所谓的"政府失灵"，以弗里德曼为代表的现代货币主义，以卢卡斯和巴罗为代表的理性期待学派，以科斯为代表的产权经济学学派，以布坎南和拉

[①] [美]保罗·萨缪尔森，威廉·诺德豪斯. 经济学（第18版）[M]. 萧琛，译. 北京：人民邮电出版社，2008.

[②] [美]詹姆斯·M·布坎南. 自由、市场和国家[M]. 吴良健，桑伍，曾获，译. 北京：北京经济学院出版社，1988.

弗为代表的公共选择学派，分别从不同的角度进行了论证研究。

3. 产业发展政策的体系建构

（1）政策制定和实施的纵向过程。一套完整的产业发展政策应该包含前期的市场调查、国家政策干预、执行办法、影响评价、结果反馈、政策修改或退出等多方面。从内容建设的横向来看，工业发展的战略规划和政策执行的工具应属于产业发展政策的范畴。而产业发展的要素依赖性是指产业发展的政策工具应包括财税政策、融资政策、技术与人才政策、国际竞争合作战略和配套措施[①]。

（2）产业财税政策包括财政支出和税收政策，主要是通过控制收入和支出来规范企业的行为并引领产业发展的方向。

产业融资政策是指通过国家的控制和分配来保证产业发展所需的货币供应，使企业有足够的资金来正常生产与流通等。产业融资政策往往与财政和税收政策相适应。这两者主要支持基础产业、战略性新兴产业，并趋向于遏制高消费、高污染、高排产业的发展。

"产业技术政策是指推动产业技术提高的一系列政策措施，主要在于技术发展规划，技术的引进、开发和技术结构等方面内容。科学技术的进步是促进产业进步的必要推动力和决定因素。产业技术政策主要包括产业技术发展目标、产业发展的主攻方向、重点领域以及与之相应的策略与措施等[①]。"

产业人才政策主要是指研究和制定的一些就业制度和优惠措施，目的是培养、吸收、引进产业发展所需的人才（专业型或者复合型）。因为人才是最先进的生产力，所以归根结底人才的竞争决定着产业国际竞争力的强弱。

国际竞争与合作政策是指一个国家或地区为解决贸易上的摩擦和争端，在国际交往中所采用的竞争或者合作战略。由于各国经济的发展和全球化进程的不断深化，产业与人才竞争日趋激烈，贸易上的摩擦冲突也越来越多。所以，各国共同面临一个问题和难题：如何预防和解决贸易摩擦和冲突？

配套措施主要从三个方面促进产业的发展与政策的实施：立法保护、市场调节和社会支持。配套措施更好地实现了政策和市场两大手段的资源配置功能。但

---

① 张宪昌. 中国新能源产业发展政策研究［D］. 中共中央党校，2014.

政策并非无所不能，政策的有用性要通过市场机制发挥作用来落实，并实现相应的政策目标。

3.2 中国能源政策演变历程

3.2.1 自给自足的能源开发战略 (1949—1980年)

1949—1980年，中国政府着力于对已破坏生产进行恢复和对社会进行重塑。在此期间（从中华人民共和国成立到实施改革开放之前），我国政府提出能源开发按照"自力更生，自给自足"的原则进行，在这一目标的鼓励下，我国的能源开发获得了一系列明显成果。1959年发现大庆油田，这使我国贫油的历史告终，我国石油工业迅速发展起来。之后大量油田的相继发现，使我国能源产量大大增加，能源产业步入快速发展阶段。我国的能源总产量在1950年仅为3 000万吨标准煤，其中煤炭产量占96.7%，原油不足1%；到1980年，能源总产量增长近20倍，达到6.4亿吨标准煤，原油产量增至23.8%。在1973年出现世界石油危机时，我国的能源供应几乎没有受到冲击。中国原油产量在1978年达到1亿吨以上，由此跨入世界主要产油国的行列，所以当时很多人都认为中国能源很充足，不用担心能源问题[1]。

在实行改革开放前，在历史环境等共同因素影响下，我国实行发展型能源战略。在这期间，世界人类中心主义思想盛行，中国受这一思想的影响，特别夸大"人"对于社会发展进步产生的作用，对能源的短缺和能源珍惜缺乏概念，没有遵循人类社会发展的客观规律要求。另外，由于西方资本主义国家在中华人民共和国成立初期实施了一些制裁和限制，因此我国必须依靠大量的开发和不断的生产来满足经济发展所需能源。

3.2.2 多元互补的能源发展战略 (1981—2005年)

十一届三中全会以来，和平与发展成为新时期的主题，我国的能源政策也做

---

[1] 王衍行，汪海波，樊柳言. 中国能源政策的演变及趋势 [J]. 理论学刊，2012（09）：70-73.

出一些改变。改革开放后，在对国际形势新的判断下，我国政府深刻领悟到能源在推动国家经济发展中发挥着重要基础性功能。进一步加快经济发展并且促进社会主义现代化建设，是我国能源政策建设的一个目标。在此基础上加快完善能源价格体系，对能源产业的管理体制进行逐步调整，进一步建设能源市场等；实现能源生产布局由原来的"均衡"向"倾斜"过渡，在西部开发了一些规模比较大的能源生产基地，如内蒙古、新疆等地。这一时期的能源政策是"开发与节约并重，把节约放在首位"，这也是"国民经济和社会发展第6个五年计划"的内容。

随着科技的发展与经济的进步，在1994年以后，我国的能源发展政策由原来的以数量为重，逐步变为更加重视整体效益的高低和供应能力的强弱。注重能源结构转型与优化，进一步开放了石油进出口贸易。自1998年以后，我国政府对中西部地区的能源问题和能源建设予以重点支持，提出了"适应当地条件，多种互补，综合利用和效率"的能源发展主张，促进区域新能源产业进步（王衍行，汪海波，樊柳言，2012）。中国在这一时期还加强了能源法制建设工作，颁布了许多与能源相关的法律法规。至此，能源工作已慢慢变得合法化和标准化。经过20多年的努力，到"十五"（2005）末期，我国能源产量大大提升，是改革开放初期的3.7倍，为22.5亿吨标准煤，由此发展成一个新的能源结构，即以煤炭为主，石油、电力、天然气等新能源相辅相成。虽然国内能源需求量日益提高，但基本满足需求。而且由于石油和天然气等新能源的消耗量不断增长，因此我国已发展成为石油消费和进口大国。

我国从改革开放时期一直到"十五"末期，能源政策主要着力于对能源消费结构和供应结构的改革与完善，促进能源供应多样化，推动国民经济的快速发展，保护全球能源安全。由于人口众多，能源消费量巨大，考虑到现实国情，我国实施多元互补的能源发展战略，这是明智的。我国的煤炭资源相对丰富，而石油和天然气资源相对稀缺，分别占世界总储量的2.6%和5.5%。石油和天然气等能源的稀缺使能源消费在当前及未来很长一段时间内以煤炭为主。我国开始意识到国内能源生产难以满足不断扩大的能源消费，与世界其他国家加强了能源贸易，在技术方面开展了更广泛的交流，并且更加注重对能源的开发利用和节能减排工作。

3.2.3 节约高效的能源安全战略(2006年—　)

2005年,我国完成了"十五"计划,为减少全球温室气体排放,《京都议定书》正式生效[①],同年,我国政府开始制定"国民经济和社会发展第11个五年计划"。回顾"十五"期间,我国的能源战略也存在一些问题:一方面,随着我国的发展,对能源资源的需求越来越大,尤其是石油,越来越依赖国际石油资源。我国的石油进口规模从1993年不到10%,到2007年增长至46.6%,这个数字几乎达到"能源安全警戒线"的一半。专家认为,石油的对外依赖到2020年甚至可能超过75%,这对经济增长和国家安全严重不利。另外,就是能源效率较低。2005年,中国每万元GDP的能源消耗量是世界平均消耗量的3倍,甚至是一些发达国家的五六倍。能源利用的低效率不但造成巨大浪费,还会产生一系列问题,如温室气体排放、地质结构变化以及能源生产和使用过程中的环境污染。因此,"十一五"期间我国调整了能源战略,确立了"以可持续的能源发展支持经济社会的可持续发展"的指导方针[②]。

为了缓解国内能源和环境压力,我国制定了"节约优先,以效率为基础"的能源安全战略。2005年,在北京国际可再生能源大会上,胡锦涛强调:"若不能处理好能源和环境问题,不但可持续发展的目标难以实现,而且人类的生存环境和生活质量也会受到严重影响。"这也展现出我国在面对全球气候变化时的担当。在《京都议定书》正式实施后,我国逐渐开始转变经济增长模式,制定了一系列法规政策并逐步完善,努力提高能源使用效率,把温室气体排放量降到最低。政府还提出,单位国内生产总值的能源消耗量到2010年时比五年前减少约20%,排放主要污染物的总规模将减少10%。2008年胡锦涛明确指出:"中国努力形成节约能源、保护生态环境的消费模式。"

---

① 王春燕.《京都议定书》的生效及其对中国经济发展的影响[J]. 求实, 2005 (S2): 217-218.
② 国家能源局. 能源发展"十一五规划". 2007-04-11, http://www.nea.gov.cn/2007-04/11/c_131215360.htm

3.3 中国清洁能源政策的现状

3.3.1 中国清洁能源政策总体变化

我国的可再生能源装机容量大约占总装机容量的23%，是全世界清洁能源产业规模最大的国家。但中国清洁能源产业发展速度不快，可再生能源装机在2008年还很低，在2006年时仅为1.4%，一年后增至2%[①]。2006年颁布的可再生能源法，有效地推动了清洁能源产业的发展。近些年，在政府的各种支持与鼓励下，我国每个地区都对清洁能源产业予以重视，努力使其发展成为强有力的新兴产业。一直以来，我国对清洁能源的开发和利用非常重视，清洁能源产业迎来快速发展时期，技术升级加快，高科技含量产品层出不穷。而且，清洁能源产业投资保持快速增长，创新水平不断提高。在一些清洁能源技术和产品的应用发展领域，如水电、风电、太阳能光伏、太阳能热水器等，我国已悄然走在世界前列[②]。

2013年数据显示，中国成为世界上发电总装机容量和可再生能源总装机容量最多的国家。随着环境污染的加剧和能源供应的日益紧张，2013年我国政府调整能源结构，促进中国清洁能源产业的持续发展，使清洁能源发电成为电力增量的主力军。我国清洁能源产业规模和目标如表3-1所示。

表3-1 我国清洁能源产业规模和目标

类型	2007年装机容量	2020年目标
水电	145吉瓦	300吉瓦（含75吉瓦小水电）
风电	6吉瓦	30吉瓦
太阳能光伏	100兆瓦	1.8吉瓦
太阳能热水器	130平方毫米	300平方毫米
生物质能发电	3吉瓦	30吉瓦

---

① 国务院发展研究中心"新能源和可再生能源开发利用的机制和政策"课题组，吕薇. 我国可再生能源发展现状与政策取向［J］. 发展研究，2009（01）：4-8.

② 刘剑. 政府推动清洁能源产业发展研究［D］. 山东师范大学，2014.

续表

类型	2007年装机容量	2020年目标
沼气	99立方米	440立方米
生物固体燃料	—	5 000万吨
生物柴油	1.19亿升	24亿升
潮汐能	—	100兆瓦（潮汐能应用）
燃料乙醇	16亿升（包括粮食乙醇）	127亿升
地热（发电和供热）	32兆瓦（发电）	1 200吨标准煤（发电和供热）

资料来源：引自《中国新能源与可再生能源年鉴2012》。

由此看出，我国政府对清洁能源产业的发展给予很高的期望，目标到2020年清洁能源整体实现大幅度发展。在世界上，我国的可再生能源装机总容量最高，生物燃料乙醇产量第三，但光伏产业与世界先进国家之间还存在很大差距，政府意在大力发展太阳能光伏产业，到2020年目标容量达到1.8吉瓦。

风能：我国是世界上风能储量最多的国家，蕴藏着丰富的风能资源。与其他清洁能源相比，风力发电成本最低，但2004年以前我国风电产业基本没有什么发展，从2006年开始，风电的装机容量一路突飞猛进，2009年新增风电装机容量达到全世界的1/3，且根据国家能源局的《风电发展"十三五"规划》，2020年年底风电累计并网装机总容量确保在2.1亿千瓦以上，风电年发电量确保达到4 200亿千瓦时，占到全国发电总量的6%。

太阳能：数据显示，我国是世界上最大的太阳能设备生产国和用户。其中，太阳能热水器产业发展飞速，规模不断扩大，基本实现商业化。除此之外，2010年我国已有500多家厂商生产太阳能电池组件，每年生产能力超过4吉瓦，成为全球最大的太阳能电池生产国。但绝大多数的光伏电池制造产品是多晶硅电池，成本居高不下，致使市场价格比较高且需对外出口。我国的太阳能光伏发电技术比起发达国家还存在较大差距，太阳能光伏市场还需进一步完善。

生物质能：我国的生物质能源丰富，开发与利用前景非常广阔，其主要利用领域为生物质能发电、生物燃料和民用燃料等。环境需求和分布式能源利用需求对生物质能源的开发和利用起到驱动作用。目前，中国的生物质能源产业发展迅速，国家对生物质发电厂的上网电价政策提高了生物质发电的发展速度。到"十一五"末期，全国已投产的装机容量大约为 150 万千瓦[①]。而且，生物乙醇生产规模比较大，主要用粮食做原料。但中国人均耕地面积还不足世界平均水平的一半，受粮食供应的影响，中国生物乙醇开发的潜力还有待进一步提高。目前，我国许多科研机构和个人正在加强研究纤维素乙醇，以推动产业化进程。

3.3.2 我国清洁能源政策的现状

根据未来产业研究所《2016—2021 年中国能源产业市场前景与投资战略规划分析报告》，未来五至十年内，中国政府仍将风电发展视为能源革命、能源结构调整和国家能源安全的重要组成部分，并予以大力支持。2014 年，中国调整了陆上风电价格，海上风电价格成功引入。同时，开始实施风电机组及关键零部件类型认证，建立了国家风电设备质量信息监测评估体系。2014 年，国家发改委降低了并网风电价格，并将Ⅰ级、Ⅱ级和Ⅲ级资源区风电基准的上网电价每千瓦时降低了两分钱。

从 2014 年开始，中国的光伏产业明显复苏，各大都市纷纷瞄准光伏产业，并启动了光伏电站探索商机。除了光伏发电投资成本是一个重要因素之外，政策支持更为重要。近年来，中国的光伏政策得到了进一步优化和改进。

中国共产党第十九次全国代表大会中，习近平总书记指出：促进清洁能源的发展是解决能源问题的关键。为了进一步解决能源问题，使能源结构更加优化，能源安全更有保障，能源生态更加文明，党中央开展了许多调研工作，发现随着我国能源改革的不断推进，太阳能光伏产业已逐渐具备国际上的竞争优势，成为潜力巨大的战略性新兴产业。然而在清洁能源产业的发展过程中，仍存在一些不足，清洁能源的发展仍面临许多挑战。提出以下四点建议：

---

① 生物质能源利用的现状与展. https://wenku.baidu.com/view/f0ef8e9d551810a6f424865c.html，2015-03-13.

一是在战略上优先发展清洁能源，在理念上必须坚持绿色发展。二是加快技术创新，促进清洁能源高端设备的研发。淘汰关闭落后生产力，不断提高行业应用基础研究水平，专注于鼓励核心技术的创新能力，不断提高核心竞争力。三是提高清洁能源的吸收能力，推动清洁能源的发展。明确政府、电网公司和发电企业的发展重任，并采取约束性指标进行评估，重视市场在资源配置中的作用，鼓励和引导清洁能源的进步。四是充分发挥政府的作用，带动支持、鼓励清洁能源企业充分利用各种融资渠道和融资机构，参加"一带一路"能源合作项目。把各种融资机构充分利用起来，支持清洁能源企业投资"一带一路"建设；鼓励上中下游企业一起走出去，合理部署，提高市场抵御风险的能力；促进清洁能源行业信息管理系统的健全，完善风险预警控制系统和应急预案体系。

3.4 中国清洁能源产业发展政策的变迁

3.4.1 我国核能的政策演变

1. 起步阶段（1980—1990 年）

中国的核电政策起步于 20 世纪 80 年代中期，在这一时期，核工业经历了"军转民"的调整，我国核电开始发展。国家计委、国家科学技术委员会在 1980 年召开了"核能发展技术政策论证会"，并发布了《核能发展技术政策要点》，指出了发展核电事业是中国的必要任务，应通过多种方式发展先进技术，如加强贸易、合作生产、促进科研学习等渠道。政策要点是中国首个规划核电发展的基础性政策，虽然在具体实施过程中存在一些不完善，在诸如机组效力、引进技术的方式和目的方面有一些差异，但该政策在核电发展史上具有非常重要的意义。

2. 快速发展阶段（1991 年—21 世纪初）

我国在 20 世纪 90 年代是经济发展的快速增长时期，需求量的增大使能源变得供不应求，并且热电的开发与使用给环境带来了日益严重的压力，因而这一时期出台了"适度发展核电"的方针。紧接着在 20 世纪 90 年代中后期相继启动了四个项目八台机组的核电项目建设,这标志着我国大陆无核电历史的结束,我国核电产业发展至此迈上了一个新的阶段[①]。

3. 积极发展阶段(中共十六届五中全会至"十三五"期间)

在政府对核能的政策支持方面,随着核电工业的加速发展,在 2005 年中共十六届五中全会上,"积极发展核电"的方针被明确提出来,紧接着第二年出台了《核电中长期核电发展规划》(2005—2020 年)和"十一五"核工业发展规划,明确了我国未来 15 年核电发展的目标,即到 2020 年,核电运行装机容量由 700 万千瓦争取提高到 4 000 万千瓦。这表明,我国的核电由"适度发展"阶段不断过渡,在长期努力后,进入"积极发展"的新时期。在这一时期我国出台了许多涉及核电产业的相关政策,促进了核电行业的快速发展。2006 年以来我国政府出台了多项核电激励政策,如《国家中长期科学和技术发展规划纲要(2006—2020 年)》《核安全与放射性污染防治"十二五"规划及 2020 年远景目标》《关于完善核电上网电价机制有关问题的通知》等,在政策上对核电发展给予了更多支持。

在政府对核能的技术支持方面,我国的核电事业受到党中央、国务院的高度重视。经国务院授权,中央管理的国有重要骨干企业——国家核电技术公司于 2007 年 5 月 22 日成立[②]。国家核电技术公司在国家的大力扶持与帮助下,取得了一些重大科研成就,如在核电站核心材料的自主研究和开发方面实现了新进展、水下焊接的研究和开发获得了巨大突破。在学习对外引进的三代核电技术后,不断改革和创新技术,开发了自主品牌知识产权的大型核电技术 CAP400。另外,国防科技工业局为进一步促进核工业的长远发展、满足国家的战略需要,不仅加大了对核工业的投入、加强了核科技基础的研究工作,而且鼓励核电企业加大研发投入,努力在关键技术上取得突破。由于日本福岛 2011 年核泄漏事件,国务院常务会议对此做出了暂时停止批准核电项目工程,包括前期项目的决议,并

---

① 王芳,鲍鸥. 20 世纪 80 年代以来中国大陆民用核电政策简析[C]. 中国科学技术史国际学术研讨会,北京,2007.
② 张禄庆. 第三代核电技术在中国核电发展中的作用[J]. 国防科技工业,2007(05):35-37.

加快调整和完善核电发展的中长期规划，对核安全方面做一个全面的规划。2002年通过了关于核电的"十二五"规划和远景目标，并且政府表明"在保障安全的基础上，在东部沿海地区，国家将会适时启动新的核电重点项目[①]"。

在税收优惠政策方面，为了进一步加快中国核电事业的发展，2008年4月，财政部和国家税务总局颁布了《关于核电行业税收政策有关问题的通知》（财税〔2008〕38号），该通知的作用在于明确了一些以前尚不完善的税收优惠政策规定。此外，还重新规定，只要是从事生产或者销售电力产品的核电企业，从正式商业投产第2个月起至15个年度以内，均实行统一缴纳增值税。根据优惠政策返还的规定，返还的具体规定如下：从正式商业生产第2个月起计的5年内，退税率按已入库税75%的比例进行；第5~10年内，返还缴税额的70%；第11~15年，返还比例是已缴纳税款的55%；增值税的先征后退政策期限为15年，也就是15年以后此政策便不再继续发挥作用。核电站项目的经营收入是在2008年之前的且国务院核准过的，允许从该核电项目得到的首笔生产经营收入所归属的纳税年度起，按照新的所得税"三免三减半"政策，在优惠期间内，自2008年1月1日起享受其剩余年限的减免企业所得税优惠。（马杰，2014年）。

多年来我国核电价格执行的都是"一厂一价"政策。因为电价必须体现电厂的成本，而不同时期建设的核电站使用的核电技术有差异，所以不同核电站运营成本不同。这使得许多公司实施着不同的上网价格标准。举例来看，中广核的广东大亚湾核电站的上网电价为0.414元/千瓦时，而秦山二期核电站的上网电价仅为0.39元/千瓦时，但秦山三期的上网电价却高达0.46元/千瓦时[②]。在"一厂一价"政策下，核电站成本的大小决定了政府批准的互联网电力的价格高低，成本越低，政府批准的互联网电力价格越低。这影响了核电公司降低施工成本和运营成本的热情。

2013年，国家发改委颁布了《关于完善核电上网电价机制有关问题的通知》（发改价格〔2013〕1130号），明确了核电的标杆电价为0.43元/千瓦时，规

[①] 环境保护部．国务院批复《核安全与放射性污染防治"十二五"规划及2020年远景目标》，2012-10-16．

[②] 段心鑫．核电告别一厂一价发改委发布标杆电价0.43元/千瓦时．http://news.hexun.com/2013-07-04/155766573.html，2013-07-04．

定从 2013 年起建设的核电机组,将根据该标准确定核电标杆上网电价(马杰,2014 年)。并且规定,若核电站的基准电价比当地燃煤机组的电价高,则在新的核电站投入运行后,按照当地燃煤机组来确定核电价格。如果核电站的基准电价比当地燃煤机组的电价低,则由省级价格主管部门提出方案后报国家发改委批准,国家发改委综合考察一系列因素,如核电产业成本变化情况、科技能力、核电供给需求等,并对核电价格进行适度的评估与调整。标杆电价促使企业降低成本,提高效率,加强管理,有助于促进我国核电产业的发展,增强电价管理的透明度和规范性。

4. 进一步完善阶段("十三五"以来)

"十三五"末核电总装机容量将达 8 800 万千瓦。我国一直以来秉承安全高效发展核电的理念,在以后的能源发展规划中对核电提出了更高的要求,且在近几年的能源政策中始终保持一致性[①]。根据近年来陆续发布的《核电中长期发展规划(2011—2020)》《能源发展战略行动计划(2014—2020 年)》《电力发展"十三五"规划》等文件,目标是至 2020 年,核电在建容量超过 3 000 万千瓦,装机容量达到 5 800 万千瓦。国防科工局副局长、国家原子能机构副主任王毅韧 2017 年 2 月初指出:"中国的核电运行和在建装机规模到 2020 年将达到 8 800 万千瓦。"

国家能源局《2017 年能源工作指导意见》强调,核电领域 2017 年的重点工作任务为:新增核电装机规模 641 万千瓦,本年计划完工建成三门 1 号机组、海阳 1 号机组、福清 4 号机组、阳江 4 号机组等核电项目;鼓励推动有条件项目的核准建设工作,年内计划开工 8 台机组;巩固推进三门 3、4 号机组,宁德 5、6 号机组,漳州 1、2 号机组,惠州 1、2 号机组等项目的前期任务,项目规模 986 万千瓦。由此判定,在 AP1000 首堆调试工作完成后,核电事业在我国将迎来全面复苏的新时代。

参考中国报告网发布的《2017—2022 年中国核电市场现状调查及发展态势预测报告》,得知核安全法呼之欲出,核电发展将于法有据。我国核安全法律监管体系分为四级。最高一级是核与辐射安全有关法律,它是全国人民代表

---

① 罗永魁. 我国核电监管的法律规制研究 [C]. 中国核学会. 中国核学会学术年会,2015.

大会制定的；第二级是关于核与核辐射安全的行政法规，它由国务院制定；第三级即国务院各部门（环保部、核安全局等）制定发布的部门规章；第四级为国务院各部门发布的技术指导准则，是第三级专业性安全规定的配套文件。此外，还有许多可参考的技术文件。伴随着核电事业的不断发展，我国已有10多部与核安全有关的法规条例，相关的部门规章和技术导向也比较完善，基本做到与国际接轨。但顶层法规设计上仍有一些缺陷，如原子能法、核安全法长时间处于讨论的阶段。2017年，延迟许多年的核安全法被列入全国人大立法计划，并于年内正式颁布实施。我国核安全法的适用范围存在局限性，主要在于相关的管理与监督以及为核设施和材料的相关活动提供设备、工程及服务等。核安全法将在以下几个方面做出明确规定：明确核安全责任的主体、核安全管理机制，并对核危害赔偿的责任方与赔偿主体、免除承担责任和第三方免责等方面做出具体规定。可以看出，核安全法的制定与颁布实施将给核电行业带来更大的进步。

核电享受电价和发电小时数双重保护。2016年全国总用电量增速变慢，全国规模以上机组的发电量受到供大于求的严重影响，全国核电机组平均利用时间仅为7 024小时，辽宁、福建这两个省最为严重，分别为4 982小时和6 947小时。于是在2017年3月，国家发改委、国家能源局发布了《保障核电安全消纳暂行办法》，规定"在市场条件受限的地区，按所在地区6 000千瓦以上的发电设备，在一年平均利用小时数的一定倍数来确定优先发电权计划。"公式为：全国前三年核电平均利用小时数/全国前三年6 000千瓦及以上电厂发电设备平均利用小时数。我们可以看出，若辽宁、福建的核电机组也能增至7 000小时，国内核电机组发电小时数就能保持在较高水平[①]。

3.4.2 我国太阳能光伏发电的政策演变

太阳能是一种清洁能源，光伏产业是《可再生能源中长期发展规划》的重点发展方向。我国多年以来出台了多项支持光伏产业发展的方针政策，积极发展

---

① 汪耕. 我国核电站1 000 MWe级发电机容量和转速选择的分析[J]. 上海电机厂科技情报，1999（04）：1—10.

太阳能光伏产业。我国如今也具有欧美普遍采取的扶持光伏产业政策，如投资补贴、互联网电价、税收优惠等，在地方上，许多当地政府也出台了多种配套优惠政策，以支持鼓励发展地方光伏产业。我国的光伏产业优惠政策主要在于税收优惠、研发支持和上网电价几个方面。此外，我国光伏产业政策文件的频繁发布也是一个不容忽视的现象，这些政策性文件令人眼花缭乱，但许多政策没有执行的具体标准和监督管理的细节。这容易使政策执行起来更加困难，而且含糊不清的政策法规可能让政策形式重于实质，对光伏产业的发展不利。

1. 政府开始出台多项政策（2005—2009 年）

自 2005 年开始，我国政府出台了一系列激励光伏产业发展的政策，具体如表 3-2 所示。我国 2009 年出台了第二个国家太阳能光伏补贴政策，即《金太阳示范工程》[1]，它是财政部、国家能源局与科技部共同颁布的。希望在 2~3 年内制造出不低于 500 兆瓦的太阳能发电站。补贴主要是针对未通电偏远地区离网发电、大型太阳能光伏发电项目、示范性光伏项目进行的。业主单位安装规模质量较好时，补贴按照总投资额的 50% 的标准，对装机规模不少于 300 千瓦峰值功率的并网或独立光伏项目进行补贴。并网光伏发电项目的补贴对于偏远无电地区则按照总投资额的 70% 补助。《金太阳示范工程》《太阳能屋顶计划》都是国家针对太阳能光伏产业的政策，《太阳能屋顶计划》被看作中国光伏市场的一个转折点。《太阳能屋顶计划》明确指出，政府将划拨专项资金以鼓励太阳能光伏项目应用于城乡建设。补贴的对象是安装规模大于 50 千瓦的屋顶，建筑一体化光伏系统也位于补贴之列，补贴将随之逐年完善和调整。

表 3-2　2005 年以来中国政府出台的光伏产业激励政策

政策名称	年份	颁发单位
《中华人民共和国可再生能源法》	2005 年	国务院
《可再生能源发电价格和费用分摊管理试行办法》	2006 年	国家发改委

---

[1] 李新强，王思童.《光伏发电并网逆变器技术规范》结束光伏逆变器行业缺少统一行标的时代[J]. 电器工业，2013(05)：45-46.

续表

政策名称	年份	颁发单位
《电网企业全额收购可再生能源电量监管办法》	2007 年	国家电力监管委员会
《关于印发可再生能源中长期发展规划的通知》	2007 年	国家发改委
《关于开展大型并网光伏示范电站建设有关要求的通知》	2007 年	国家发改委、财政部办公厅

资料来源：国家能源局、国家电网。

2. 政府支持力度加大（"十二五"期间）

科技部在 2012 年颁发了《关于印发太阳能发电科技发展"十二五"专项规划的通知》，剖析了太阳能发电的现状和未来方向，明确了太阳能光伏产业发展的指导思想，即"一个目标，二项突破，三类技术，四大方向"。

在上网电价政策方面，上网电价政策又叫作上网电价补贴政策、保护性分类电价制度或者政府电力收购制度，其主要目的在于扩大清洁能源的应用范围和领域[①]。我国不同地区的太阳能资源和发电站建设成本也不同，我国太阳能发电上网电价主要划分为三类：Ⅰ类资源区执行 0.9 元 / 千瓦时、Ⅱ类资源区执行 0.95 元 / 千瓦时、Ⅲ类资源区执行 1 元 / 千瓦时的标准。分布式光伏发电项目具有发电规模小的特点，可根据实际发电量，按照 0.42 元 / 千瓦时的标准对电价进行一些补贴，补贴的有效期为 20 年，可再生能源的发展基金为补贴的主要来源。国家将根据实际情况，如光电成本变动走势和光伏产业的发展情况等因素，逐步降低标杆上网电价和分布式光伏电价的补贴门槛，推动太阳能光伏产业的发展。政府的这一政策很大程度上推动了光伏产业的进步，我国 2013 年光伏新增装机容量同比增长率高达 232%，达到 12 065 兆瓦，和 2013 年新增加欧洲综合装机容量所差无几，中国一跃成为世界上最大的光伏市场。

在补贴政策方面，从补贴的对象来看，一是对未通电偏远地区离网发电进行

---

① 张晓. 我国可再生能源电力价格与补贴分析［D］. 江西财经大学，2015.

补贴，二是对大型太阳能光伏发电项目进行补贴，三是对示范性光伏项目进行补贴①。从补贴的方式来看，主要有项目补贴（中央财政资金）、用户补贴（地方财政资金）和建设援助（国际援助）等几种。整体目标是：2013—2015 年，每年平均新增光伏发电装机容量约 1 000 万千瓦；到 2015 年，全国累计光伏发电总装机容量不得少于 3 500 万千瓦。具体要求是：新上光伏制造项目单晶硅光伏电池的转换率不得低于 20%，多晶硅光伏电池的转换率不得低于 80%，薄膜光伏电池的转换率不得低于 12%，多晶硅生产综合耗电量每千克不得高于 100 千瓦时。补贴执行期限原则上为 20 年，这在很大程度上激起了投资者投资光伏产业的热情和信心。

在税收政策方面，在 2013 年以前，我国对太阳能发电企业并没有制定具体的税收优惠政策。为了鼓励太阳能发电，推动光伏产业的健康发展，2013 年，国家财政部、税务总局颁发了《关于光伏发电增值税政策的通知》，根据通知，2013 年 10 月 1 日至 2015 年 12 月 31 日，销售自己生产的太阳能电力产品的纳税人，可以享受增值税即征即退优惠政策，退税率为 50%。

3. 飞速发展阶段（"十三五"规划以来）

2016 年 12 月 16 日，《太阳能发展"十三五"规划》被国家能源局正式印发，表明"十三五"期间是促进太阳能产业进步的重要阶段。"十三五"期间的基本任务是，为了使产业的市场化发展摆脱对政府补贴的依赖，必须加快产业结构升级，减少产业成本，扩大应用范围。这是实现 2020 年非化石能源占一次能源消费比例的 15%，2030 年非化石能源占一次能源消费比例的 20% 目标的重要动力。

该阶段的指导方针为："通过示范项目的建设促进太阳能发电产业化。大力推动示范项目的建设，完善行业政策体系和管理体系，健全各项技术标准。促进多种太阳能热发电技术路线的产业化，制定检测认证服务系统与各项标准②。"

在能源利用方面，到 2020 年末光伏发电装机规模超过 1.05 亿千瓦，太阳能

---

① 王雨. 光伏发电在我国农村及偏远地区的推广与利用研究［D］. 中国农业科学院，2012.
② CSPPLAZA 光热发电网. 太阳能"十三五"规划出炉，光热发电政策如何［EB/OL］. 中国太阳能网，2016-12-19.

发电装机容量应该超过 1.1 亿千瓦，在"十二五"的基础上保持稳定的发展速度；太阳能热利用集热面积达到 8 亿平方米，太阳能热发电装机需要达到 500 万千瓦。到 2020 年，年太阳能利用超过 1.4 亿吨标准煤。

在成本控制方面，光伏发电价格水平到"十三五"最后一年在 2015 年基础上下降超过一半，争取实现平价上网的目标；在太阳能热发电成本上，每千瓦时不超过 0.8 元；在太阳能供暖、工业供热等方面有市场竞争力。

在技术创新方面，大幅度提高了太阳能热发电率，拥有了整合整个产业链的能力。在太阳能产业升级规划实施过程中，太阳能热发电产业需要突破的关键技术包括可靠性高、全天候发电的系统集成技术和相关关键设备。重点任务为组织建设太阳能热发电示范工程，健全太阳能热发电产业服务体系。

3.4.3 我国水能的政策演变

我国水力发电起步较早，经过长期的实践经验及不断发展，迄今为止已经修建了 5 万多座水电站，其中超过 230 座是大中型水电站，近 20 座是发电百万千瓦级以上的水电站。葛洲坝水电站、二滩水电站、三峡水电站（当今世界最大规模的水利枢纽）等大型水电项目的建成，表明我国水电机组正在和世界顶尖水平相接轨，无论是设计创新还是制造都证明了这一点[①]。

1. 缓慢发展阶段（"十二五"规划以前）

在偏远区域更环保更有效地用电方面，小水电发挥了巨大的价值。我国蕴藏着极其丰富的小水电资源，小水电资源储量高达 1.2 亿千瓦，是全球最高的国家，并且小水电占全国可开发水能资源的比例超过 20%，具有非常大的发展空间。为了鼓励小水电的开发建设，我国政府在 1994 年下发了政策，规定由县级以下的小水力发电企业开发的电力资源，可以按 6% 的税率计算增值税额。

虽然"水火并举，因地制宜，优先发展水电"的政策方针在 20 世纪 80 年代就已确立，但针对水电建设项目的优惠政策还比较少，主要表现在几项仅存的水电税收优惠政策和上网定价方面。

---

① 邹结富，杨英. 我国水电产业发展趋势分析［J］. 水力发电，2002（01）：1-4，8.

2. 黄金发展时期（"十二五"规划期间）

国家能源局于2013年下发了《关于印发水电发展"十二五"规划的通知》，指出了我国"十一五"阶段水电建设获得的成果和出现的弊端，并考虑到政府已明确的到2020年非化石能源在一次能源消费中的占比由2010年的7.9%上升至15%的目标要求，确立了我国"十二五"期间水电工程发展规划。由该规划看出，"十二五"期间，新批准开工建设的抽水蓄能项目和常规水电项目的装机容量都将再创历史新高，我国的水电工程建设将迎来黄金发展期。

在税收政策方面，我国对不同的水电站实行不同的增值税优惠政策。2014年1月，为进一步促进水电行业发展，对大型水电企业的增值税予以规范统一，财政部、国家税务总局下达了《关于大型水电企业增值税政策的通知》（财税〔2014〕10号），从2013年起到2015年年底，若装机容量大于100万千瓦的水力发电站销售自己生产的电力产品，则对其增值税实际税负超过8%的部分即征即退；从2016年起至2017年年底，对其增值税实际税负超过12%的部分实行即征即退[①]。在所得税上，财政部、国家税务总局和海关总署2001年共同颁布了《关于西部大开发税收优惠政策问题的通知》，规定2001—2010年，对西部地区的小型水电站，企业所得税可按照15%的税率征收；在西部地区新开设的水利和电力企业，实施"两免三减半"的所得税优惠政策。

在上网电价政策方面，早在1996年开始实施的《中华人民共和国电力法》就规定了"同网、同质、同价"政策。但这些政策真正实行起来却很困难，电力市场不够健全是一大阻碍。所以长期以来，我国是在成本和效益都比较合理的基础上，由政府来确定水电的上网电价。对于不同主体建造的水电站、不同地区的水电站、不同时期完工的水电站、不同装机容量的水电站、统调与非统调水电站、相同流域水电站，上网电价政策都不相同，对于上网电价实施"审批"制，即政府确定的政策。如2012年12月，《国家发展改革委关于四川雅砻江梯级水电站电价有关问题的批复》正式批复锦屏一级、锦屏二级、官地水电站统一送江苏省、重庆市和四川省的上网电价，含税价为0.320 3元/千瓦时。这种电价政

---

① 财政部. 国家税务总局关于大型水电企业增值税政策的通知. 财税〔2014〕10号，2014-02-12.

策使我国相同的省份、市，甚至相同的县都可能存在不同的电价，使电网企业可以用比社会平均成本低很多的价格购买到电能产品，以此高额垄断利润，不利于社会公平。

2013年5月，国家发改委下发了《关于完善水电上网电价形成机制的通知》，确立了《以电力消纳地平均上网电价核定水电上网电价》的新政策。如今，新建大型水电项目在环境保护和移民等方面所需的成本越来越高，因此按照电力消纳地的平均上网电价来确定水电的上网电价，不仅能增加水电投资者的收益，而且有利于水电投资者固定投资收益预期的实现，是"十二五"到"十三五"期间促进水电加快发展目标的资金保障。这表明新政策机制的定价核心已经形成重大改变，但形式上发改委仍然对新建大型电站电价具有"一事一议"审批权。

3. 进一步完善（"十三五"规划以来）

据能源局悉知，"十三五"期间水电发展目标是：新建设常规水电站、抽水蓄能电站都达到约6 000万千瓦，全国增加6 000万千瓦投产水电项目，到2020年，水电总装机容量将达到3.8亿千瓦，其中抽水蓄能4 000万千瓦，常规水电3.4亿千瓦，年发电量达到5万亿千瓦时，折合3.75亿吨标准煤，在非化石能源消费中的占比维持在一半以上；"西电东送"水电送电量达到1亿千瓦。到2025年，全国水电装机容量预计达到4.7亿千瓦。

"十三五"期间水电发展的重点任务如下：在水电的前期工作上，进行水能资源调查，加快河流水电规划，滚动调整抽水蓄能规划，推进重大项目勘测设计；在大型基地建设方面，要基本建成六大水电基地，着力打造藏东南"西电东送"接续能源基地，配套建设水电基地外送通道；在中小流域开发方面，控制中小水电开发，支持离网缺电贫困地区小水电开发；在抽水蓄能建设方面，加快推进规划站点建设，研究试点海水抽水蓄能；在生态环境保护方面，加大大型水电环保力度，优化小水电改造思路，实施流域生态修复；在流域综合管理方面，开展流域水电综合监测，实施联合优化调度；在水电科技、装备和生态技术研发方面，不断加强工程安全风险防控技术研究，持续提高工程建设技术水平，进一步增强机电设备制造能力，逐步形成生态保护与修复技术体系，建设"互联网+"

智能水电站；在体制机制改革方面，完善水电管理体制机制，健全水电发展政策体系，建立电站运行协调机制；在水电开发扶贫方面，优先安排贫困地区水电项目建设，调整完善资源开发收益分配政策，探索建立水电开发利益共享机制；在水电国际合作方面，继续深化与周边国家的合作，切实提升水电"走出去"质量[①]。

3.4.4 我国风能的政策演变

1994年，原电力工业部发布了我国首个风电产业政策——《风力发电场并网运行管理规定》，以后，我国的风力发电产业政策不断健全和完善，经过多年的发展，已具备相对完善的政策体系。

1. 起步阶段（2000年以前）

在风电技术研发政策方面，"九五"时期，国家计委审批的风电场项目要求业主购买的风电机组国产化率达到40%。600千瓦风电机组关键技术研究，在科技部"九五"科技攻关项目的资助下进行；同时，其资助支持国内整机制造企业完成了样机的研制和鉴定验收等，并且样机已成功投入运营，这表明我国已掌握关键部件的制造技术，如600千瓦机组的叶片、齿轮箱、发电机、调向系统和控制系统等。

在风电场开发建设补贴政策方面，国家发展计划委员会、科技部于1999年共同颁布了《关于进一步支持可再生能源发展有关问题的通知》，提出为了推动可再生能源产业进步，经国家计委协助对3 000千瓦以上的大中型可再生能源发电项目进行银行贷款，其他可再生能源发电项目先由银行负责基本建设贷款。贷款以国家开发银行为主，为项目提供财政金融扶持，同时希望其他商业银行积极响应。国家对由商业银行负责基本建设贷款的可再生能源发电项目，给予2%的财政贴息。

在风电上网电价政策方面，自1994年以来，为使风电项目的投资成本更大程度地减少，推动风电项目的建设，我国开始培育风电国产设备制造业，通

---

① 北极星电力网新闻中心. 水电发展"十三五"规划（全文）. 北极星电力网，2016-11-30.

过"乘风计划""双加工程"等项目来鼓励风电设施国产化，这也使中国风机设备制造和风电场建设迎来了商业化时期。这一时期，风电电价存在经营期平均成本计价和还本付息两种，因而被称为还本付息电价和经营期平均电价。

为了鼓励研究和开发风电设备的核心技术，促进风力发电产业进步，财政部于2008年用"以奖代补"的方法促进风电整机设施和相应零部件制造的产业化。这是我国第一次下发对风机制造企业的现金补贴政策，即对于符合规定的企业，前50台兆瓦级风电机组，每千瓦给予600元的补助。此项优惠措施有利于增强风电设备技术国产化，发挥了明显的支持和指导作用。

在风电产业税费政策方面，财政部于2008年颁布了《关于调整大功率风力发电机组及其关键零部件、原材料进口税收政策的通知》，对风电设备制造企业自己开发制造的单机额定功率在1.2兆瓦及以上的风力发电机组进口的核心原材料、零部件所应缴的关税和增值税，实施先征后退优惠政策，退款额为国家资本金，作为国家投资处理，旨在提高我国风电设备制造企业的核心竞争力。

在增值税上，从2009年起我国着手在全国范围内实施增值税的改革转型工作，即在保持现行16%增值税税率的基础上，增值税一般纳税人可以把新购入机器支付的增值税进项税额予以抵扣，本年还没抵扣完的进项税额允许转到下一会计期间接着抵扣。该优惠政策对于更大程度降低风力发电项目的发电成本十分有利。

在企业所得税上，2006年开始实行的《可再生能源法》规定：给予被计入可再生能源产业发展指导目录的项目相应的所得税优惠政策。新《中华人民共和国企业所得税法》（简称《企业所得税法》）和《企业所得税法实施条例》于2008年统一开始实行，将我国境内的企业所得税税率统一确定为25%，并明确规定风力发电产业等国家重点鼓励项目获得的营业收入，在前3年内免征企业所得税，在第4年到第6年企业所得税减免一半，在第6年之后所得税税率为25%。由此可知，我国风电企业成立初期获得了阶梯式税率政策的扶持。

2. 加速成长阶段("十二五"期间)

2011年《国家能源科技"十二五"规划》出台,国家能源局给风能源建设指出发展目标,如表3-3所示。

表3-3 中国风能源建设阶段目标

项目	重大技术研发名称	重大示范工程名称	技术创新平台名称
大型风力发电	731)大型风力发电关键技术(2011—2015年) 732)大型风电场资源评估及监控技术(2011—2015年)		P32)风电技术及装备研发平台 P33)风电运营技术研发平台
大规模多能源互补发电	735)多能源互补利用的分布式供能技术(2011—2016年)	S30)与大电网并网的风/光/储互补示范工程(2011—2016年)	

资料来源:国家能源局,《国家能源科技"十二五"规划》。

为了使风力发电场开发与建设优惠补贴更加合理,财政部于2012年颁布了《基本建设贷款中央财政贴息资金管理办法》,规定给予满足条件的风电项目一定的财政贴息补贴。然而因为申请财政贴息的门槛比较高,审核的程序多,最后获得财政贴息的大多是政府投资成立的风电企业,贴息的金额是项目在建设期间贷款额的2%～3%。

3. 大力发展阶段("十三五"规划以来)

2017年发布的风电规划文件中,引发行业广泛关注的是《国家能源局关于可再生能源发展"十三五"规划实施的指导意见》。该文件提出,为了促进可再生能源产业有序合理地不断发展,要加强可再生能源目标引导和监测考核,创新发展方式,促进技术进步和成本降低,多措并举扩大补贴资金来源等,并以附件的形式公布了各省2017—2020年的风电新增建设规模[①]。其中,河南和河北是新

---

① 夏云峰. 2017年中国主要风电政策梳理[J]. 风能,2018(01):36-41.

增规模最大的两个省，分别达到 1 200 万千瓦、1 139 万千瓦。全国累计新增装机容量超过 1.1 亿千瓦，远高于"十三五"规划设定的目标。

上述文件的一大亮点是，分散式风电受到高度重视，"坚持集中开发与分散开发相结合""推动风能资源适宜、靠近负荷中心的分散式风电项目建设"等表述频现其中。2017 年 5 月，颁布了《国家能源局关于加快推进分散式接入风电项目建设有关要求的通知》（简称《通知》），在业内产生强烈反响。《通知》提出按照"统筹规划、分步实施、本地平衡、就近消纳"的总体原则加快推动分散式风电开发，并对建设技术要求做出严格规定，包括接入电压等级为 35 千伏及以下电压等级、充分利用电网现有变电站和配电系统设施、鼓励多点接入等。该政策还规定各省级能源主管部门根据自己的现实情况及时对规划做出调节修整，年度指导规模不再限制分散式接入风电项目。对于已批复的在规划内的分散式风电项目，支持各省级能源主管部门研制一些措施来使项目审核的手续得以简化。

3.4.5 我国生物质能的政策演变

我国政府及有关部门对生物质能产业的发展也非常重视，已连续在四个国家五年计划中把生物质能利用技术的研究与应用列入重点科技攻关项目，组织了生物质能利用技术的研究与开发，如户用沼气池、节能炕灶、薪炭林、大型和中型沼气工程、生物液体燃料、生物质压块成型、气化与气化发电等，并取得了很多优秀成果[①]。

2005 年 2 月 28 日，第十届全国人民代表大会常务委员会第十四次会议通过了《中华人民共和国可再生能源法》（简称《可再生能源法》）（从 2006 年起正式开始执行），并在 2006 年陆续出台了一些相应的配套措施。这标志着中国政府已在法律上确定了生物质能等可再生能源在现代能源中的地位，并在政策上给予了大力优惠与支持。

2006 年发布了《国家中长期科学和技术发展规划纲要》，将能源领域可再生能源和生物技术等放在优先发展的地位。

---

① 董玉平，王理鹏，邓波，等. 国内外生物质能源开发利用技术［J］. 山东大学学报（工学版），2007，37（03）：64-69.

国家发改委 2007 年 9 月对外颁布了《可再生能源发展"十一五"规划》(简称《规划》),规划表明至 2010 年,可再生能源消费在能源消费总量的占比达到 10%,到 2020 年增至 15%,实现主要以自己知识产权的可再生能源设备能力,使有机废弃物的利用能源化,使有机废弃物致使的环境污染问题得到解决。

2008 年 3 月,国家发改委发布了《规划》,指出到 2010 年,我国可再生能源年利用量达到 3 亿吨标准煤,比 2005 年增加将近 1 倍。《规划》指出:减轻能源供需不平衡、提高农民收入水平、减轻环境破坏压力的主要方法就是发展可再生能源。"十一五"期间发展可再生能源的关键工作是进一步提高水力发电、生物质能、太阳能和风能的发展速度,并且增加可再生能源在整体能源结构中所占比例。

国务院于 2009 年 6 月颁布了《促进生物产业加快发展的若干政策》,要求将生物产业发展成国家战略性新兴产业和高技术领域的顶梁柱产业。

2012 年 2 月,生物产业发展"十二五"规划通过了国家生物产业发展专家咨询委员会论证并上报国务院。我国"十二五"时期将着力发展生物新技术领域,实行生物技术药物发展等重大行动计划,增强中国生物产业的可持续发展能力和国际竞争力。

具体来说,我国政府相关部门也颁布了一些政策予以落实。例如,在生物质能源发电上,2005 年出台《可再生能源法》指出:"国家鼓励和支持可再生能源并网发电。"紧接着,发改委陆续颁布了一些与之相配套的法律法规,如《可再生能源发电有关管理规定》(2006 年)、《可再生能源发电价格和费用分摊管理试行办法》、《可再生能源电价附加收入调配暂行办法》(2007 年)和《关于完善农林生物质发电价格政策的通知》(2010 年)等。

在林业生物质能源方面,国家林业和草原局于 2005 年成立了林木生物质能源领导小组(2012 年更名为林业生物质能源领导小组),组织制定了《全国能源林建设规划》、《林业生物柴油原料林基地"十一五"建设方案》、《能源林可持续培育指南》和《全国林业生物质能源发展规划(2011—2020 年)》等政策,极大地推动了林业生物质能源及其产业的发展。

2016 年,国家能源局下发了《生物质能发展"十三五"规划》(简称

《"十三五"规划》),为推动可再生能源生物质能的发展指出了明确的方向。《"十三五"规划》指出:到2020年,中国生物质能基本实现商业化、规模化利用水平,每年用量规模在5 800万吨标准煤左右,生物质能发电总装机容量达到1 500万千瓦,生物天然气年使用规模达到80亿立方米,生物液体燃料每年利用规模600万吨,成型燃料每年利用量约为3 000万吨。"十三五"规划时期,政府将进一步支持鼓励清洁能源的进步,不仅在政策方面与市场方面给予相关的鼓励,绿色金融的落实也将使清洁能源在资金上得到大量支持,从而加快推动生物质能等清洁能源产业的进步[①]。

《"十三五"规划》明确指出:将努力促进生物质能源天然气的规模化。争取到2020年,低耗能绿色生物天然气行业每年产量增至80亿立方米,形成160个循环农业示范县与生物天然气示范县,绿色生物天然气行业初具规模。在粮食主产的省与畜禽养殖集中区等种养殖大县区,遵照能源、农业和环保"三位一体"的格局,按县推进,形成生物天然气绿色经济示范区。

与此同时,《"十三五"规划》明确指出:进一步促进生物质能源产业的市场规模化,据国家能源统计局估算,至2020年,我国生物质能产业将新增加资金投入1 960亿元。其中,约400亿元为生物发电新增投资,约1 200亿元为生物天然气新增投资,约180亿元为生物质成型燃料供热新增投资,约180亿元为生物液体燃料新增投资[②]。

3.5 中国现行清洁能源政策的不足之处

总体来看,我国已出台了涵盖清洁能源产业各发展阶段的政策。将清洁能源政策划分为供给、需求和环境类政策。根据赵海滨(2016)对相关政策文本的统计结果,目前37%的环境类政策涉及目标规划,27%的环境类政策涉及税收和补贴,24%的环境类政策涉及法规管制,61.4%的供给类政策涉及基建,31.4%的供给类政策涉及科技信息,仅有1.4%的供给类政策涉及资金投入,55.8%的需

---

① 慧聪清洁网. "十三五"期间中国将促进生物质能源等清洁能源产业的发展[EB/OL]. http://www.clean.hc360.com.

② 资料来源同上。

求类政策涉及定价，37.2%的需求类政策涉及示范工程，在所有政策工具中涉及研发的政策仅为9.3%[①]。这些数据反映了我国现行清洁能源政策存在重补贴轻融资、重硬件轻软件、重贸易轻研发的问题。

3.5.1 中国现行清洁能源财政政策存在的问题

1. 财政政策体系缺乏系统性

虽然近几年我国出台了许多财政政策和税收政策，并结合了一些配套措施来配合相应的清洁能源发展规划和目标使用，但财税体系的系统性和完整性仍然有待提高。许多政策都是对于某个单一清洁能源而言的，如南方电网于2009年颁布的《关于进一步支持光伏等新能源发展的指导意见》，该意见的政策内容相对单一，在随清洁能源产业整体环境变化时，不能及时改善；还有一些政策存在很大的临时性，因为是针对某个特定的项目而制定的。从总体上看，这些政策在特定时间内发挥了一些积极作用，但有时在关联性和整体性方面存在欠缺，在互补性和系统性上很难做到统一和协调，这是影响清洁能源的一个阻碍。除此之外，清洁能源政策还存在区域差异，国家层面与省级、市、县没有做到恰当的融合，并且在目标的制定上没有统一细节。而且，我国当前的优惠政策大多是对国家重点建设项目的投资，如"金太阳示范工程"，对别的太阳能工程却显得重视度不够，而且像政府采购等后期工作也没有考虑到，致使优惠政策很难实现真正支持的功能和目的。

2. 资金投入不高，投资效率过低

因为与清洁能源有关的法律法规未能实现真正的系统与统一，所以政府财政资金投入未能达到最理想的效果[②]。我国与发达国家在总体水平上还存在较大差距，并且国家层面欠缺明细的技术指标作为下发能源补贴的指导性文件，从而使市场的混乱很容易出现，很多企业为了争夺财政补贴而大动干戈，这也容易在生产环节产生混乱局面，对清洁能源产业的进一步发展十分不利。

---

① 赵海滨. 政策工具视角下我国清洁能源发展政策分析［J］. 浙江社会科学，2016（02）：140-144，160.
② 马杰. 促进我国清洁能源发展的财税政策研究［D］. 中国地质大学（北京），2015.

3. 领域界定不清晰，重点不明确

我国对清洁能源的定义是从 2006 年以来逐步明确与清晰的，在这之前，国内外对清洁能源的现状分析和理论研究也较少，这极大地浪费了国家财政补贴资金，也使清洁能源企业的健康发展受到限制。中国当下的清洁能源财政政策缺乏科学的制度标准来检验，即政府制定出来政策以后，政策实施的情况却没有效果反馈并及时改进，也没有准确的依据来支持政策的调整工作。所以，现行的清洁能源财政政策存在一些问题，如内容较单一、鼓励支持的力度与范围太小等。而且作为政策优惠的受益人，大部分是清洁能源公司，优惠的措施也相对集中在生产阶段，消费环节缺乏财政补贴的有效刺激。清洁能源的种类繁多，但基本是多个部门统一管理，各个部门缺乏高效的沟通协作，这些弊端都不利于清洁能源的健康稳定发展。

4. 财政措施形式单一，市场开发力度不够

前面已经指出，我国还未形成平行的优惠政策体制，一般来说，一种清洁能源通常只能享受一项财政优惠。这反映了清洁能源财政支持政策的单一性，产业发展得到的鼓励较为薄弱。中国的清洁能源市场需要扩大，但现行的优惠政策较集中，主要在科技研发领域，对市场开拓上的支持却跟不上，这使得清洁能源技术发展飞快，生产规模也越来越大，而市场购买力却止步不前。

5. 财政政策对地方政府的激励不够

中国的清洁能源政策主要是国家层面直接颁布制定的，上级政府对下级政府的激励工作做得很少，因为下级政府的财政资金供应不足，就不会优先通过财政补贴的方式来支持清洁能源发展。要使清洁能源更快速地发展，就需要地方政府给予企业更多的财政支持，这使地方政府的负担加重。国家层面颁布的政策是从宏观角度出发的，政策体系比较零散，缺乏执行上的细则，而且缺乏对清洁能源产业发展财政补贴资金的来源和使用范围、方式等具体的划分和规定。

3.5.2 中国现行清洁能源税收政策存在的问题

1. 关税存在的问题

内资和外资清洁能源企业之间存在的市场竞争有时是不公平的，如在进口高

端清洁能源设备时，由于内资和外资企业在中国的免税政策不同，外资企业能享受一些关税优惠政策，而内资企业却不可以享受优惠，这种不公平显然会使本来就艰难的内资企业在清洁能源行业的竞争力下降，而且加大了资金周转的压力。同时，关税优惠广度不够，优惠范围较小，只是给予了一些限定的清洁能源设备关税的优惠政策，如太阳能电池和风力发电机具有政策优惠，而其他一些项目却很少享受优惠。

2. 增值税存在的问题

在生产与流通环节缴纳增值税是普通企业普遍面临的，增值税的征收对我国清洁能源产业有着不可小觑的影响。但增值税征收方面也有一些不足，对于总体的清洁能源来说，并未达成统一，没有享受到同样的优惠政策，而只是为清洁能源中的很小一部分规定了单独的优惠税率，所以增值税优惠政策虽然具有一些作用，但总体来说完整性和系统性不够，比较片面。问题在于：一些清洁能源项目已享受过增值税优惠政策，但依然有着较高的税率，像风电项目，享受优惠之后仍然有着高达 8.5% 的税率。

3. 企业所得税存在的问题

我国企业所得税与增值税一样，也缺少一个完整统一的优惠政策体系，只有部分地方政府在当地环境基础上颁布了一些地方的优惠措施。如广东省规定风力发电的相关企业按照 15% 的比例减征增值税，此举有力地推动了风电行业的发展；内蒙古自治区则颁布了风电企业可免征 2 年企业所得税的优惠政策。《国家当前重点鼓励发展的产品、产业和技术目录》也有针对清洁能源企业的优惠政策：对一些符合要求的国有投资企业，投资额可以抵免部分或全部所得税、加速折旧等。投资抵免的过程比较简单易行，但许多企业经常放弃加速折旧优惠政策，原因是该政策加大了企业的短期成本，使当期的利润降低，或者折旧的值比利润高，就会使其他年度的减免和扣除受到影响。另有一个就是优惠政策受用面不够广的问题，因为一些优惠政策是专为高新技术企业制定的。总而言之，主要的问题在于政府扶持力度不够，各地优惠措施不统一，且缺少系统完整的措施。在细节上，没有根据清洁能源企业的具体情况来制定更详细的优惠政策。这是因为在早些年清洁能源企业盈利很难，实施一年减免、减收一半的政策难以让风电企业感受到实在的优惠。

4. 其他税种存在的问题

一些地方税种如土地增值税、城镇的土地使用税、耕地占用税和房产税可以对清洁能源的利用和发展起到有力的促进作用,而且这些税种在计征过程中能够区分投资主体和消费主体。但地方税在扶持清洁能源产业发展过程中的贡献还有待进一步提高。我国仅少部分地区在清洁能源项目占用土地方面给予了企业减免土地使用税收的优惠。因此有必要发挥地方税种在降低清洁能源运营成本、优化当地能源消费结构等方面的作用。

3.5.3 中国现行清洁能源技术与开发政策存在的问题

1. 整体水平与国际比仍存在一定的差距

对于风力发电,相比于国际市场的平均水平,中国单个风机平均装机容量要低得多。据丹麦 BTM 咨询公司的统计数据,2012 年,中国新增风机中单个风机的平均容量为 1.646 兆瓦,而全球平均值是 1.847 兆瓦,其中德国和英国在 2.3 兆瓦以上,丹麦甚至达到 3 兆瓦[①]。另外,在光伏发电方面,许多重要设备仍以进口为主。在核电方面,二、三代核电运行具有技术安全缺陷,而急需开发培育第四代核安全技术;铀矿勘探技术还需要改进;高性能的核燃料元件开发与核电站运行后续技术急需加强。另外,尚未形成对核电"走出去"有帮助的完整机制和过硬品牌。生物质能上,第三代生物技术还处于研发阶段,生产纤维素乙醇未达到有利规模,并且垃圾处理的整套设备国产化还不够,精细分选垃圾的成套设备尚依赖进口。产业链整合水平低、低技术含量的重复建设等问题都反映在一些行业产能过剩的现象中。而在技术含量高的产业链上,反而经常有缺少的情况。与发达国家相比,我国的风能、光伏发电和生物质能,有着高排放、高耗能、有毒污染和噪声等环保问题,存在清洁能源不清洁的尴尬状况。

2. 并网难和储能技术欠缺

风力发电和太阳能发电的大规模应用因为并网难和储能技术欠缺而受到制

---

① 祁和生. 2012—2013 年上半年全球大型风电产业发展报告 [C]. 北京:中国农机工业协会风能设备分会,2013.

约。分布式发电的模式还不够成熟，虽然大规模并网技术取得了很大进展，但由于技术的可行性和经济的实用价值尚待提高，因此并网难的问题解决起来比较困难，而且微电网技术比较薄弱。另外，能源储蓄技术还没有取得革命性突破，使得风能和太阳能互补、光伏发电——抽水蓄能、风力发电——抽水蓄能以及三者联合变成清洁能源电力建设的次优选择。但这些容易受限而影响其作用的发挥。相比集中发电而言，分布式发电存在更大的商业风险和较低的经济收益。分布式发电并网会加大电网技术改良和更新成本，因为并网使电压、电能质量和继能保护等受到额外影响。当前我国建立了技术应用示范工程，微电网技术有了较大程度的发展，但该技术的基础不好，国家技术标准没有进入规划设计、接入、建设运营和设备制造等阶段，产业化的市场运营尚需一定时日。

3.5.4 中国现行清洁能源金融政策存在的问题

如今，银行仍然是我国金融业的主流支柱，银行信贷资金是大多数企业赖以存在的融资来源。可以看出我国间接融资市场比较成熟，而直接融资方式如资本市场等则存在较大的发展空间。所以，欧美等资本主义市场国家的清洁能源产业发展政策与经验是值得我们参考的，即国家不仅给予清洁能源财政支持和税收优惠，而且应给予清洁能源的生产者和经营者更多的融资支持。这就需要抓住我国清洁能源发展的重点，认清清洁能源产业面临的金融问题，从而加快促进金融体制改革工作，逐步建立全方位多层次的金融服务体系，使清洁能源企业对资金的需求得到保证，使我国清洁能源产业向着更健康可持续的方向发展[①]。

1. 差异化利率优惠较少，银行惜贷时有发生

商业银行很少会考虑到特殊性，为差异化的产业企业量身制作适合的融资产品，除了政策性银行国家开发银行，商业银行基本都会直接根据央行的利率政策提供贷款。而实行差异化利率方面，商业银行又会区别大企业和中小企业、国有企业与民营企业，给予国企和一些大企业时间较长且利率较低的贷款融资优惠，而中小企业和民办企业长期存在融资难的问题，尤其是小企业，不但贷款门槛

---

① 刘红丽. 促进我国清洁能源发展的财税政策研究 [D]. 天津工业大学，2017.

高,而且经常面临很多苛刻条件。本质上就倾向于追求利润和降低风险的商业银行,实际上经常"锦上添花",却不做"雪中送炭"的工作(张宪昌,2014年)。如光伏产业,美国在2008年爆发金融危机后,欧洲各国迫于金融压力纷纷减少了光伏的补贴,但这一时期光伏产业在我国正享受银行的大额贷款和政府的补贴优惠。随着国外出口受限且国内严重供大于求,企业的资金状况每况愈下,整个光伏产业变得低迷。很少有企业从商业银行那里得到融资贷款,之前的"吸金"大户如今被银行拉入"高危企业"名单。未来收益回报的不确定性是商业银行惜贷最重要的原因,也是光伏产业发展面临的困难之处。

2. 资本市场不够成熟,直接融资渠道不畅通

我国已基本形成交易平台广泛的多层次资本市场,包括主板市场(1990年)、中小板市场(2004年)、创业板市场(2009年)、三板市场(含新三板,2006年)、产权交易市场和股权交易市场等。但我国的资本市场仍然不够完善和成熟,由以下几个方面可以看出:一是门槛高,市场进入较难。如主板市场对发行企业有着较高的要求,在主板市场上市的企业主要是成熟的国有企业。中小板市场对发行人的股本状况、盈利能力等要求和主板市场所差无几。因为资本金率偏低,所以处于成长期的企业往往被中小板市场拒之千里。二是证券市场急需进一步规范,相关法律法规不完整,在证券市场上融资的企业由于融资理念不佳,往往只追求融资而忽视回报;投资活动中存在严重的投机现象,市场被当作"圈钱"与"投机"的场所,行业的发展受限。三是信息沟通不畅,社会信用体系尚待健全,增大了投融两方以及中介的道德风险,甚至出现一些不正当的行为,侵害投资者利益。

除此之外,因为银行信贷是企业最依赖的融资途径,而银行贷款利率通常比债券要高,所以清洁能源企业往往有着较大的融资压力,融资成本高。银行融资压力使一部分清洁能源企业去尝试民间借贷,民间借贷利率更高,财务风险明显加大,这非常不利于清洁能源行业的发展与进步。

3.5.5 中国现行清洁能源政策存在的其他问题

1. 扶持产业发展的产业政策力度不够

由于清洁能源产业具有投资周期长的特点,因此清洁能源产业的发展离不开

周期较长的产业链以及产业链上各个环节的相互联系。目前产业政策的扶持力度还不够,致使我国清洁能源产业程度不高,大部分还处在初期的发展阶段[①]。主要表现为以下几个方面:一是发展不完善的基础设施与服务体制,限制了清洁能源产业的进步,如在电力的高效传输、运行与维护管理、调峰等方面,电力的基础设施难以满足我国风能等清洁能源产业的发展需要。二是清洁能源产业规模小带来的结构问题。虽然我国清洁能源产业发展迅速,但产业规模小导致生产清洁能源产品的能力不强,比起发达国家,中国清洁能源占能源产业的比例太低。三是清洁能源产业欠缺核心技术。长期以来,我国清洁能源产业发展对国外的依赖程度很高,自主知识产权缺乏,清洁能源核心的技术还处于引进消化、联合设计阶段,对我国清洁能源产业的自主健康发展十分不利。

2. 清洁能源发展规划需进一步统筹规范

一些地方的发展目标和国家的规划目标统筹不好,过于重视发展规模而轻视消纳,致使一些地方的清洁能源开发规模与当地消纳能力远远不匹配。上级核准权下放后,政府管理和清洁能源发展之间的相互关系还未足够明确,进而滋生出"地方点菜国家买单"的现象,对清洁能源的可持续发展非常不利。与此同时,清洁能源发展规划与电网发展规划没有协调起来,即使生物质能、风电、太阳能等能源发电专项规划已出台,但对于电网的规划却一直没颁布,结果导致清洁能源发展和电网规划相脱节。另外,虽然清洁能源储量丰富,但那些偏远和经济发展落后的边穷地区,急需国家层面来制定特殊的扶持政策。

3. 清洁能源应用市场需进一步培育扶持

当前我国分布式电源不仅传输距离短,而且需求量大,市场前景和发展潜力良好。但是在建设光伏建筑一体化上却存在一些问题,如权责不清,项目开发商和建筑物业主、用能单位利益分配不均产生矛盾,光伏建设欠缺长久稳定性,合同能源管理模式推广不顺利。同时,在交通工具方面,万众瞩目的清洁能源汽车急需加强充换服务普及度和可靠度等。由于城市公共区和居民小区充换电设施缺乏系统的规划和设计,因此清洁能源汽车商品化受到充电基础设施限制。此外,

---

① 中国储能网新闻中心. 中国清洁能源发展的政策与技术环境分析 [EB/OL]. http://www.360doc.com/content/14/0628/06/17103623_390408293.shtml, 2014-06-26.

扶持与补贴政策不具有系统性和可持续性，相关补贴并不是以企业为主体，因而政策效果有待改善。

4. 清洁能源消纳和输送需进一步合理布局

电网的建设项目涉及许多相关环节，如立项、规划、审核、批准、评估等。一些环节尤其是电网规划环节存在滞后性，使电网建设进程比区域新能源项目建设进度落后很多，进而致使电网建设速度缓慢、电网调峰能力差，影响到清洁能源的消纳和运输，且存在非常严重的弃风现象。同时，要进一步加强储能技术的研发力度，但由于相关储能电价政策尚未出台，因此企业没有收入去弥补储能电站的日常折旧费和运营成本等，这对企业的进步产生了不利。除此之外，制度的不足也对分布式能源发电和微电网建设方面、分布式能源大规模开发与应用方面产生了制约。

第4章
中国清洁能源产业政策绩效评价

随着全球变暖、环境污染等问题日益严重,清洁能源的发展成为各国能源发展的焦点,我国对清洁能源的发展也越发重视。2006年,可再生能源法颁布,可再生能源发电可获得发电补贴;2016年中华人民共和国国家发改委发布的能源发展"十三五"规划中,要求2020年煤炭消费在一次能源中的比例降到58%以下,非化石能源与天然气等低碳能源的联合占比达到25%,因此加大政策引导清洁能源发展至关重要。2017年4月26日,发改委与国家能源局印发的《能源生产和消费革命战略(2016—2030)》中,提出了进一步的能源革命目标,提出2030年可再生能源、天然气和核能利用持续增长,高碳化石能源利用大幅减少。非化石能源占能源消费总量的比例达到20%左右,天然气占比达到15%以上,即低碳能源联合占比达到35%,新增能源需求主要依靠清洁低碳能源满足等。2017年5月19日,中华人民共和国工业和信息化部下发了《太阳能光伏产业综合标准化技术体系》,推动了光伏产业标准化发展;2017年5月27日,国家能源局下发了《关于加快推进分散式接入风电项目建设有关要求的通知》,进一步提高了分散式风能资源利用效率,优化风电布局;2017年10月31日,发改委与国家能源局印发了《关于开展分布式发电市场化交易试点的通知》,进一步推进了分布式发电发展;同年,国家下发了《关于开展中央财政支持北方地区冬季清洁取暖试点工作的通知》,通过财政补贴推动清洁能源取暖替代传统燃煤取暖,加快清洁能源发展。这些清洁能源的政策体现了国家对于发展清洁能源的重视。

大量清洁能源发展政策以及规划的出台,一方面促进我国清洁能源的发展,另一方面政策绩效的不完善导致部分清洁能源产业发展过于粗放，进而导致产能过剩（张方雷，范蕊，2018 年；王敏，等，2018 年）。因此，提出合理有效的清洁能源政策绩效评价对我国清洁能源产业发展极其重要，有利于清洁能源产业明确走向。

本章主要对中国在清洁能源方面的相关政策绩效进行有效评价，以促进中国清洁能源产业的发展。

4.1 政策绩效评价的相关研究

政策效果需要通过科学的绩效评价方法来衡量，以便决策部门对政策做出相应的优化和调整。合理地运用政策绩效评价方法有助于提高政府公共政策的效益，并优化公共资源的配置。目前已有大量研究对政策绩效做了相应评价，极大地提高了公共决策的科学性。

宋伟等（2012）运用 DEA-Malmquist 指数方法对我国大部分省市知识产权绩效进行了实证分析，基于 2001—2010 年的面板数据，从知识产权溢出视角评价了政策绩效。黄晓波等（2012）采用平衡计分卡法对惠农补贴政策做了初步评价。雷仲敏等（2013）采用基于单一的费—效分析框架，从目标、影响、收益三个维度，分析了节能减排政策的效果。朱再昱等（2013）在实地调查的基础上分析了集体林权制度的作用，其所采用的数据主要来源于问卷调查。刘晓凤等（2013a，2013b）针对物流业税收政策构建了绩效评价指标体系。王金凤等（2014）从政策直接效应和间接效应两方面对北京山区公共政策绩效进行了研究，但是评价体系缺乏对各指标的整合，也没有考虑相应的政策权重。李涛等（2014）综合运用 R 型因子法、加权线性法，从三个维度构建了土地供应政策绩效评价体系。刘婷婷等（2014）采用专家打分和统计分析手段评估了信息安全政策的绩效。汪晓梦（2014）基于指标的相关性和灰色关联评估了合肥市技术创新政策的绩效。张再生等（2015）运用基于 DEA 模型的人才政策绩效评价方法分析了天津市人才政策效果。余亮亮等（2015）基于熵权改进的 TOPSIS 方法和障碍度模型，对耕地保护补偿政策绩效进行了实证研究。黄凌翔（2015）运用神经网络模型、空间计量分析方法从多个方面评价了土地供给政策绩效。雷勋平等（2017）使用基于熵权改进的 TOPSIS 方法及障碍度模型分析了农村低保政策的效果。

在层次分析法的政策评价应用方面，张荐华等（2015）使用层次分析法对我国粮食直接补贴政策的绩效进行了评价；邓远建（2015）采用层次分析法与模糊综合分析法构建了三个级别的指标框架，评估了生态补偿政策的效果。攀胜岳（2013a，2013b）基于层次分析法对生态建设政策的绩效做了评价。嵇雷（2016）运用层次分析法评价了农村水库移民后期扶持政策的绩效。以上研究对政策绩效方法做了较为详细的梳理和改进，其研究成果将为本文的政策绩效评价提供研究素材。龙春阳（2015）认为绩效评价应当遵循主观与客观性、事实判断与价值判断、定性分析与定量分析相统一的原则。刘国永（2018）认为政策绩效评价应当坚持简便、有效的原则，根据评价对象的具体情况综合选用多种评价方法。层次分析法在指标选取时简便易行，坚持了定性和定量相统一的原则，同时将专家打分和客观的统计方法、数学模型融合在一起遵循了主观与客观性、事实判断与价值判断相统一的原则。

4.2 基于 SCP 范式的清洁能源产业政策绩效评价指标体系

20 世纪 30 年代，哈佛大学教授梅森首次提出了产业组织理论。经过贝恩、舍勒等的发展和完善，完整的 SCP 范式便形成了（2012）。SCP 范式由三个部分组成，分别是市场结构、市场行为和市场绩效。面对企业外部经济环境、政治、技术等外部冲击的影响，从市场结构、市场行为和市场绩效三个角度来分析这些外部冲击所带来的一些影响，以便更好地进行一些战略上的调整。目前，我国经济的增长主要依赖以工业为主体的第二产业，主要问题是产业结构的发展不平衡，产业结构偏重，高耗能加工工业偏大。我国应以太阳能、风能、生物质能等清洁能源为主要方向推进产业结构调整，重点发展四大战略性新兴产业和高技术产业。支撑和带动工业结构的调整优化，进而提高清洁能源产业的规模、技术水平和市场竞争力。

清洁能源产业政策绩效评价指标体系，反映了政府、社会等主体对清洁能源产业发展的支持和服务程度，主要表现在财税政策、融资政策、人才政策、技术政策和国际竞争与合作政策五个方面。

（1）财税政策。财税政策分为财政政策和税收政策，它是以特定的财政理论为依据，运用各种财政工具，为达到一定的财政目标而采取的财政措施的总和。财政政策是世界各国政府追求经济与社会发展目标、实施宏观经济调控的重要政策手段。构建有利的经济环境，可以用以下指标进行衡量：财政补贴的数目、税收政策的优惠力度、财政投资的数目和转移性支出的数量。税收政策不再赘述。

（2）融资政策。它是根据国家政策，以政府信用为担保，政策性银行或其他银行对一定的项目提供的金融支持。主要以低利率甚至无息贷款的形式进行，其针对性强，发挥金融作用强。政策性融资适用于具有行业或产业优势、技术含量高、有自主知识产权或符合国家产业政策的项目，通常要求企业运行良好，且达到一定的规模，企业基础管理完善等。政策性融资成本低，风险小，缺点是适用面窄，金额小，时间较长，环节众多，手续繁杂，有一定的规模限制。可以用以下指标进行衡量：各项融资渠道、融资规模和融资效率。

（3）人才政策。即国家或地方根据产业、行业和经济发展需求而出台制定的、用以吸引培养人才的相关措施，如薪金待遇、职称评估和住房补贴等。可以用以下指标进行衡量：人才培养规模、在职人才规模、引进人才规模和引进人才职称。

（4）技术政策。其是指国家制定的用以引导、促进和干预产业技术进步的政策的总和。它以产业技术进步为直接政策目标，是保障产业技术适度和有效发展的重要手段。可以用以下指标进行衡量：科技成果数量、技术市场交易额、专利申请量、国家标准和行业标准数量。

（5）国际竞争与合作政策。即国际间清洁能源产业的竞争与合作的关系，可以用以下指标进行衡量：国际竞合总规模、国际竞合企业增长率、国际竞合投入规模和国际竞合产出增长率。

根据SCP分析的基本框架、政策绩效评价指标和层次分析法的特点，建立我国清洁能源产业发展政策支持体系，便于分析各政策绩效。政策绩效评价指标如表4-1所示。

表 4-1 政策绩效评价指标

一级指标	二级指标	三级指标	四级指标
政策绩效	市场结构	财税政策	财政补贴的数目
			税收政策的优惠力度
			财政投资的数目
			转移性支出的数量
		融资政策	各项融资渠道
			融资规模
			融资效率
	市场行为	人才政策	人才培养规模
			在职人才规模
			引进人才规模
			引进人才职称
	市场绩效	技术政策	科技成果数量
			技术市场交易额
			专利申请量
			国家标准和行业标准数量
		国际竞争与合作政策	国际竞合总规模
			国际竞合企业增长率
			国际竞合投入规模
			国际竞合产出增长率

4.3 层次分析法的原理和步骤

层次分析法（The Analytic Hierarchy Process，AHP），由美国运筹学家托马斯·塞蒂在 20 世纪 70 年代中期正式提出。它是一种定性和定量相结合的、系统化的、层次化的分析方法。AHP 将一个复杂的多目标决策问题作为一个系统，将目标分解为多个目标或准则，进而分解为多指标的若干层次，通过定性指标模糊量化方法算出层次单排序（权数）和总排序（余志强，2012）。具体步骤如下：

（1）建立层次结构模型。将决策的目标、考虑的因素（决策准则）和决策对象按它们之间的相互关系分为最高层、中间层和最低层，绘出层次结构图。最高层是指决策的目的，中间层是指考虑的因素、决策的准则，最低层是指决策时的备选方案。然而相邻的两层，高层即目标层，低层即因素层。

（2）构造判断（成对比较）矩阵。在确定各层次各因素之间的权重时，如果只是定性的结果，则常常不容易被别人接受，因而Satty等提出一致矩阵法，即不把所有因素放在一起比较，而是两两相互比较，并采用相对尺度，以尽可能减少性质不同的诸因素相互比较存在的困难，以提高比较的准确度。如对某一准则，对其下的各方案进行两两对比，并按其重要性程度评定等级。

表4-2中A_{ij}的确定通过采用Satty的1~9标度方法，如表4-3所示，并且判断矩阵的构建应满足以下几个特点：$A_{ij}>0$；$A_{ij}=1/A_{ji}$；$A_{ii}=1$。

表4-2 判断矩阵构造结构

判断矩阵	A_1	A_2	…	A_j	…	A_n
A_1	A_{11}	A_{12}	…	A_{1j}	…	A_{1n}
A_2	A_{21}	A_{22}	…	A_{2j}	…	A_{2n}
…	…	…	…	…	…	…
A_i	A_{i1}	A_{i2}	…	A_{ij}	…	A_{in}
…	…	…	…	…	…	…
A_n	A_{n1}	A_{n2}	…	A_{ni}	…	A_{nn}

表4-3 Satty1~9标度

因素i比因素j	量化值
同等重要	1
稍微重要	3
较强重要	5
强烈重要	7
极端重要	9
两相邻判断的中间值	2，4，6，8

（3）通过计算判断矩阵的特征向量确定各指标权重。①首先将每列元素相加，得到和向量。②然后将和向量相加，进行归一化得到矩阵的近似特征向量

值 W。③ 将矩阵和特征向量相乘，得到 AW。④ 接着算出矩阵最大特征值，即 $\lambda_{\max}=\sum_{i=1}^{n}\frac{(AW)_i}{nW_i}$。⑤ 进行矩阵一次性检验，需要先计算出 CI，CR。CI=$(\lambda_{\max}-n)$/$(n-1)$，CR=CI/RI，其中 RI 可以通过参数表（见表 4-4）查询。CR 越大则矩阵偏离一致性越大；反之，则偏离越小。当 CR<0.1 时，该矩阵符合一致性检验；反之，则应该重新构建判断矩阵。

表 4-4 RI 指标参数

矩阵阶数	1	2	3	4	5	6	7	8	9	10
RI	0	0	0.58	0.9	1.12	1.24	1.32	1.41	1.45	1.49

（4）层次总排序及其一致性检验。计算某一层次所有因素对于最高层（总目标）相对重要性的权值，称为层次总排序。这一过程是从最高层次到最低层次依次进行的。

4.4 政策绩效评价结果

4.4.1 评价指标权重的确定

二级指标权重的确定：

首先计算二级指标的权重，由专家小组评价可得到一级指标矩阵表。准则层分析如表 4-5 所示。

表 4-5 准则层分析

政策绩效 A	市场结构 B_1	市场行为 B_2	市场绩效 B_3
市场结构 B_1	1	0.333	0.2
市场行为 B_2	3	1	0.5
市场绩效 B_3	5	2	1

即判断矩阵如下：

$$A=\begin{bmatrix} 1 & 0.333 & 0.2 \\ 3 & 1 & 0.5 \\ 5 & 2 & 1 \end{bmatrix}$$

根据以上矩阵结构，运用求和法进行权重计算，具体计算步骤如下：

（1）将每列元素相加，得到和向量 $\begin{bmatrix} 1.533 \\ 4.500 \\ 8.000 \end{bmatrix}$。

（2）三个分量之和为 14.033，因此归一化得到 A 的近似特征向量值为 $W=\begin{bmatrix} 0.109 \\ 0.321 \\ 0.570 \end{bmatrix}$。

（3）判断矩阵 A 和特征向量 W 的乘积为

$$AW=\begin{bmatrix} 1 & 0.333 & 0.2 \\ 3 & 1 & 0.5 \\ 5 & 2 & 1 \end{bmatrix}\begin{bmatrix} 0.109 \\ 0.321 \\ 0.570 \end{bmatrix}=\begin{bmatrix} 0.330 \\ 0.933 \\ 1.758 \end{bmatrix}$$

（4）最大特征值 $\lambda_{max}=\sum_{i=1}^{n}\frac{(AW)_i}{nW_i}\frac{1}{3}\left(\frac{0.330}{0.109}+\frac{0.933}{0.321}+\frac{1.758}{0.570}\right)=3.005$，CI=0.003，查表知，RI=0.58，CR=0.005<0.1，通过一致性校验，说明矩阵构建是合理的。

4.4.2 三级指标权重的确定

在三级指标层次下，要分别判断五类政策指标对市场结构、市场行为及市场绩效的影响程度。首先计算三级指标对市场结构的重要性，即权重（见表 4-6）。

表 4-6 市场结构下政策绩效分析

市场结构 B_1	财税政策 C_1	融资政策 C_2	人才政策 C_3	技术政策 C_4	国际竞争与合作政策 C_5
财税政策 C_1	1	2	3	0.5	5
融资政策 C_2	0.5	1	2	0.333	4
人才政策 C_3	0.333	0.5	1	0.25	2
技术政策 C_4	2	3	4	1	7
国际竞争与合作政策 C_5	0.2	0.25	0.5	0.143	1

即判断矩阵如下：

$$B_1=\begin{bmatrix} 1 & 2 & 3 & 0.5 & 5 \\ 0.5 & 1 & 2 & 0.333 & 4 \\ 0.333 & 0.5 & 1 & 0.25 & 2 \\ 2 & 3 & 4 & 1 & 7 \\ 0.2 & 0.25 & 0.5 & 0.143 & 1 \end{bmatrix}$$

根据以上矩阵结构，运用求和法进行权重计算，具体计算步骤如下：

（1）将每列元素相加，得到和向量 $\begin{bmatrix} 11.5 \\ 7.833 \\ 4.083 \\ 17 \\ 2.093 \end{bmatrix}$。

（2）五个分量之和为 42.510，因此归一化得到 B_1 的近似特征向量值为

$$W = \begin{bmatrix} 0.271 \\ 0.184 \\ 0.096 \\ 0.400 \\ 0.049 \end{bmatrix}。$$

（3）判断矩阵 B_1 和特征向量 W 的乘积为

$$B_1 W = \begin{bmatrix} 1 & 2 & 3 & 0.5 & 5 \\ 0.5 & 1 & 2 & 0.333 & 4 \\ 0.333 & 0.5 & 1 & 0.25 & 2 \\ 2 & 3 & 4 & 1 & 7 \\ 0.2 & 0.25 & 0.5 & 0.143 & 1 \end{bmatrix} \begin{bmatrix} 0.271 \\ 0.184 \\ 0.096 \\ 0.400 \\ 0.049 \end{bmatrix} = \begin{bmatrix} 1.373 \\ 0.842 \\ 0.477 \\ 2.223 \\ 0.255 \end{bmatrix}$$

（4）最大特征值计算如下：

$$\lambda_{\max} = \sum_{i=1}^{n} \frac{(AW)_i}{nW_i} \frac{1}{5} \times \left(\frac{1.373}{0.271} + \frac{0.842}{0.184} + \frac{0.477}{0.096} + \frac{2.223}{0.400} + \frac{0.255}{0.049} \right) = 5.068$$

CI=0.017，查表知，RI=1.12，CR=0.015<0.1，通过一致性校验，说明矩阵构建是合理的。

其次计算三级指标对市场行为影响的相对权重（见表 4-7）。

表 4-7 市场行为下政策绩效分析

市场行为 B_2	财税政策 C_1	融资政策 C_2	人才政策 C_3	技术政策 C_4	国际竞争与合作政策 C_5
财税政策 C_1	1	2	4	3	5
融资政策 C_2	0.5	1	3	2	4
人才政策 C_3	0.25	0.333	1	1	2
技术政策 C_4	0.333	0.5	1	1	3
国际竞争与合作政策 C_5	0.2	0.25	0.5	0.333	1

即判断矩阵如下：

$$B_2 = \begin{bmatrix} 1 & 2 & 4 & 3 & 5 \\ 0.5 & 1 & 3 & 2 & 4 \\ 0.25 & 0.333 & 1 & 1 & 2 \\ 0.333 & 0.5 & 1 & 1 & 3 \\ 0.2 & 0.25 & 0.5 & 0.333 & 1 \end{bmatrix}$$

根据以上矩阵结构，运用求和法进行权重计算，具体计算步骤如下：

（1）将每列元素相加，得到和向量 $\begin{bmatrix} 15 \\ 10.5 \\ 4.583 \\ 5.833 \\ 2.283 \end{bmatrix}$。

（2）五个分量之和为 38.200，因此归一化得到 B_2 的近似特征向量值为 $\begin{bmatrix} 0.393 \\ 0.275 \\ 0.120 \\ 0.153 \\ 0.060 \end{bmatrix}$。

（3）判断矩阵 B_2 和特征向量 W 的乘积为

$$B_2 W = \begin{bmatrix} 1 & 2 & 4 & 3 & 5 \\ 0.5 & 1 & 3 & 2 & 4 \\ 0.25 & 0.333 & 1 & 1 & 2 \\ 0.333 & 0.5 & 1 & 1 & 3 \\ 0.2 & 0.25 & 0.5 & 0.333 & 1 \end{bmatrix} \begin{bmatrix} 0.393 \\ 0.275 \\ 0.120 \\ 0.153 \\ 0.060 \end{bmatrix} = \begin{bmatrix} 2.179 \\ 1.376 \\ 0.582 \\ 0.720 \\ 0.318 \end{bmatrix}$$

（4）最大特征值为 λ_{max}=5.088，CI=0.022，查表知，RI=1.12，CR=0.020<0.1，通过一致性校验，说明矩阵构建是合理的。

最后计算三级指标对市场绩效影响的相对权重（见表 4-8）。

表 4-8　政策对市场绩效的相对影响

市场绩效 B_3	财税政策 C_1	融资政策 C_2	人才政策 C_3	技术政策 C_4	国际竞争与合作政策 C_5
财税政策 C_1	1	4	3	2	5
融资政策 C_2	0.25	1	0.5	0.333	2
人才政策 C_3	0.333	2	1	0.5	3
技术政策 C_4	0.5	3	2	1	4
国际竞争与合作政策 C_5	0.2	0.5	0.333	0.25	1

即判断矩阵如下：

$$B_3 = \begin{bmatrix} 1 & 4 & 3 & 2 & 5 \\ 0.25 & 1 & 0.5 & 0.333 & 2 \\ 0.333 & 2 & 1 & 0.5 & 3 \\ 0.5 & 3 & 2 & 1 & 4 \\ 0.2 & 0.5 & 0.333 & 0.25 & 1 \end{bmatrix}$$

根据以上矩阵结构，运用求和法进行权重计算，具体计算步骤如下：

（1）将每列元素相加，得到和向量 $\begin{bmatrix} 15 \\ 4.083 \\ 6.833 \\ 10.5 \\ 2.283 \end{bmatrix}$。

（2）五个分量之和为 38.700，因此归一化得到 B_3 的近似特征向量值为 $\begin{bmatrix} 0.388 \\ 0.106 \\ 0.177 \\ 0.271 \\ 0.059 \end{bmatrix}$。

（3）判断矩阵 B_3 和特征向量 W 的乘积为

$$B_3 W = \begin{bmatrix} 1 & 4 & 3 & 2 & 5 \\ 0.25 & 1 & 0.5 & 0.333 & 2 \\ 0.333 & 2 & 1 & 0.5 & 3 \\ 0.5 & 3 & 2 & 1 & 4 \\ 0.2 & 0.5 & 0.333 & 0.25 & 1 \end{bmatrix} \begin{bmatrix} 0.388 \\ 0.106 \\ 0.177 \\ 0.271 \\ 0.059 \end{bmatrix} = \begin{bmatrix} 2.177 \\ 0.499 \\ 0.829 \\ 1.371 \\ 0.316 \end{bmatrix}$$

（4）最大特征值 $\lambda_{max} = 5.090$，CI=0.023，查表知，RI=1.12，CR=0.020<0.1，通过一致性校验，说明矩阵构建是合理的。

4.4.3 评价结果

在获得同一层次各指标的权重后，就可以自上而下地计算各指标对总目标的权重。设二级共有 m 个要素 a_1，a_2，…，a_m，它们对总目标的权重为 W_1，W_2，…，W_m；下一层次三级共有 n 个要素 b_1，b_2，…，b_n，令要素 b_i 对 a_j 的权重为 V_i，即三级要素 b_i 的综合权重为 $W_i = \sum_i W_j V_{ij}$。

根据以上计算方法，可以计算出各政策的重要度，即权重的大小：

财税政策的重要度（权重）=0.109×0.271+0.321×0.393+0.570×0.388=0.376

融资政策的重要度（权重）=0.109×0.184+0.321×0.275+0.570×0.106=0.168

人才政策的重要度（权重）=0.109×0.096+0.321×0.120+0.570×0.177=0.150

技术政策的重要度（权重）=0.109×0.400+0.321×0.153+0.570×0.271=0.247

国际竞争与合作政策的重要度（权重）=0.109×0.049+0.321×0.060+0.570×0.059=0.058

依据各政策的综合重要度的大小，可以对政策进行排序、决策。层次总排序如表 4-9 所示。

表 4-9 层次分析的政策绩效排序

	$B1$	$B2$	$B3$	层次 C 总排序
	0.109	0.321	0.570	权重
财税政策 C_1	0.271	0.393	0.388	0.376
融资政策 C_2	0.184	0.275	0.106	0.168
人才政策 C_3	0.096	0.120	0.177	0.150
技术政策 C_4	0.400	0.153	0.271	0.247
国际竞争与合作政策 C_5	0.049	0.060	0.059	0.058

从计算结果可知，财税政策、技术政策对清洁能源产业发展的影响较大，二者的权重分别是 0.376、0.247。而融资政策和人才政策次之，也是比较重要的，二者的权重分别是 0.168、0.150。国际竞争与合作政策对清洁能源产业发展的影响较小，权重为 0.058。其中，财税政策对清洁能源产业发展的影响是最显著的，这说明清洁能源产业的发展需要政府给予更多的财税政策扶持。

4.5 研究结论

面对全球气候变暖等环境问题，同时为了促进经济的发展，清洁能源的发展是至关重要的。通过对政策绩效的分析，可得出以下结论：

第一，财税政策对清洁能源产业影响最大。财税政策分为两类，一是财政政策，二是税收政策。如果一个国家想快速发展清洁能源产业，那么强有力的财税政策保证是必需的。我国可以建立财税政策绩效评价信息收集体系和收集库，加大对清洁能源项目及消费的补贴，还可以对清洁能源企业给予税收优惠政策，采取一些具体措施，包括减免关税、固定资产税、增值税和所得税等。另外，政府部门需要不断加强和完善财税政策绩效评价数据库的建设。

第二，技术政策不容忽视。技术政策也是非常重要的，发展核心技术可以提高我国清洁能源产业的核心竞争力。在引进技术的基础上，企业进行消化吸收的同时也要进行技术创新。技术创新是清洁能源产业的命脉，政府应当重视和鼓励技术创新，做好产权保护，并对研发清洁能源技术的企业给予一定的补贴或优惠政策。

第三，融资政策和人才政策是清洁能源产业发展的保障。根据清洁能源产业的发展情况，在我国清洁能源产业发展过程中，采取合适的融资渠道进行筹集资金，用以保证我国清洁能源产业能够拥有足够的资金得以继续发展下去。融资政策是清洁能源产业发展过程中的动力源泉。另外，科技的发展离不开人才，人才的发展可以推动技术的进步，技术是人才创造出来的。具有创造性的高素质创新人才是清洁能源产业进行技术创新的重要保障。针对目前我国对清洁能源创新人才的培养在数量、结构、能力等方面还不能满足经济社会发展需要的情况，我国应逐步完善清洁能源领域的人才培育机制，加大对人才的培养。加强人才培训，为我国清洁能源的发展培养新一代高水平的专业和通用型人才。我国可以通过多渠道聘请、引进人才，争取引进一批具有专利、商标等自主知识产权的海内外高层次人才来我国工作、创业，并在科研开发、自主创业方面给予大力支持，推动清洁能源产业蓬勃发展。

第四，国际竞合政策也对我国清洁能源产业的发展有一定的影响。国内企业可以通过合作学习借鉴国外先进的技术以促进我国清洁能源产业的发展，不过本国发展自己的核心技术才是根本。政府应出台相关政策鼓励清洁能源企业走出去，参与国际竞争，响应国家"一带一路"建设（王丽，2018；闫静，2018），提升国际影响力，占领更大国际份额，促进产业发展。另外，政府应积极引导清洁能源产业参与国际合作，互利共赢，推动我国清洁能源产业发展。

第5章
国外清洁能源产业扶持政策比较及启示

5.1 美国清洁能源产业政策演变

5.1.1 美国清洁能源产业的发展背景

21世纪以来,美国是世界上最大的化石能源消费国的地位从未被撼动,煤炭、石油、天然气等能源消费量比例一直处于世界前列。近年来,由于经济的不断发展,美国对能源的需求不断增加,对能源供应安全的压力也越来越大。为了实现能源独立,确保能源安全,美国政府从20世纪50年代开始通过政策干预,寻找新能源技术——发展核电技术。20世纪70年代,美国采用政府计划引导方式发展风能技术、水电技术、太阳能和生物质能等清洁能源,美国政府之所以这样做,是因为要实现目前能源供应类别的多元化,以此来弥补本国过度的化石燃料消费需求,满足本国因为发展经济而过度使用化石燃料的能源消费。

近几年,美国加大对能源安全技术的探索和开发,不断发展新能源,开发清洁能源,提高本国的能源安全供应力。经过这些努力,美国能源自给力逐渐提高,2012年统计数据显示,美国能源自给率高达83%,其中,化石燃料占能源自给总量的比例不断下降,煤炭下降为26%,天然气下降为31%,石油下降到21%(包括原油和天然气植物凝脂油)(乐欢,2014),可再生能源占比出现小幅度提高,提供了全国31%的电力,水力发电占比6.72%,风力发电占比3.36%,生物质能发电占比1.44%,地热占比0.36%,太阳能占比0.12%,核能发电占比

19%。扣除水电，清洁能源占到电力总额的 24.28%[①]。经济危机之后，全球大力开发新能源，化危机为机遇，摆脱经济危机的消极影响，美国也不例外，积极开展清洁能源复兴战略，大力研究开发清洁能源技术，创新推动清洁能源产业的发展，积极在清洁能源领域占领制高点，持续在世界清洁能源领域占领霸主地位，不断为本国经济服务，创造更多的就业岗位，提高就业率，进而奠定美国在未来低碳经济发展中的强者地位。

5.1.2 美国清洁能源扶持政策演变

1. 清洁能源产业发展政策概况

美国清洁能源产业发展政策制定和实施中最鲜明的特点是强调联邦政府和州政府在制定法律与法案中的作用，并且单一法案与综合性法案相结合。21世纪，美国逐步加大了对清洁能源产业的立法力度。联邦政府与州政府立法工作相呼应，在各项法案中重新明确清洁能源产业发展的战略、目标以及财政扶持、技术研发和国际竞争等内容，为清洁能源产业快速有效地服务本国经济提供法律保障。

2. 清洁能源综合性法案

中东石油危机于1973年爆发，美国受到能源危机的困扰。为了保持能源的实时供应，美国必须进行能源改革，减少石油的使用，大力发展清洁能源，通过立法鼓励美国清洁能源工业的发展，并制定五项具有代表性的国家能源法案。1978年制定的《1978年国家能源法案》是美国第一部综合性能源法案。该法案的制定主要是围绕提高美国国内能源自给，解决各种能源安全问题。根据这一部综合性法案，美国相继制定了五部单一能源法案，以此为《1978年国家能源法案》的实施打下基础并提出阶段性的计划。美国单一能源法案如表5-1所示。

---

① 张宪昌. 中国新能源产业发展政策研究［D］. 中共中央党校，2014.

表 5-1 美国单一能源法案

法案名称	法案内容
《公用事业管制法案》	要求公用电力事业必须购买符合标准的小电力设施生产出的可再生能源电力,如生物质能发电,以此鼓励可再生能源发电
《1978年能源税收法案》	个人购买太阳能、风能和地热设备享受税收抵免,对开发清洁能源的项目实行加速折旧,对在清洁能源领域的商业投资减免10%的能源税
《国家节能政策法案》	进一步增加清洁能源在建筑、交通、设备和一般领域的使用,政府可以向购买太阳能供暖或制冷设备的家庭提供贷款
《电厂和工业燃料使用法案》	禁止在新电厂使用煤炭、石油和天然气,禁止没有清洁能源燃料的新电厂建立,鼓励在发电厂和工业中使用清洁燃料
《天然气政策法案》	逐步放宽对非常规天然气的井口价格管控,不再管控1985年1月1日以后新井的井口价格

第二部综合性能源法案为《1980年国家能源安全法案》。不同于《1978年国家能源法案》的是,该法案由六部单一能源法案构成。《能源安全法案》强调发展清洁能源的重要性,并在第一部综合性法案的基础上,第一次提出贷款担保资金融通机制,要求向年产量低于100万加仑的小乙醇生产厂提供贷款担保[①]。六部单一能源法案分别为:《美国合成燃料公司法案》,该法案授权美国合成燃料公司提供880亿美元推行合成燃料计划(张晓卯,2017);《生物质能和酒精燃料法案》,提出将生物柴油替代化石柴油的策略;《可再生能源法案》,明确可再生能源发展目标;《太阳能和节能法案》,鼓励政府对太阳能开发给予资金支持并提供税收减免等优惠;《地热能法案》,政府大力鼓励地热能源的开发与利用;《海洋热能转换法案》,建立更规范的海洋热能管理和开发许可制度。

第三部综合性能源法案为《1992年能源安全法案》,该法案的主题为"提高

---

① http://m.bjx.com.cn/mnews/20140721/529771.shtml,2014-07-21

能效",由 27 章相关法案和政策组成。此法案对于如何发展清洁能源细分诸多措施,以减少美国对进口化石燃料的依赖,其中最有效的措施是对燃料税和混合燃料收入税减免。最典型的例子为,美国规定在 1994—1999 年投入发展的风能涡轮机和生物发电厂可给予 10 年的税收减免政策,减免优惠额度为 1.5 美元/千瓦时;对于清洁能源燃料汽车,美国联邦政府和州政府实行税收减免的优惠。

第四部综合性能源法案为《2005 年能源政策法案》。这一法案的主要任务是修改《1992 年能源安全法案》和其他相关法案规定,由 18 个标题组成,其中有关清洁能源的 11 个标题分别为"能效""可再生能源""石油和天然气""核问题""交通工具与燃料""氢""研究和开发""能源政策的税收鼓励""乙醇和发动机燃料""气候变化""对新技术的激励机制",对清洁能源和可再生能源均有涉及。《2005 年能源政策法案》对联邦政府消费清洁能源电力的比例进行明确规定,2007—2009 年政府消费清洁能源电力的比例不低于 3%,2010—2012 年则不低于 5%,2013 年以后不低于 7.5%(林卫斌,付亚楠,2018),该法案规定 2006—2012 年对城郊及农村地区的电气化每年补助 2 000 万美元。相关条例还对甘蔗乙醇项目补助 3 600 万美元,对生物质能于 2006—2016 年每年补助 5 000 万美元。联邦政府对个人住宅的节能能源提供比例税减免,主要形式是对光伏、太阳能集热和燃料电池支出的 30% 税减免,以及对燃料电池汽车的税减免从 80 000 美元到 40 000 美元不等。美国联邦政府分别对《1970 年地热蒸汽法案》和《1954 年原子能法》进行了修订,增强能源独立自主以及推行新型原子能核电站项目。对两项项目分别进行大规模财政拨款补助,2007—2009 年加大对可再生能源和核能的研发和应用,可再生能源由 2007 年的 6.32 亿美元增加到 2009 年的 8.52 亿美元,核能由 2007 年的 3.3 亿美元增加到 2009 年的 4.95 亿美元。

第五部综合性能源法案为《2007 年能源独立和安全法案》。节能、高效用能、促进可再生能源开发为该法案的三项主要条款。第一项条款是制定了平均燃料经济性标准,汽车和轻型卡车的燃油消耗最低标准是每加仑 35 英里[①](张宪昌,2014)。美国大力改进了汽车和轻型卡车技术,如为开发先进电池提供贷款

---

① 1 英里 =1.609 34 千米。

担保,并增加对这些车辆的信贷,以鼓励公众购买重型混合动力汽车和电动汽车。第二项条款修订了电器和照明效率标准。该项条款对白炽发热器、白炽灯能效和荧光灯能效标准做了统一规定,提高了电器的能效标准以期达到节能减排的目的。此外,该条款还对智能电网做了明确界定,包括各类智能电网的标准和关键技术参数。第三项条款重新定义了可再生燃料的标准。条款规定将近60%的可再生燃料必须从生物乙醇或其他生物燃料中获得。另外,该条款还提出了清洁燃料对化石燃料的替代目标。

在清洁能源法分阶段颁布之后,时任总统奥巴马于2009年2月颁布了《2009年美国复兴和再投资法》,这一法案是美国关于清洁能源最详细的综合性法案。该法案第4章对发行清洁能源债券、绿色债券的流程、利率以及还本付息方式等做了明确规定。据此,联邦政府向可再生能源机构提供了大量补贴,大部分资金被用于支持清洁能源工业的基础研究和开发应用。美国政府在可再生能源债券中发行16亿美元,在合格节能债券中发行24亿美元。在随后的《经济刺激法案》拨款50亿美元来完成此前《能源和生产法》的援助计划,补贴20亿美元用于鼓励美国企业大力购买新型电池系统部件和开发支持软件,拨款3亿美元来扶持清洁燃料汽车试点资助计划。这些拨款还会持续引导美国各州、当地政府大力发展有关清洁能源的资助项目。美国政府大力提高清洁能源效率,积极制定各类节约能源的措施,并要求在各地服务性组织及相关政府大楼内安装太阳能、风能、燃料电池以及生物质能发电设备。法案中提出发行该投资法案不仅在财政拨款方面给予补助,刺激清洁能源产业的发展,还在财政减税方面进行一定的干预,鼓励清洁能源产业的公司兴起发展。在减税条例中,该法案不仅延续之前法案中对可再生能源系统的税收补贴,还增加为清洁能源设备提供生产税抵免延长期的政策。其中,最有效的是风能延长期到2012年,水电、地热发电等可延长到2013年。

为促使清洁能源和可再生能源的发展,美国不仅制定了一系列符合国情发展的综合性法案,为全国清洁能源提供方向性指标和规划,还制定了针对性更强的单一性法案,如在太阳能产业政策上,美国在1974—1980年先后制定了《太阳能供热和制冷示范研究、开发和示范法案》《太阳能光伏研究、开发和示范法案》

《太阳能和节能法案》等;在有效开发地热能方面,美国在 1970—1980 年通过了多部《地热能研究、开发和示范法案》《地热能法案》等,这些单一法案弥补了综合性法案在个别领域规定缺失的特点,针对性会更强,能够更好地对某一清洁能源的发展与推广提供详细具体的规定。

5.1.3 美国清洁能源产业政策演变具体分析

1. 核能产业政策演变

美国的核技术应用上起步较早,最开始用于军事,而美国的核能产业政策也是随着历代美国领导人的更替发生着变化。早在 1942—1945 年罗斯福总统任期内,美国政府花费 20 亿美元,三年建造了世界上第一座商业核电站——西平港核电站,陆军部实施了核裂变反应以研制原子弹。1968 年,在美国建造了不少于 75 座核电站。1972 年,世界各地大约 500 座大型核电站建成,美国成功获得了国外订单。

由于核能产业链推动过快,从而导致核电站设计上的缺陷问题发生,1979 年美国三里屯核电站发生铀核熔融事故,再加上当时国内大规模示威游行,给政府当局增加了诸多压力,迫使美国政府重新对其核能安全问题进行审视,卡特总统于 1979 年发表了五项新原子能政策,尤其强调了核能安全发展的重要性。当时的核能制度依然存在典型的不足,用户电费较高、处理滞后等导致一些电力公司把核电排除在装机容量来源之外。安全问题带来民众质疑,导致美国核电建设受到阻碍。1980 年"两伊战争"爆发之后,石油价格猛涨,美国为保障当时的能源安全,里根总统发表了一系列政策来刺激核能产业发展:颁布核条例和许可证,以缩短核电厂许可证的发放周期;发展商业高放射性废物的储存和处置;取消前几届政府提出的无限期禁止在美国商用后处理的禁令;开展商业后处理活动,并鼓励私营企业参加。这一系列政策的实施,极大促进了美国核能产业的发展,刺激了美国工业大力发展核能的积极性。随后由于世界政治格局发生了变化,再加上 1986 年切尔诺贝利事故的发生,美国核能产业发展再次陷入僵局。2001 年,美国经济的快速发展以及克林顿政府时期不把核动力发展作为主要的能源政策的消极态度,使得能源问题越来越突出,民众质疑声逐渐加大。布什上任后，美国不断增加能源安全和能源多样性的整改，对核能产业简化审批和监管过程，减少核电公司的投资风险，增加核能研究经费，积极鼓励引导核能安全性能的研究和发展，这一系列政策使得美国核能产业加速发展，使得美国重新回到核能大国的地位。

2008年奥巴马就任美国总统后，大力进行能源政策的改革，刺激美国经济复苏的主要途径是制定新的能源政策，以新能源产业的发展带动美国整个工业领域的发展。2010年，奥巴马宣布为建设两座新的1.1兆瓦AP1000核电站提供83.3亿美元的政府贷款担保。这是自2005年美国能源政策法案颁布以来首次重新启动核电站建设贷款担保。而新任美国总统特朗普更是在阐述自己的能源立场时表示取消2015年签署的《巴黎气候变化协定》，以此实现美国的能源独立，尤其重视对核能产业的研究。2017年特朗普多次提出能源独立的目标，进行能源新政：对美国核能政策的全面回顾之后开始重振和扩大核能部门。

在振兴美国核工业的过程中，政府必须制订各种计划和规章来刺激核能的发展。最重要的是美国能源部于2002年推出的《核电2010计划》，该项目的主要内容是促进新核电站的建设，并与政府和企业分担金融和监管风险。而2005年，美国政府通过了《2005年能源政策法案》，主要内容为强化能源自主，减少对外国石油的依赖；依赖核能是能源自主的重要一环，认同核能是安全及干净的能源，制定风险保证及发电税的减税措施，以支援新建核能电厂。两项法规对美国政策发展起到了强有力的促进作用，为后续美国的核能产业发展奠定了法律基础。

2. 太阳能产业政策演变

美国太阳能产业发展最早可以追溯到美国宇航局为早期卫星和阿波罗改进太阳能电池板，而美国企业发展太阳能技术也有40多年的历史，其太阳能产业主要分为太阳能光伏发电和太阳能集热两大类。美国国会主要是通过提供资金和政府支持来推动太阳能产业技术的研究和开发，2000年以后，美国太阳能技术位居世界前列。

2005年，美国国会通过了《2005年能源政策法案》，该法案规定：对购买太阳能系统的家庭与私人企业,给予30%的税收减免。市场运行方面,联邦政府确定了在全国范围内可再生能源组合标准,以此保障可再生能源的均衡发展。国会要求联邦政府各部门优先使用太阳能光伏发电技术等设备。

金融危机之后,2008年美国国会审议通过了《2008年新能源激励计划》。该计划旨在挽救美国金融危机之后新能源产业的发展,政府制定政策支持和财政补助对太阳能光伏产业进行投资,并适当延长项目投资税减免时间,其中商业延长8年,家用延长2年,商业节能建筑物的补贴延长5年[①]。另外,政府发表全新的节能型债券[②],旨在对能耗可以降低20%的节能项目、社区、农村等进行补助。

2009年,奥巴马政府颁布了《新能源政策》,提高对太阳能产业的资金补助力度,降低安装太阳能设备的成本,刺激新能源逐渐替代石油等化石燃料。

2010年,为了刺激光伏发电系统在全国范围内的安装,美国参议院决定实行"千万屋顶计划",计划在10年内全国范围内安装1 000万套光伏发电系统(王阳,2016)。

2012年美国太阳能光伏产业的数量与发电量大幅提高,相比2011年,光伏系统新装机容量增加80%,总装机容量增加2.5倍,大量刺激了家用、商业建筑光伏系统的安装,在家庭(5亿千瓦)、商业建筑(10亿千瓦)和政府部门建筑(18亿千瓦)上的分布式系统均增加了36%。通过多项措施并进,美国累计并网发电的光伏系统增长到74亿千瓦。

2010年,奥巴马总统在接受媒体专访时曾表示:"关于能源项目的完整立法不太可能实现。"美国独特的政治制度决定了联邦政府在能源立法方面的困难。由于美国的行政和立法关系,美国联邦和各州的关系紧密相连,分权制度导致各州更多的冲突。鉴于这一独特因素,美国在实施清洁能源产业政策时将加强立法的严格控制。联邦政府命令各州促进清洁能源产业政策的实施。当然,各州根据联邦法律制定符合国家实际情况的法律制度。各个综合性法案的制定都严格遵循

---

① 罗如意,林晔. 美国太阳能扶持政策解析[J]. 能源技术,2010,31(02):89-92.
② SEIA.Earlier 2008 Federal Bail-Out Bill Solar Tax Changes [R].Solar Energy Industries Association,2008-12-3

美国国情，各州制定的制度又精确符合本州情况。以美国能源税制为例，美国税收由联邦政府和州政府两部分税收组成，各州之间虽然职能相互独立，但在税收体系上却高度一致①，通过政府立法强制，有力地解决了各州清洁能源产业的发展力度，刺激各地积极性，为全国清洁能源的开发与发展提供了强制性要求，更好地保障了清洁能源的质量与效率。

5.2 欧盟清洁能源扶持政策的演进

5.2.1 欧盟清洁能源的发展背景

自1967年欧洲共同体成立之初，基于其超过50%的能源都依赖于进口的现状，欧洲共同体各组织更加注重能源政策的发展。英国、德国相比欧盟其他成员国来说，其煤炭储备量和石油储藏量相对比较丰富，而大部分成员国化石燃料是十分匮乏的，为了满足本国经济发展的需要，不得不进口其他国家燃料。在20世纪70年代两次石油危机之后，欧洲共同体日益感到目前的能源政策不能满足全面发展的需要。欧洲共同体国家在遭受严重的政治和经济打击后，充分认识到建立整体能源政策的重要性，逐步从传统的化石燃料能源政策转向清洁能源政策，然后为能源供应和安全、清洁能源开发、能源效率和能源战略储备制定相应的法律和政策。近年来，欧洲国家开始调整能源政策。在2006年3月的欧盟峰会上，各成员国同意制定欧盟新能源政策，这也标志着欧盟国家从各成员国的整体利益出发，开始新能源的开发。尽管欧盟成员国开始认识到开发新能源的重要性，重视发展可再生能源，但考虑到传统能源的低成本特性，石油、煤炭和天然气在燃料总量中所占比例仍在增加，化石燃料的进口依赖度持续升高，由此可见，欧盟虽然进行了一系列能源政策改革，重视了可再生能源的发展，但是在能源供应安全上仍然面临严峻的挑战。化石燃料资源的严峻处境，各成员国复杂的国情，迫使欧盟必须制定强有力的措施，使得各成员国都重视清洁能源的发展，加大对清洁能源的研究应用，以整体利益为先，减少化石燃料的使用。

---

① 张清立. 美日能源税制与相关产业发展研究 [D]. 吉林大学，2014.

5.2.2 欧盟清洁能源发展政策演变

1. 清洁能源产业发展政策总述

欧盟鼓励各成员国使用替代燃料来降低对石油等化石燃料的依赖,如在汽油中加入适量的甲醇和乙醇等替代燃料。这一举措在1985年的85/536/EEC指令中体现。1986年的《欧盟能源政策》通过,该政策明确指出:当前欧盟工业规模相比其他发达国家较小,滞后于世界领先水平。而大力发展工业必须以丰富的能源资源做保障,能源法律必须作为制度保障更好地为其服务,同样该政策为后续欧盟能源政策的制定奠定了法律基础,标志着欧盟清洁能源政策格局的形成。在这一阶段,能源税开始建立,欧盟各国开始寻找替代性能源。

而到20世纪90年代,欧盟出台了一系列有关能源改革的政策,涉及电力、煤炭、核能、石油等多个可再生能源产业。详细政策如表5-2所示。以1997年11月欧盟发布的《未来能源:可再生能源共同体战略和行动计划白皮书》(Energy for the Future: Renewable Sources of Energy, a White Paper for a Community Strategy and Action Plan)[①] 解释20世纪90年代欧盟的能源政策特点。白皮书中强调欧盟发展可再生能源可以减少对外能源依赖,保障能源设备安全,加强清洁能源工业的竞争力,如果不采取措施拯救当前的局面,欧盟能源进口依赖度将会持续增加。对此,白皮书中强调"欧盟逐渐加强实施可再生能源的举措,将发展可再生能源作为能源发展的核心力,将发展可再生能源的目标进行具体细化,提出严格要求。预计到2010年可再生能源中的电力比重达到23.5%,风力发电、光伏发电、地热发电机的装机数达到40吉瓦、3吉瓦、1吉瓦,可再生质能产量达到135百万吨油当量。"此外,欧盟还采取一系列措施控制总燃料成本,投资1 650亿欧元来减少1997—2010年210亿欧元的燃料成本。当时,欧盟采取各种措施加强成员国之间的合作。最典型的措施是建立公平的可再生能源市场准入制度,为新成立的清洁能源工业提供技术补贴,发展或协调"黄金"或"绿色"资金等内部市场措施。

---

① 程荃. 欧盟新能源法律与政策研究[D]. 武汉大学, 2012.

表 5-2　20 世纪 90 年代欧盟能源政策法律汇编

项目 年份	普通能源政策	有效利用能源政策	煤炭	电力	核能	石油	其他
1990 年	90/377/EEC			90/547/EC			
1991 年			612/91/ECSC			91/296/EEC	
1992 年				92/167/EEC	92/275/EURATOM		
1993 年		93/76/EC93/500/EEC			EURATOM 1 493/93		
1994 年						94/22/EC94/63/EC	
1995 年	议会决议案 1995.11.23				2964/95/EC		95/539/EC/223 68/95
1996 年	议会决议案 1996.07.08 736/96 1996.04.22	96/737/EC		96/92/EC	96/282/EURATOM		1254/96/EC96/391/EC
1997 年	议会决议案 1997.06.27	议会决议案 1997.12.18					议会决议案 1997.12.18
1998 年	99/21/EC, EURATOM 1998.14.12 99.22.EC 1998.14.12.99/EC 1998.14.12	98/352/EC99/24/EC 议会决议案 07.12.1998			98/381/EC99/25/EURATOM	98/30/EC	

资料来源：European Parliament Directory of the Most Community Legislative Measures in Energy Policy，1999.

进入 21 世纪，欧盟的能源政策趋向成熟，各成员国也在认真履行相关政策制度过程中感受到使用清洁能源的重要性，逐渐降低了对外来能源的依赖程度，清洁能源产业发展迅速，清洁能源产业在总能源产业中的比例不断增加。2000年欧盟成员国一致同意签署的《欧洲能源供应安全战略绿皮书》，继续强调 1997 年白皮书要求的目标，为了让各成员国内部能源市场稳定，减少进口燃料的依赖，更好地减少短期市场对各成员国能源安全带来的负面影响，绿皮书强调加强各成员的目标一致性，能源政策需作为新的共同体特性[1]。该绿皮书仍然强调了对能源市场的投资，加大对可替代性能源的研发应用，进而减少对外来能源的依赖程度。

2001 年欧盟发布了可再生能源发电的指令，主要是在国内市场。该指令进一步确定了目标：到 2010 年，将可再生能源的比例提高到 12%。为了确保可再生能源和电力生产机制的正常运行，欧盟成员国采取了一系列措施来提高电力行业投资者的信心。例如，颁布绿色证书，对部分电力行业免税、退税等税收优惠或直接对其价格进行削减等措施。为了让欧盟各成员国实现发展可再生能源电力达标的承诺，在制定上述指令和目标时，规定各成员国严格按照《联合国气候变化框架公约》和《京都协议书》的相关规定实现可再生能源的目标。对此，欧盟国家在绿色认证、投资援助、免税、退税或减税和直接价格支持等方面采取措施，确保可再生能源发电机制正常运行，增强投资者信心。另外，欧盟还呼吁成员国在确定目标时，必须严格履行《联合国气候变化框架公约》和《京都议定书》对国际气候变化的承诺。

2002 年，欧盟委员会继续在绿皮书的基础上完善相关规定，出台了《欧洲智慧能源》政策，该政策规定在 2003—2006 年总投资 2.15 亿元用于各成员国发展清洁能源，此外，欧盟拨款 20 亿欧元支持各成员发展清洁能源的研究开发。这些政策主要是为了加大欧盟各成员国清洁能源产业的投资研发，提高能效。

2003 年，欧盟发布了《生物燃料指令》，引入在运输中使用生物燃料和其他可再生燃料。第三个标题下，该指令对成员国使用生物燃料和其他可再生燃料做

---

[1] 蒋一澄. 欧盟能源政策：动力、机制与评价 [J]. 浙江社会科学, 2006 (01)：108–112.

出最低要求，到 2005 年年底生物燃料和其他可再生燃料的比例在国内总运输燃料中不少于 2%，到 2010 年年底不少于 5.75%。同年，为了促进该指令的顺利实施，欧盟还发布了《温室气体排放总量管制与排放交易制度指令》，这必然会对成员国温室气体的排放进行限制，从而刺激可再生能源和清洁能源的发展。

据统计，2009—2013 年，为了刺激环保产业的开发，清洁能源能够更大范围地服务于生产、生活各个方面，欧盟各成员国筹集 1 050 亿欧元支持清洁能源产业发展，以资金刺激环保市场对经济的带动作用，其中用于研究开发清洁能源和与清洁能源有关的产业所筹集资金高达 40%。此外，为了更好地为清洁能源产业提供政策支持，欧盟在 2009 年通过新的可再生能源法，据统计数据显示，欧盟在 2010 年可再生能源消费比例上升至 12.4%。其中，可再生能源消费比例最高的成员国是瑞典，达到 47.9%，拉脱维亚、芬兰、奥地利和葡萄牙分别以 32.6%、32.2%、30.1% 和 24.6% 列居第 2 ~ 5 位（刘秀莲，2011）。

2011 年，欧盟委员会公布了《可再生能源发电法》，该法案进一步加大了对清洁能源产业的财政支持、税收贷款等优惠。举例来说，大多数成员国采用的《上网电价》政策以及欧洲议会（European Parliament）的立法，对生物燃料的生产免除了 90% 的税收支持，对油菜籽生产征收差别税。同年 12 月，欧盟委员会通过了《2050 年能源路线图》，提出到 2050 年碳排放比 1990 年减少 80% ~ 95%。该路线图中，清洁能源消费比例由当前的 10% 提高到 2050 年的 55%，大力提高能源消耗效率和节能效率，要求 2030 年、2050 年化石燃料消费下降，比 2005 年降低 16% ~ 20%，比 2006 年降低 32% ~ 41%。该路线图同样强调，核能在低碳电力来源中仍处于重要地位，有助于降低系统成本和电力价格。

2012 年，欧盟继续发布了《可再生能源：欧洲能源市场的主要参与者》。报告强调了作为能源市场的主要参与者——清洁能源私营部门在推动能源市场中的作用，可再生能源的扩张可以增加全国的就业机会，吸引投资，带动社会公众消费。为此，欧盟从电力市场改革入手，改造电网等基础设施建设，加大技术创新，实现能源供应目标的同时确保清洁能源的研发，以此带动内部市场的发展。

2015 年 12 月欧盟通过了《巴黎气候变化协定》，承诺到 2030 年将温室气体排放量减至40%，这相当于1990年的排放水平，相应地设定了27%的清洁能源目标。2018年6月欧盟更是决定将2030年清洁能源目标提高到32%。

2. 欧盟部分成员国清洁能源产业发展的核心政策演变

法国在清洁能源产业发展上最显著的特点是核电和太阳能光伏发电技术先进。法国对于核电的发展非常重视，对核电技术要求十分严格，政府针对国内核电技术企业设立了专门的机构，并对其进行有效监管。自此，法国核能发电在全国发电总量的比例高达85%，如此高的比例从未发生过一次重大核事故，因此法国也被认定为世界上核电运行最安全的国家。

1970年中东石油危机爆发迫使法国进行能源改革，当时制定的目标是使核电成为发电主力。1970年，法国开始从美国西屋公司购买和学习压水堆技术。在引进美国核电技术后，法国又积极通过自主创新开发了EPR压水堆技术。此技术在核电安全性和经济性上更为先进，安全性能更高，并且加大了生产批量化和生产标准化，节省了制造成本和管理时间，使其经济性能更高。2005年，法国颁布了《确定能源政策定位的能源政策法》。2011年福岛核事故爆发，使得法国继续加大对本国核能安全技术标准的重视，考虑到核能安全和能源转型，法国逐渐削弱核能占全国能源发电的主导地位。2012年10月，奥朗德总统宣布截止到2025年，尽快结束对核电的完全依赖。2014年法国通过了《能源过渡法》，要求核能发电占法国发电总量的比例从当前的75%降至50%，能源重心逐渐转向太阳能这一清洁能源产业。法国生态及整体转型部也宣布，计划在即将关停的核电站原址进行300兆瓦太阳能发电项目的招标，同时法国政府也积极鼓励部署大型太阳能项目，并对此提供财政支持。截止到2017年，法国光伏装机容量达875兆瓦，同比增长49%，累计太阳能光伏突破8亿兆瓦，太阳能发电占电力行业的比例正在一步步扩大。

与法国核能技术不同，德国在清洁能源工业，如风力发电和光伏发电方面已经取得很大成功。德国是世界上最大的风电生产国，2001—2007年风电装机容量居世界第一，2010年年底风电装机容量累计25吉瓦以上。德国政府运用经济杠杆和法律手段，采取了扶持政策，为德国风电产业提供了坚实的法律保障。1991年，德国颁布了《电力传输法》，该法律是德国在商业领域使用清洁能源发电的依据。该法律还引入美国第一个固定电价制,规定:电网运营商有义务接受新的和可再生的电源,并优先购买所有由风力发电运营商生产的风力发电,且价格不低于当地平均电价的90%。可再生能源电价高出传统电力价格的部分由当地电网承担。2000年颁布了《可再生能源法》,该法规定:能源企业有责任推广清洁能源的发展,政府则向开发清洁能源的企业提供财政补贴,并规定:保护收购价格依据当地风力实际情况来制定,为了保障风力发电投资者的商业利益,风力较弱的地方保护价收购的时间根据实际情况适当延长。

不仅在风能这一清洁能源的发展方面提供政策支持和市场保护,德国还在其他清洁能源产业和可再生能源产业方面制定相关法规,以便于清洁能源能够成为生产、生活的主要能源。2004年、2008年、2011年,对《可再生能源市场化促进计划》和《家庭可再生能源补贴计划》进行了多次修订。2004年修订后的目标是增加清洁能源和可再生能源在整个电力供应中的份额。该条例规定:到2010年年底,风力发电计划将占总发电量的12.5%,在2020年将达到20%,2050年将上升到50%。2008年对电力发展目标重新修改为可再生能源电力在总电力供应中所占份额不得低于30%。2011年修订的《可再生能源法》将重点放在电力运营商的征税标准上,对可再生能源的征税标准进行适当调整。通过对生物燃料进行财政补贴鼓励技术进步与创新,提高化石燃料的生态税,减少甚至免征清洁能源生态税的方法,刺激可再生能源产业的发展,对石油、天然气等传统燃料的使用产生一定的阻碍作用。此外,三次修改最终对可再生能源发展的未来目标进行重新规定:2020年清洁能源发电占总发电份额的比例将不低于35%,2030年将不低于50%,2014年将不低于65%,2050年将不低于80%。

英国是欧盟重要成员国之一,在欧盟制定《京都协议书》之后,对各成员国的碳排放量和温室气体排放量的标准列举了详细目标。此时的英国由于大力依赖石油等化石燃料,此目标的实现困难巨大,因此英国开始谋求清洁能源的研究开发,以达到欧盟所制定的目标。英国在可再生能源发电方面历史悠久,是最早实行配额制的国家。

英国1989年颁布的《电力法》中首次将非化石燃料电力义务的概念引入电力改革。1990年,英国颁布了《非化石燃料义务》,并详细建立了非化石燃料招标和补贴制度，初步目标为 1990—1997 年，风电价格从 10.0 便士 / 千瓦时降到 3.8 ~ 4.95 便士 / 千瓦时，年均降幅为 10.57% ~ 14.81%。1999 年，英国颁布了《可再生能源义务法》，明确界定了可再生能源电力义务制度，引入了清洁能源生产的配额制度，并对未能达到目标要求的供应商处以最高 10% 的罚款。2003 年可再生能源电力占全国电力的比例为 3%，2011 年达到 11.1%，2014 年达到 20.6%。

英国是世界上最早提出低碳经济的国家，其减排目标要求在 2020 年减排 34%，2050 年减排 80%。2012 年，英国颁布草案，计划斥巨资发展全国清洁能源，投资 1 100 亿英镑发展低碳电力，对电力生产和输送设备进行资金支持，引入差价合约和碳低价保护机制，刺激电力供应商的生产积极性，从而发挥市场的自主调节作用。

在促进新能源产业发展的过程中，欧盟充分发挥了政府在宏观调控中的作用。然而，当我们审视欧盟主要成员国的产业政策时，这里充分表明的是政府刺激了市场需求，建立了基于市场机制和制度以及与市场协调配置的社会机制。此外，欧盟高度重视以企业为主体的清洁能源产业技术创新，推动建立以市场交易为主题的碳排放交易机制。欧盟认为市场协调作用是能源技术发展的最重要的驱动力。碳排放交易制度是实现以最低成本实现减排目标的重要工具。在总量控制的基础上建立合理的碳排放交易市场，可以保证新能源技术的健康交易环境，有助于市场协调政府清洁能源的配置。

5.3 日本清洁能源产业政策综述

5.3.1 日本清洁能源产业的发展背景

日本由于其独特的地理位置，石油、煤炭、天然气等化石燃料短缺，能源供给率相对较低。95% 以上的石油、煤炭、天然气都需要进口，严重依赖国外燃料市场，深受国外燃料市场的影响。为了满足自己的经济发展，提高能源供应率，降低国外经济发展的不利影响，同时遏制全球变暖，1997 年 12 月日本政府签署了《联合国气候变化框架公约》的补充条款《京都议定书》，在 2008—2012 年承诺期内控制温室气体的全部排放量比 1990 年水平至少减少 5%。

日本的能源资源匮乏，自身能源消费量与自给率低的几大难题共同制约着日本经济的发展。为了提高自身能源供应和能源利用效率，日本政府加大对化石能源的替代资源的研发利用，并制定了一系列政策以保障清洁能源产业顺利发展。1973 年全球性的石油危机爆发加剧了日本政府对自身经济过度依赖石油这一现象的恐慌，于是开始采取各种措施来降低石油危机带来的后果，最终日本政府决定，开始寻找研发能够替代石油等化石燃料的能源。

1974 年，日本政府制定了《新能源技术开发计划》（"阳光计划"），这是日本首次制定有关新能源和节能技术的规定，该计划确定了日本企业和民众在清洁能源的开发利用方面应尽的责任和义务，同时指出政府应该不断刺激清洁能源产业的发展，鼓励开发利用太阳能，积极开发海洋能源、地热能和风能，鼓励大型风力涡轮机等能源设备制造业的发展，创新风电、核能和太阳能技术，不断提高清洁能源技术水平。该计划还提出了政府扶持相关产业发展的措施，包括采取税收激励政策引导和支持新能源企业的发展。1978 年实施的《节能技术开发计划》（"月光计划"）在 1974 年《新能源技术开发计划》的基础上，更详细地列举了与开发新能源有关的问题。该计划同样提出政府应鼓励开发太阳能、海洋能、地热能和风能，积极促进大型风电设备研发。在这一计划中，政府对新能源企业给予了一定税收优惠等政策支持。1978 年出台的《节能技术开发计划》是对 1974 年的《新能源技术开发计划》的承接和发展。1979 年制定了《节约能源法》，该法律的制定主要是用来约束日本企业和群众对于能源的利用，并对工业、生活所必需的能源制定一定的标准。

1980 年，日本颁布了《替代石油能源法》，为了更好地加快清洁能源的开发，日本在政府部门新设"新能源综合开发机构"（王萌，2013）。此项措施主要是为了促进石油替代能源的开发，其中日本主要发展的石油替代能源包括太阳能、核能和风能等，"新能源综合开发机构"主要审核日本清洁能源的开发工作，主要业务是制定环境保护政策和清洁能源研究开发。

1993 年，日本政府颁布了《新阳光计划》，该计划的重点内容是对太阳能技术的开发和利用，如太阳能电池、阳光发电技术等，使太阳能技术在日本工业中的使用更加普及,此外新计划兼备新能源技术、节能和环保三项职能。

1997年,日本政府颁布了《新能源法》。《新能源法》赋予了市政公用事业、国家和政府公务人员的责任,使政府工作人员能够带头,激励其他人员或私营企业使用清洁能源,给予新能源利用技术的充分承认和财政支持。《新能源法》还对新能源利用提出了具体的方针政策,政府要求各省将促进新能源利用作为重要课题,互相交流意见[①],例如如何有效利用新能源,提高清洁能源的利用效率,以最低的成本使清洁能源的发电量达到最大。

2002年,日本颁布了《电力设施新能源利用特别措施法》,日本设立第三方委员会确定电力价格,严格保证电价透明,严禁私自抬高电力价格。这项法案还明确规定了电力公司使用新能源设施的义务,法案规定:个人或企业有义务去购买清洁能源发电设备,使用太阳能、风力和地热等方式生产电力。

2008年,日本继续普及家庭太阳能发电设备的使用,通过提供财政补助和政策支持鼓励家庭购买太阳能发电设备并使用太阳能发电。

1. 太阳能产业

1979年石油危机爆发之后,日本加大了太阳能技术的研发应用力度。经过一系列强有力的改革措施,日本的太阳能产业得到前所未有的突破和发展。2000年,日本的太阳能总装机容量为640万千瓦,占世界太阳能总装机容量的5%。2003年12月,日本的太阳能发电量占世界太阳能发电总量的49.1%,高达86万千瓦。2004年,日本全国太阳能普及率高达90%以上。2007年,日本继续普及太阳能技术,提高太阳能利用效率,降低使用成本,政府不断提高清洁能源开发效率,研究新型太阳能板技术,降低发电成本,其计划是在2030年由现在46日元/千瓦的成本降低到7日元/千瓦。日本不断提高太阳能电池研发技术,发电能力大幅提高,其目标是截止到2030年太阳能电池的发电能力在2007年130万千瓦的基础上增加30倍。2009年,日本更是继续采取新措施增加太阳能发电量来减少温室气体排放,计划截止到2020年太阳能发电机装机容量相比2005年增加10倍,到2030年增加30倍。2016年,以太阳能的累计装机容量来看,日本以42.8吉瓦的

---

① 姜雅. 日本的新能源及节能技术是如何发展起来的[J]. 国土资源报,2007(08):35–39.

规模超越德国,成为全球第二大太阳能市场,仅次于中国大陆。也因装机容量的成长,日本的太阳能发电比例从 2012 年的 0.4% 提高到 2016 年的 4.4%。

2. 风能产业

独特的地理优势带给日本丰富的风能资源。20 世纪 80 年代以后,日本开始加大对沿海风力发电技术的研究。根据《京都议定书》,日本承诺的温室气体排放还没有达到预期目标。此外,20 世纪 90 年代,各种核安全事故频发,到 20 世纪 90 年代末,日本开始积极开展风力发电。1995—2003 年,日本的风力发电取得显著的进步。从 1996 年的 12 000 千瓦到 2003 年的 678 000 千瓦,日本的风力发电量增加 75 倍。2004 年,风力发电量接近 100 万千瓦。据日本统计局统计,日本风力发电量将在 2030 年达到 600 万千瓦。

5.3.2 日本清洁能源产业政策的发展目标与计划

在日本历史上,清洁能源产业发展的过程相当曲折。第二次世界大战以后,美国投放的原子弹对日本的国土与资源造成了极大的伤害。日本的经济曾一度停滞,为了恢复国民经济,重新回到经济强国地位,日本开始对自然资源过度开发,以发展重工业为主要目的,而当时的日本面对惨淡的经济以及被破坏的资源,只能浪费本就缺乏的化石能源,直到 20 世纪 70 年代石油危机爆发,石油价格暴涨,这无疑使日本经济受到重创,国民生产总值下降。此时的日本政府开始寻找替代性能源,开发新能源。基于对《京都协定书》规定的减排温室气体目标,日本制定的能源政策逐渐倾向于环保产业。日本在清洁能源产业发展方面制定各项规定和政策的主要目的是提高能源使用效率,这在后来制定的《新国家能源战略》中做出了详细规定。

1974 年,日本首部新能源开发政策《新能源技术开发计划》是日本政府为发展新能源和可再生能源而制订的国家计划。该计划实施后,太阳能的热利用和广电转换技术均居世界前列。

1978 年出台的《节能技术开发计划》与 1974 年《新能源技术开发计划》相呼应,主要就日本节能技术做了一系列的规划。

1979 年继续制定了《节约能源法》,该法律对日本企业和群众使用化石燃料的能源消耗标准做了严格的规定,并奖惩分明。对于节能达标的单位,政府在一定期限给予减免税的优惠。

1993年,日本又开始实施《新阳光计划》,着重解决清洁能源问题,加速光电池、燃料电池、深层地热、超导发电和氢能等开发利用。到2020年研究开发经费将达15 500亿日元。目标是减少日本现有能耗的1/3,降低二氧化碳排放量的一半,推进氢能的利用。

2003年日本政府经过数次讨论,制定了有关2010年新能源产业发展目标(见表5-3)。其主要内容是提高太阳能、风能、废弃物、生物质能等新能源在发电、供热中的占比。2010年,在发电方面,太阳能利用量达到1999年的22倍以上,风能利用量达到1999年的38倍以上;在供热方面,太阳能利用量达到1999年的4倍以上。最终的目标是截至2010年年底,新能源占一次能源总供应比例达到3.18%。这一比例较1999年增长了2.01%。

表5-3 日本到2010年新能源产业发展目标

项目		1999年实际产量相当于利用原油/百万升	2002年实际产量相当于利用原油/百万升	2010年目标产量相当于利用原油/百万升
发电	太阳能	53	156	1 180
	风力	35	189	1 340
	废弃物	1 150	1 520	5 520
	生物质能	54	223	340
供热	太阳能	980	740	4 390
	废弃物	44	36	140
	生物质能	—	—	670
占一次能源总供应比例/%		1.17	1.21	3.18

资料来源:魏全平,等.日本的循环经济,2010年.

2004年,日本公布了《新能源产业化远景构想》,目标是截止到2030年新能源技术包括太阳能和风力发电等商业投资产值为3万亿日元,逐渐降低日本对石油、煤炭等化石燃料的依赖,清洁能源产业发电成为日本电力的主要产业,不断加大太阳能产业和风能产业的商业化产值,不断提高日本在世界清洁能源产业中的地位。

2006年,日本制定了《新国家能源战略》,在本次能源战略中,日本强调创新发展新能源技术,支持新能源产业政府与企业合作,不断普及新能源产业在生产、生活中的应用。

5.3.3 日本清洁能源产业扶持政策的制定与实施

1. 法律政策

具体参见"5.3.2 日本清洁能源产业政策发展目标与计划"。日本历年清洁能源法律法规如表5-4所示。

表5-4 日本历年清洁能源法律法规

时间	政策法律法规
1951年	《热管理法》
1974年	《新能源技术开发计划》
1978年	《节能技术开发计划》
1979年	《节约能源法》
1980年	《替代石油能源法》
1989年	《环境保护技术开发计划》
1993年	《新阳光计划》
1997年	《新能源法》
2003年	《电力设施新能源利用特别措施法》
2004年	《新能源产业化远景构想》
2006年	修订《节约能源法》
2008年	《推广太阳能发电行动方案》
2011年	提出《减核》方针
2012年	《创新能源及环境战略》
2015年	《能源基本计划》
2018年	修订《能源基本计划》

资料来源:根据2018年国土资源报整理。

2. 财政金融政策

1)财政补贴政策

日本对清洁能源实行的财政补贴政策主要体现在两个方面,即对投资进行补贴和对消费者进行补贴。投资补贴如对引进风力发电、太阳能发电以及废弃物发电技术的企业补助 50% 以内的推广费和事业费；抽取一部分石油进口税对新能源项目进行补贴，对企业给予奖励性的补助金。对消费者的补贴包括降低太阳能发电设备的价格，并按一定比例的标准对使用太阳能发电的家庭进行财政补助，在太阳能安装过程中给予技术补贴等。

2）税收优惠政策

日本主要针对开发清洁能源的企业实行了税收优惠政策。1997 年《促进新能源利用特别措施法》规定：对使用新能源的企业实施特别措施，以鼓励该企业进一步扩大规模。1998 年颁布的《能源供应结构改革投资促进税制》规定：在第一年新能源企业可以享受企业净利润的 30% 的税收优惠。税收优惠政策在清洁能源汽车中发挥了重要作用。为了鼓励公众积极购买环保型汽车，日本政府对购买环保型汽车的用户实行税收减免。2009 年，日本实行了"绿色税制"，制度规定：对购买清洁能源汽车的用户，购置新车时需缴纳的汽车购置税和汽车重量税可全免、减免 75% 或 50%。

3）金融支持政策

日本采取的金融支持政策最突出的一方面是鼓励银行等金融机构对开发清洁能源的企业或者使用清洁能源设备的家庭在购买或使用时提供比其他贷款更低利息的银行贷款，如为住宅安装太阳能系统的用户提供低息贷款，贷款年利率为 3.9%，时间为 5 年或 10 年的中长期贷款；日本政府还规定清洁能源企业向银行等金融机构申请担保贷款时，其担保条件应适当给予降低。另外，日本还实施多项激励政策，吸引大量民间资本对清洁能源产业进行投资，为新能源产业提供各项资金补贴，制定"绿色信贷""绿色投资"等方案，为清洁能源产业发展提供金融支持。

5.3.4 日本清洁能源产业政策的演变

1. 太阳能产业

众所周知，日本是世界上最早实施太阳能扶持政策的国家。日本政府一直高度重视太阳能等清洁能源的开发和利用，这样做的根本原因是日本国土资源匮乏和经济发展需要。1994年，日本制定了安装住宅太阳能发电系统的补贴政策，以加快太阳能在全国范围内推广。日本政府鼓励现有的学校、医院和其他公共设施积极引进太阳能发电系统，对引入新型太阳能发电系统的机构给予一定的补贴。为了达到2050年温室气体排放量从现阶段减少60%～80%的长期目标，政府要在2020年使70%以上的新建住宅安装太阳能电池板[①]。日本对太阳能产业的补助也是逐年递增，据统计，2009年用于太阳能补贴的资金高达200亿日元，而2008年的补贴预算仅为90亿日元，增长了一倍多。《低碳社会构建计划》规定：2020年太阳能利用率是2008年的10倍，2030年是2008年的40倍，利用3～5年的时间将太阳能发电成本降低一半（王峰峰，2010）。2009年出台的《太阳能发电剩余电力收购制度》规定了电力剩余后的购买价格并强制执行此购买价格，要求电力公司从当地企业和住宅光伏设备采购过剩电力，购买价为50日元/千瓦时，而当时的住宅购买价仅为25日元/千瓦时。2011年通过的《可再生能源特别措施法案》是对2009年《太阳能发电剩余电力收购制度》应用范围的拓展，不仅适用于太阳能发电，而且扩展到所有满足清洁能源定义的领域。2012，日本政府实施了《可再生能源特别措施法案》，该法案是在福岛核电事故之后制定的，日本政府考虑到核能发电的安全性问题，为了避免此类大型安全事故的发生，政府加大对清洁能源的重视程度，严格要求电力公司负责可再生能源生产的电力购买，大量使用风能、太阳能、地热风清洁能源发电。

2. 风能产业

日本的风力发电始于20世纪80年代，90年代发展迅速，进入21世纪，日本风能产业高速发展。虽然日本地震和台风频繁，但风能技术的发展越来越成熟。据统计，2012年日本风力发电总发电量约为261万千瓦。2013年，日本积极响应风电政策，扩大在全国范围内的电网交通改造，其中在北海道和东北地区政府投资3 100亿日元实施电网交通改造。改造后，日本国内的发电设备预计超过750万千瓦，是2012年261万千瓦的发电量的3倍（王萌，2013）。

---

① 钱伯章. 国际可再生能源新闻.《太阳能》，2009-01-28.

2015年，日本开始大力发展海上风力发电技术，海上风力发电相较陆上风力发电稳定，在四面环海的日本发展海上风力发电比较适宜。日本风力发电协会预计，到2040年，日本海上风力发电占风力发电业务的比例将提高到50%左右（周展，2016）。2015年，日本资源能源厅（ANRE）公布了《日本可再生能源补贴政策草案》，该草案对上网电价方案进行修订，对可再生能源发电量的输出发电设备实施不补偿的计算标准从每天改为每小时。

日本在1974年制定并实施了《新能源技术开发计划》，把发展太阳能和燃料电池技术定位为国家战略。从1974年开始的这30年间，日本在清洁能源兴起至发展中一直强调政府引导作用，《新能源技术开发计划》《新阳光计划》《能源推广大纲》《不同系统间电力连接指导方针》《基本能源政策》一系列的计划指导方针都在不同时期指导日本清洁能源产业的发展，政府在监督此类清洁能源发展时，不断制定新能源政策与规划，不断促进新能源的开发，提高新能源的商业产值，加强本国能源供应安全，积极鼓励实施计划开发新能源（井志忠，2007）。

通过对上文的分析，我们可以总结出日本主要为政府计划引导模式。前期政府主要通过制订计划来进行鼓励引导，判断所制订计划是否符合发展需要。值得一提的是，在制订计划期间，日本政府通过清洁能源产业发展计划来吸引金融机构提供金融支持，这也为日本清洁能源产业政策模式的定义给予充分的解释，即以政府计划引导金融机构提供金融支持模式。

5.4 国外清洁能源产业发展政策对我国的启示

5.4.1 美国模式——政府立法强制模式

美国发展清洁能源产业主要是以立法来约束国内清洁能源企业和民众的推广与普及。《2005年国家能源政策法案》中明确规定：美国企业与民众应在使用光伏系统发电时给予税收减免，以此刺激太阳能光伏发电的普及。《2007年能源独立及安全法案》强制规定清洁能源产业的发展目标，即到2025年清洁能源技术和能源效率技术的投资规模达到1 900亿美元。

美国健全的清洁能源法律法规体系保障了清洁能源的可持续发展。我国地大物博，太阳能、风能等可再生资源储存丰富，但人口众多、人口东西分布不均，在全国范围内普及推广清洁能源技术的发展难度较大，因此，在发展初期或者发展不成熟时期通过政府立法规范发展至关重要。通过立法来规范有关机构的责任，制定优惠政策来鼓励企业加快生产清洁能源产业有关的设备，完善新能源有关法律的贯彻实施工作，为新能源的发展提供强有力的法律保障。

1949 年至今，我国积极致力于清洁能源产业相关法律的制定与完善，但仍然存在一些不足，最大的缺点为立法较笼统，只是就开发新能源做指导性规定，而对于具体发展哪一类清洁能源以及如何发展等细节而言，相关法规文件的可操作性较差。我国可以借鉴美国的立法程序以及立法内容，强化立法部门的执法力度，对法律制度进行修改和补充，使之更好地服务于实践。

5.4.2 欧盟模式——市场协调配置模式

欧盟实施的清洁能源产业扶持政策包括绿色关税、绿色节能标签、产品绿色认证、为清洁能源产业提供贷款和行业证券交易优先权、对清洁能源产业提供投资补贴、对清洁能源发电上网电价进行补贴等。这些政策措施均旨在鼓励引导清洁能源企业等市场交易主体做大做强，以便培育出更完善的清洁能源交易市场，最终借助市场力量推动清洁能源产业的发展，实现清洁能源在全社会的普及。

欧盟关于清洁能源产业的扶持侧重于市场培育、投资补贴和政策扶持。培育清洁能源市场的第一步是孵化和培育出众多市场交易主体。借鉴欧盟的该产业发展经验，政府职能部门要加大对清洁能源的资金投入和补贴，以政府财政为担保，鼓励、引导企业对清洁能源产业的发展和投入力度。还可以为清洁能源产业开通绿色通道，如对该类企业实施贷款优先、审批优先等特权服务，以此简化业务流程，提高办事效率。此外，鼓励清洁能源企业发展出口贸易，并对清洁能源企业进行税收减免和税收补贴。再者，发挥市场对资源的调节机制，以市场为导向引导国内企业向绿色生产、绿色服务转型。开辟清洁能源产业发展新思路，打开清洁能源产业发展通道，拓宽清洁能源企业发展路径，培育和壮大清洁能源市场，最终实现清洁能源产业的发展。

5.4.3 日本模式——政府计划引导模式

第一次石油危机与日本福岛核电站爆发之后，日本经济发展受到重创，日本政府根据本国国情，加大了对太阳能和风能技术的开发和应用，降低了核能工业在能源总消耗中的比重，通过各种宏观调控措施鼓励发展太阳能和风能等清洁能源产业。日本的清洁能源产业发展具有以下几个特征：

（1）设定明确的产业发展目标。日本政府在制定清洁能源政策时，就对各阶段的目标做了明确的规划，使其可以在各个时期逐一实现，保证了清洁能源政策的完整性。日本的各项政策及规定都是根据当前的发展变化来制订各个时期的计划的，这些计划在引领日本新能源的开发及清洁能源相关企业的建立与发展方面提供了制度保障。

（2）着眼长远。核电虽然作为清洁能源，但考虑到其自身建设以及后期投入都会存在巨大的安全问题，日本政府开始逐渐降低核能发电在电力总行业中的比例，提高对太阳能、风能、生物质能的技术研发和投入使用，这些可再生资源的发展对于日本来说是丰富且长久的，为经济的长足发展打下了坚实的基础。

（3）注重清洁能源产业的整体性。日本政府认识到只有站在整个国家的层面考虑整个能源体系而非单个能源行业，制定出来的新能源政策才更有利于各能源部门与企业之间的契合。

（4）提供金融支持。日本政府深刻意识到仅仅依靠政府的力量是远远不够的，要想做到清洁能源产业的普及应用，还需要银行等金融机构提供金融支持。日本政府在制定清洁能源产业政策时，制定了大量金融支持政策，其中要求金融机构对清洁能源产业提供低息贷款和信贷担保，为清洁能源出口企业有限提供出口信贷和各种援助项目等。日本政府还通过联合金融机构，实施各项激励政策，使得民间资本大量投入到清洁能源产业之中，最大程度上为清洁能源企业提供了资金支持。

我国可结合自身的实际情况，对清洁能源产业各阶段发展情况做详细研究并制订实施符合实际的研究与开发计划，从国民经济整体利益出发，推动多种清洁能源共同发展，协调好清洁能源产业和其他产业之间的关系。加大对企业的投入力度，提高清洁能源行业的科技水平，改善能源消费结构，促进清洁能源消费的多样化与规模化。同时，随着金融市场的繁荣发展，应出台相关绿色金融政策和具体方案措施，鼓励金融机构和民间资本对清洁能源企业提供金融援助和资金支持。

第6章
中国清洁能源产业培育与发展路径研究

6.1 中国清洁能源产业的内涵与本质

当前中国清洁能源产业的发展面临着较为复杂的战略局面，对该产业的发展需要重新调整战略规划，进一步打造出更加符合我国清洁能源产业发展的蓝图。传统意义上，清洁能源的概念并不明确，有的学者将清洁能源界定为可再生能源，所以认为化石能源不是清洁能源，导致目前从国家宏观决策层、科技研发群体、经济社会管理部门、产业运行及社会大众层面，都将能源划分为两类：一类是不清洁的传统化石能源，主要以石油、煤炭为主；另一类是清洁能源和可再生能源，主要是以风能、潮汐能、生物质能、太阳能、水能、海洋能、地热能及核能为代表的能源，所造成的影响是高度关注新能源及可再生能源的发展，而抑制传统化石能源的发展。其实，这是对清洁能源概念的一种错误认识，从国家视角来看，清洁能源的定义是：对生产与消费过程中的能源进行清洁化及技术化处理后，达到符合绿色生态可持续的资源标准[①]。整体而言，包括以下两类：

第一类是新能源，也称为可再生能源。这类能源的主要特征是在能源进行生产及消费的过程中很少或几乎不会对环境、自然资源等带来较大的危害，常见的新能源有太阳能、水能、风能、氢能、生物质能和地热能等。

---

① 张玉卓. 中国清洁能源的战略研究及发展对策[J]. 中国科学院院刊, 2014, 29 (04): 429-436.

第二类是不可再生能源。这类能源的特点是在消耗过程中必须能够极大可能地使其对环境资源等的威胁达到最小化，当前对于传统能源主要的处理手段是在生产及消费的过程中，为使其对环境、自然资源等的威胁尽可能最小，往往需要利用清洁能源技术来对化石能源进行优化清洁处理。

清洁能源的内涵不应该仅仅包括在当前的利用方式下，不污染环境或者是不破坏生态环境的能源本身，而应该包含更加丰富的内容：

（1）清洁能源是对能源的清洁利用。对于清洁能源一词，我们应该认识到其字面意义并不是把能源归类为清洁与不清洁两类，并不能以目前现有的利用状况简单地进行区分。因为任何能源，只要合理地使用，不对环境造成污染、不对经济社会发展造成某种程度的威胁，就满足清洁能源领域的条件，同时最重要的一点是还要存在切实可行的技术，能够通过对其利用条件进行转化，使之达到清洁能源的标准条件。

（2）高效节能也是一种清洁能源。高效节能作为一种无形能源，主要的指导理念是用资源的最小化来实现效益的最大化，如此可以充分有效地减少经济社会发展过程中对能源的依赖程度，对保护生态环境起着积极的作用。

（3）清洁能源是一个全面综合的技术体系。对于清洁能源不能简单地进行归纳分类，还要进行全产业链过程中的技术开放创新和应用及清洁能源综合技术体系的充分有效利用。全产业链主要包括资源开发、生产运输以及消费利用等。

（4）清洁能源是一种新兴的市场。它不再仅仅强调作为一种经济社会发展的物质基础，还强调清洁性，是新兴市场中一种必要的生产要素，能够创造出新的市场机遇、新的经济增长点和新的市场领域。

（5）清洁能源产业本质上是多元化产业。传统意义上的能源或许指的是单个能源及其产业，而现在所说的清洁能源产业是集聚了多种能源，融合了多个产业进行相互联系及合作，是一个开放型的多元化综合行业。

（6）清洁能源是国家之间进行博弈的筹码。清洁能源行业代表的不仅是一个经济产业实体，同时肩负着更大的政治任务，甚至与国家的安全、全球的安危紧密相连，在国际政治交流中能够作为国家拥有谈判主动权及发言权的一个重要博弈筹码①。

6.2 中国清洁能源产业的目标定位

国家实施清洁能源发展战略必须制定出符合中国当前经济发展方式及未来发展的战略目标。

6.2.1 有力的替补能源

新能源在 2015 年已经具备成为国家能源供应体系有力的供应能源资格。据统计，在 2015 年，新能源的使用量大幅增加，二氧化碳的排放量大约减少了 4 亿吨。未来，能源供应体系会加大新能源的占比，逐步替代传统化石能源的使用。

6.2.2 主流能源

到 2030 年左右，新能源将成为能源供应体系中的主流能源。新能源消费份额将超过 10%，有望达到 15%。非水能可再生能源可以满足 3.2 亿~6.4 亿吨标准煤的能源需求，占全国能源需求比例的 7%~14%②。

6.2.3 主导能源

估计至 2050 年，新能源发展会逐步成为能源供应体系发展中关键的能源之一，新能源占能源消费需求总额的比例将可能高于 20%。非水能可再生能源可以满足 7.2 亿~14 亿吨标准煤的能源需求，占全国能源需求的 14%~28%③。

---

① 余海胜. 能源战争 [M]. 北京：北京大学出版社，2012.
② 中国能源中长期发展战略研究项目组. 中国能源中长期（2030、2050）发展战略研究可再生能源卷 [M]. 北京：科学出版社，2011.
③ 张宪昌. 中国新能源产业发展政策研究 [D]. 北京：中共中央党校，2014.

6.3 中国清洁能源产业的方向定位

清洁能源产业是实现中国传统能源产业转型的必经之路。随着我国能源需求总量的持续增加，国家能源发展战略的总体要求日益严格，走中国能源发展低碳绿色之路的重要性是不言而喻的。中国作为世界第二大经济体组织，肩负着新的责任与任务，实施发展清洁能源产业战略不仅对转变当前经济发展方式有重要意义，还能够在实现安全可靠的能源需求供应上进一步达到增强国家新能源产业发展的国际竞争力。发展清洁能源产业是全面化的有效途径，以尽可能达到建设平衡的生态文明、经济社会协调统一发展、促进能源结构进一步完善、增强能源利用效率及促进国家国民经济的发展。

明确中国清洁能源产业发展战略的方向定位，需要遵循的原则主要包括以下几条：

6.3.1 保障能源的供应

中国清洁能源产业在成长过程中的关键枢纽是可以实现保证国家能源供应的安全可靠性。至 2020 年，国家预计可以达到实现四个现代化和全面建设小康社会的目标。至 21 世纪中叶，国家有望能够为社会提供安全、可靠、清洁、可持续和经济的能源供应体系[1]。清洁能源产业的发展需要解决的两个主要问题：首先是用新能源发展来满足日益增长的能源需求，增强国内自给自足能源供应体系，从而减少对传统能源的依赖性，特别是降低对于国际进口能源的依赖程度，某种程度上减少了国际波动对国内波动造成影响的程度；其次是对于农村穷苦落后及偏远地区消费不起电气及新能源难题，给予政府电力补贴优惠政策。

6.3.2 保护生态环境

由于传统能源的使用对生态环境造成了威胁损害，而清洁能源的特性就是清洁性、无污染性，因此中国清洁能源产业发展战略的重要目标也就是加强实现对

---

[1] 段培君. 中国清洁能源发展战略研究 [J]. 理论视野，2012（12）: 30-34.

生态环境的保护。在生产消费清洁能源的过程中要尽可能做到低碳、清洁、安全甚至是零排放，其生产消费中也同样应该注意对环境的保护，尽可能不对环境造成威胁及危害。

6.3.3 提高能源的开发及利用效率

能源的开发及利用效率能够衡量一个国家的国际化科学技术水平及国际竞争地位。中国实施清洁能源产业发展战略的前提条件是技术的创新，只有技术得到发展，产业才能够得到进一步发展，能源的开发及利用效率才能够相应得到提升，成本逐步趋向于实现最小化目标，有效地解决能源发展过程中所面临的障碍，同时不断缩小与发达国家的能源利用及开发效率的差距，在国际市场上能够占据地位。

6.3.4 改善能源结构

能源供应结构的多元化可以更加容易实现满足当地的条件及状况，实现因地制宜，打破传统能源单一发展的局限性，尽可能展示出其竞争优势，发展多元化能源结构，发挥潜在的力量，这样才能够更好地实现能源供应的安全可靠。

6.3.5 推进科学发展

中国清洁能源产业的发展肩负着转变新时期经济发展方式的使命，该发展模式符合当前国情。在产业自身得到良好发展的同时，应协调能源的增长和区域经济的稳定发展，以适应生态环境的承受能力。

6.4 中国清洁能源产业的具体实现路径

6.4.1 体制机制创新战略

1. 体制创新

在经济全球化的格局下，气候变化、能源安全等外部约束明显。能源经济必须向绿色经济转型，高碳经济向低碳经济转型，但能源经济转型必须配套相关的体制改革。

（1）建立健全能源管理体制。能源管理体制对于能源的发展来说是至关重要的，对能源管理体制的完善是我们的首要任务。政府方面如果没有对能源进行集中管理，就会分散政府的管理职能，并且会产生多头管理的局面。那么，在对能源进行管理时，就会大大降低管理效率。近年来，国内能源供应起起落落，完成了煤、电、油异常发展。只有进行能源体制改革，确立宏观的管理体制，才能改变这种局面，这需要政府在管理决策上进行引导。在这个过程中，一方面，政府应当在经济、法律、政策等方面进行适当补充。首先，要建立好并且明确新的能源部门和政府其他部门间的关系。其次，政府部门的部分职责应当被限制，否则容易形成权限泛滥的局面。通过采取这些方式，对能源能够进行更好的管理，促进能源市场良好发展，并最终达到能源战略目标。另一方面，还要加强部门、地方及相互间的统筹协调。首先，在国家能源发展规划及宏观调控的背景下，相关部门应当不断关注国家的相关政策，有利于对能源进行相关管理。其次，一些部门的职能应当被适当改变，规范各部门的分工，协调好各部门之间的关系。从而不断优化能源结构，最终形成适当集中、监管有力的管理体制。

（2）深化能源经济体制改革。深化能源经济体制改革是能源产业可持续发展的动力。首先，加快推进能源市场经济体制建设。引入市场经济体制，促进市场竞争，可以激发能源产业发展活力、效率与效益，降低成本，实现可持续高效率的能源产业发展，如降低能源市场的准入门槛，逐步放开能源价格管控，引入市场化的竞争。其次，将能源市场经济体制改革与政府调节相结合，可以稳定能源价格、促进供给、强化效率，既可以保障能源供给，又可以不增加能源利用成本，有利于社会经济稳健发展。通过有效的市场调节和政府调节，协调经济、生态和社会效益的发展，促进能源产业可持续发展。最后，加快能源产业供给侧结构性改革，使资本、资源、技术等要素实现最优配置，从而提升能源增长的质量和数量，减少高消耗高污染的能源比例，提高清洁能源产业的比例，实现能源结构的可持续发展。

2. 机制创新

虽然政府在清洁能源产业上已经颁布多个政策法规来完善健全该产业的法律体系，可是依旧有着较为棘手的障碍，如政策体系不完善，政策与政策支撑有很大差距，缺乏清洁能源技术标准体系，导致这些技术和行业的市场准入困难，容易出现市场动荡等，政府务必清楚意识到清洁能源产业未来的重要任务是确保能源安全可靠，即"以优势资源、可再生能源替代化石资源，以清洁能源替代传统能源"。因此，我们的指导思想应该是生态文明建设以及可持续发展，对清洁能源产业的相关市场机制逐步完善，促进清洁能源产业的蓬勃发展。

（1）首先要制定明确的目标。确定清洁能源的发展目标及长远规划发展目标，充分利用好处于起步阶段中的清洁能源产业发展的优势及机遇，同时加强政府引导作用。

（2）必须建立合理的定价机制、清洁能源发电的相关管理规定办法、新能源发电的价格和成本分配规则等，使相关电力机构等以适合的电价出售，同时可引导电力公司自愿自主地购买该清洁能源发电，社会公众意识到购买清洁能源的重要性，自愿进行消费。

（3）要建立公平的补偿机制。清洁能源产业的发展对于传统的能源产业发展具有较大的影响，会产生重大的社会经济效应。同时，对于清洁能源技术的开发和利用也要能够考虑到其成本问题。目前清洁能源产业依旧无法与传统的能源产业相竞争，因此建立合理公平的补偿机制有利于清洁能源产业的发展建设。

（4）建立财政政策扶持的考核机制。财政资金是指国家运用价值形式参与社会产品分配，形成归国家集中或非集中支配，并用于指定用途的资金。它由国家预算资金和国家预算外资金组成。合理聚集和管好、用好财政资金，是国家理财的一项重要任务。为了提升财政政策扶持清洁能源产业的效果，有必要建立健全财政政策扶持相关产业发展的考核评价机制，为财政资金的使用做出科学评价，确保有限的财政资源在促进清洁能源发展过程中，能够"好钢用在刀刃上"，发挥出财政杠杆的作用。

（5）建立自由的产品贸易机制，通过采取一系列市场化的手段，比如引入市场竞争机制、采用绿色证书交易系统、建立CDM等清洁发展机制，有效推进清洁能源产业的发展，优先发展如风能、潮汐能、生物质能等清洁能源资源丰富的地区产业，企业可以将多余的发电量以绿色证书的方式放在交易市场上进行出售，这样既可以实现资源的充分利用，还能够获取到额外的收益。另外，要激发企业、地方政府推动清洁能源产业发展的热情，逐步替代传统能源产业，发展绿色低碳经济。

（6）建立技术专利转让机制。技术专利使用权和所有权交易机制能够实现企业之间技术资源进行合理有效的配置，同时可以向国外学习，通过对清洁能源产业成立专项基金的方式来对清洁能源储备技术进行专业化孵化。

6.4.2 财税补贴战略

通过充分运用财政税收优惠来刺激企业积极主动地参与到清洁能源产业中。关于清洁能源产业方面，在清洁能源发展的不同阶段，国家财税政策侧重点是存在差别的，具体如表 6-1 所示[①]。

表 6-1　不同发展阶段国家财税政策侧重点

发展阶段	财政政策	税种政策
资源调查	为主（强）	免税
研发阶段	为主（强）	免税
产业化初期	为辅	税收优惠（强）
产业化	为辅	为主（强）
商业化初期	弱辅助	辅助
商业化	退出	适当

实施财政税收补贴战略，能够大力促进清洁能源产业发展。比如政府在进行财政资金的分配时，可以对企业提供贴息贷款或消费者消费补贴等。在税收优惠方面，可以针对清洁能源企业的研发行为给予免税或减税优惠，同时充分利用税收优惠的方式来有效发挥税收工具对消费者偏好的培育功能[②]。具体路径如下：

---

① 栗宝卿. 促进可再生能源发展的财税政策研究［D］. 财政部财政科学研究所，2010.
② 马杰. 促进我国清洁能源发展的财税政策研究［D］. 中国地质大学（北京），2015.

1. 财政直接投资

政府对清洁能源产业的支持，主要体现在产业技术研发阶段和产业化阶段的财政资金直接投资。一方面，清洁能源产业是以科技创新为核心的，其技术方面的研发具备基础性、前沿性、重要性、风险性等特点，导致清洁能源产业的基础研究具有公共物品的特性，即非排他性和非竞争性，社会的边际收益会远远超过私人的边际收益，导致市场失灵的局面，此时就需要政府来提供资金，确保该技术的研发能够顺利进行；另一方面，由于清洁能源产业在研发初期所面临的风险较高，投资渠道受到局限，因此即使是在产品技术研发成功后，政府也依旧需要提供有效的资金来促进产品的产业化和市场化发展[1]。

中央财政通过安排资金，对于清洁能源创新项目给予适当的帮扶。可以以国企为投资主体，通过直接投资的方式，如可以用现金、技术专利、建筑物及土地使用权进行投资持股来引导清洁能源企业的技术创新。同时，可以鼓励支持企业在技术开发、工程化、规范制定、市场运行等环节增加资金的投入力度，将生产—学习—研究—应用相互统一结合的技术创新体系运用于企业的发展中；对公共服务领域提供清洁能源技术的示范，对私人购买的清洁能源产品给予一定的优惠补贴。

2. 财政补贴

国家财政通过对企业或者个人提供特定的补偿优惠，主要包括产品价格补贴优惠、企业亏损补贴等，期望达到特定的政治经济及社会目标。清洁能源产业在推广阶段需要大量的资金投入，同时在该研发阶段中并不能产生经济效益，所以企业的现金流会面临短缺，需要政府的补贴优惠政策来弥补企业的资金短缺，继而影响产品的相对价格[2]，减少风险成本，扩大清洁能源企业发展规模，更新技术，进而影响市场的供给需求和资源配置，最终带来清洁能源产业格局的转变，推动产业结构优化升级。所以，财政补贴对资源配置结构、供给结构和需求结构有着较大的影响。同时，在清洁能源产业中政府所采取的优惠财政补贴政策，在某种程度上对于调动广大投资者的投资积极性和主动性具有积极的意义，能够推

---

[1] 田宇. 我国新能源产业财税政策研究［D］. 北京交通大学，2015.
[2] 孙鹏，张力. 新能源产业价格补贴该由谁来买单［J］. 财经论丛，2014（02）：90-97.

动产业的持续稳定发展。

（1）在投资补贴方面。政府直接对清洁能源产业进行投资补贴的效果较为明显，某种程度上能够迅速发生一定的作用。借鉴及学习国外先进的经验，我国极为关注清洁能源产业的发展。进一步提高财政补贴的支持力度，对投资者提供充分的补贴政策，能够提高电网公司推行清洁能源的热情和主动性，达到实现清洁能源产业化的发展目标。另外，对于欠发展的西部地区，政府的补贴能够促进该区域的经济发展，吸引投资者的注意，也能够对清洁能源实现因地制宜的发展，节约成本，提高收益[①]。

（2）在电价补贴方面。目前国内对于清洁能源产业的发展，主要的补助是电价补助，依据电量来决定补贴的金额。目前的太阳能和风能发电增长有明显成效，但是其面临着成本过高、大电量不稳定的问题，此时国家可以提供加大电价补贴制度，扶持企业渡过难关，研发创新技术，降低成本等。电价补贴要能够实现企业积极提高产量以及降低成本的目标，构建完善的社会资助制度，尽可能筹集到更多的清洁能源产业基金，促进发展。

（3）在对消费进行补贴方面。虽然在我国该举措的实施力度较小，但是在发达国家一直在通过实施该措施来刺激、增加消费度，这种方法的本质是扩大清洁能源产业产品的市场规模，刺激消费，增加消费。我国应该借鉴该方法，确定补贴范围、对象、时间期限，合理运用，引导消费[②]。

3. 政府采购

政府采购又称公共采购，是指各级国家机关、事业单位和团体组织，为了满足日常政务活动或为公共服务，使用财政资金以公开招标、公平竞争的合法方式对采购目录中所需采购的货物、工程或服务进行支付的行为。政府采购包括采购的一系列行为，如采购过程、政策、程序及管理等，是一种对公共采购管理的制度，也是财政管理制度的一部分。对于清洁能源产业而言，消费量最大的对象应该是政府，政府通过采购手段可以有效减少企业对其产业产品的购买和交易成

---

① 白洋. 促进低碳经济发展的财税政策研究 [D]. 中国社会科学院研究生院，2014.
② 谢旭轩，王仲颖，高虎. 先进国家可再生能源发展补贴政策动向及对我国的启示 [J]. 中国能源，2013，35（08）：15-19.

本，扩大社会需求，刺激企业的投资转向于清洁能源产业，改善社会的投资环境，对清洁能源产业的发展有着积极的意义。同时，政府采购能够有效地抑制某些对国家安全有影响的科技成果的扩散，因此被广泛采用[①]。

政府相关采购需要确定如下事项：

（1）政府采购标准的确定。其必须满足统一化、合理化、科学化的标准。

（2）政府采购范围的确定。政府的清洁能源产品采购清单中，必须筛选出清洁环保、经济效益高及技术可操作性强的产品，同时要及时更新和完善该清单。

（3）政府采购额度。针对当前清洁能源产业发展较为缓慢的状况，政府应该优先进行扶持，加强采购配额，进一步加大扶持的力度；国家应该对政府采购配额进行强制性制度的规定；除此之外，还应该对政府雇员进行一些相关的行业培训，进一步增强其责任意识及积极性，力求政策落实到位。

4. 税收优惠政策

在科技进步与发展中，税收政策的推动作用在很大程度上是通过政策引导来间接实现的，它能够促进市场规律在资源的合理配置中充分有效地发挥作用。税收的作用机制在于能够将各个不同时期的风险和收益平均化，以求降低企业的成本与风险。

对于清洁能源产业而言，税收政策的作用主要表现在：

（1）减免税政策可以直接减轻企业的经营成本，增加公司的盈利能力，进一步加大在清洁能源产业上的投资力度，不断转移产业，带动产业发展，优化产业结构。

（2）清洁能源产业属于高新技术行业，应该对科研人员降低所得税税率，增加行业高层次人才队伍建设。

（3）能够有效降低清洁能源产业的融资成本，增加收益，引进资金流，为产业发展提供资金保障。

政府需要采取措施不断地完善各项税收优惠政策，具体如下：

---

① 赵欣，夏洪胜. 我国新能源产业发展的困境及对策分析［J］. 未来与发展，2010，33（08）：48-51.

1）增值税

（1）减少清洁能源产业的税收税率[①]。对于与风能、太阳能、水能等清洁能源发电产业相关的企业，对清洁能源行业制定特有的增值税税率，而不是16%的税率，降低企业清洁能源产品的费用支出，加大产业的推广。但是，应该规定一个明确的时间期限，当这个行业已经达到一定的营销及市场化水平时，回到正常的税率，实现市场行业中公平的竞争。

（2）即征即退的税收政策。在产业初始发展过程中购买资产的投入较大，企业所支付的进项税额会高于销项税额，因此，在进行资产建设的过程中，可以采用全部或者部分退回税款的措施[②]。还可以采取税率调整的方式，降低出口税率，提高出口退税率，使产品在国际市场上有一定的价格竞争优势，提高企业竞争力。

2）关税

（1）从国外市场上购入清洁能源设备及其重要零部件时，可以免收相关的进口关税，以此减少企业的成本支出，否则过多地征收关税无形中就对中国清洁能源产业的发展造成了阻碍[③]。

（2）要健全出口政策，尽可能降低清洁能源产品的出口关税，鼓励国内产品的出口，在国际市场上取得一定的市场份额。

（3）提高传统能源产业的出口税率，从而间接促进清洁能源产业的发展。

3）企业所得税

（1）加大优惠项目的力度。我国当前在沼气发电和蔗渣发电上可以享受五年内免征企业所得税的优惠政策，但是事实上，几乎所有的清洁能源企业前几年的盈利都是很少的，所以该政策很难不能达到预期的效果。而且，对企业进行所得税的减免只是降低了国家与财政的收入，不需要其通过其他财政拨款来补助企业，并且在初期发展阶段，公司收益低，所缴纳的企业所得税也很低，也就是说此阶段税收的整体减免影响较弱。因此，对于企业来说，应该从有利可图的一年开始对企业实施税收激励政策，使企业能够真正受益于国家税收优惠政策的

[①] 张晓鹏. 新能源产业发展的困境及对策[J]. 科技风，2017（20）：1.
[②] 刘红丽. 促进我国清洁能源发展的财税政策研究[D]. 天津工业大学，2017.
[③] 丛少兰. 我国新能源产业的发展及促进对策[J]. 中国高新技术企业，2014（26）：17-18.

实施①。

（2）健全税额抵免与加速折旧政策。清洁能源企业进行新项目研发的科研投入时，如果在本期的财务报表中没有构成无形资产，那么符合减值抵扣条件后，可以对研究费用的50%进行累计扣除；如果在本期的财务报表中构成了无形资产，那么应该以无形资产的150%来进行摊销。除此之外，在通过税务单位的审查确定后，运用加速折旧法对产业设备进行计提折旧。

（3）实施再投资退税。该产业发展需要大量的资金投入，因此在企业发展的过程中，可以通过充分运用剩余的收益来投资二次清洁能源项目，还可以对再投资的资金返还一些所得税。

4）个人所得税

（1）从事研究开发或生产清洁能源产业的技术人员，其劳动报酬和工资，可以享受使用部分或全部的个人所得税减免的优惠政策，进一步增加能源行业的工作吸引力；同时，对于清洁能源企业内部股东所获得的股息、红利等也可以采取免征个人所得税的方案。

（2）为了刺激清洁能源产品的消费需求，从一定的消费率中扣除税金，推动产品的购买，刺激消费，扩大清洁能源产品的市场。

5）其他税种

对污染严重、高耗能的能源征收税费或调整传统能源的税率，在某种程度上能够减少传统能源的使用，促进新能源的消费②。

6.4.3 金融支持战略

1. 加大政府财政资金投入及政府引导的招商引资

战略性新兴产业的发展与资金的投资密不可分，在这一时期，政府的作用是根本性的，主要是因为政府的财政支持能够有效地引导和促进社会基金的资金投资并形成规模效应。由于战略性新兴产业更加需要资金及国家政策引导，因此政

---

① 王多云，张秀英. 新能源发展中的财政政策探析［J］. 财会研究，2010（14）：6-8.
② 周波. 中国的节能减排困境和财税政策选择［J］. 中国人口·资源与环境，2011，21（06）：79-82.

府需要进一步加大对资本的有效投入，完善资本的引导作用机制，以促进相关产业的快速发展。同时鼓励自主创新，大学和科研机构逐渐增加在战略性新兴产业特别预算所需的研究和开发，特别是对一些关键性和前瞻性技术的研究和开发，产品必须能够把重点放在金融资本的支持，以及重大技术改造项目等特殊政策支持战略性新兴产业。另外，政府还可以将多种财政支付方式及手段相结合，实现金融资金的高效利用。如在市场培育阶段，金融补贴应该是实现集中有限的力量和资源并打破工业发展的主要手段[1]。

基于计划经济和政府主导的传统能源结构，政府及群众的集体力量在该阶段发挥着重要作用。但是在清洁能源产业尚未实现规模化、市场化发展时，产业成本依旧较高，不解决该问题，难以真正实现产业的持久发展。所以，在清洁能源产业的发展中，政府的引导是极为重要的，应该放低进入门槛，刺激消费者对该产业的投资热情。政府引导市场发展，使企业自觉主动地节能减排，逐步建立起风险共担、收益共享、多元主体共同参与的清洁能源投融资体系[2]。在具体实施中，政府可以通过采取一些优惠政策吸引企业投资，并对其加强产业教育培训，吸收资本可为该产业补充发展资金，为客户提供较为全面的服务，并为他们提供详细的专业化部署及发展目标建议，发展新理念，积极创新，为企业提供更佳的方法和经营范围，使清洁能源产业和资本引进可持续发展。该举措致力于提高产业集中度，培育专业化的大型企业，因为只有大型企业能够作为清洁能源产业市场的主力。其具有充足的资金、先进的技术、科学的管理等明显优势，可以使产业之间的齐集度得到提升。大型企业逐步发展成为该产业的关键支柱。

2. 引导风险资本投资清洁能源企业

中国清洁能源产业起步较晚，相对于发达国家来说大多数企业仍处于创业阶段，具有高风险和高收益的特征。风险投资是私人股权投资的一种形式，主要是指向初创企业提供资金支持并取得该公司股份的一种融资方式。风险投资者更关注企业的成长性和未来的投资回报。因此，这是一种适合清洁能源企业获得资金

---

[1] 蒋先玲，王琰，吕东锴. 新能源产业发展中的金融支持路径分析[J]. 经济纵横，2010（08）：50-53.

[2] 宁宇新. 促进我国清洁能源产业可持续发展的对策研究——基于政治经济学视角的分析[J]. 内蒙古社会科学（汉文版），2016，37（02）：119-123.

支持的融资方式。但目前来看，业界鲜有风险资本成功投资国内清洁能源企业的案例。一方面是由于国内清洁能源市场的"蛋糕"还没有做大、做强和做好。另一方面是由于清洁能源属于重资产行业，相关项目投资回收期长，风险资本退出难度较大。

合理引导风险资本投资清洁能源企业。一是相关机构必须增强其对清洁项目的投资评估能力，如可对相关员工进行专业培训指导，对项目的技术路线进行详细的风险分析，同时及时进行市场调研，对于某些市场前景并不看好、与科学知识相悖、投资收益远远超出常规清洁能源的项目，要有效规避，避免盲目投资。二是在新能源领域应该建立和完善风险投资的退出渠道。目前深圳交易所建立了中小企业板块，可是清洁能源企业在该板块的融资依旧很难，因此应该降低清洁能源企业上市的门槛，有效解决风险投资退出机制的障碍，使用合理、有效的金融手段，避免和降低投资风险。三是建立一个可靠的中介服务系统，加强风险评估能力，同时中介机构要不断提高自身专业水平，为风险投资提供更加专业有意义的服务，避免盲目投资，损失利益[①]。

3. 积极拓宽融资渠道，有效利用项目融资

项目融资作为一种新兴的融资方式，是指贷款人向特定的工程项目提供贷款协议融资，用该项目资产预期的收入或权益作为担保，对将来所产生的现金流具有偿债请求权，主要包括无追索权的项目融资和有追索权的项目融资。该融资方式有助于企业分散投资风险，同时可以有效解决清洁能源企业在产业初期信誉评级较低的难题[②]。相比于以往的融资方式，该方式存在较大优势，如 BOT 融资方式可以处理清洁能源相关项目的筹集资金问题。BOT 融资方式的具体形式即构建—运营—转移，是融资追索权项目融资的典型模式之一。BOT 方式主要是通过项目所在国政府或其附属机构与项目公司签署协议，并向项目公司授予项目建设和经营许可。在项目特许经营期间，项目公司可使用项目收入来偿还运营过程中的投资、运营费用和其他费用，并获得一定的利益。在租期结束后，项目就会转

---

① 何荞，夏洪胜. 新能源经济中风险投资现状及发展对策研究［J］. 特区经济，2009（01）：225-226.
② 李彬. 我国新能源融资分析［J］. 理论界，2010（01）：45-46.

移交给东道国政府或其附属机构。目前,我国清洁能源产业处于起步阶段,其发展需要巨额的资金投入,与此同时,一些项目的建设和运营对技术标准要求较高,基于政府的引导,能够预期未来稳定的收益。由于 BOT 投资项目所具备的主要特征就是长期性、高技术标准、资金需求大、未来收益稳定,而这些特征均符合清洁能源产业项目融资的需求,因此,BOT 融资项目的使用在某种程度上能够促进我国清洁能源产业的迅速发展。

4. 加大银行对清洁能源产业的信贷支持力度

清洁能源产业是资金密集型产业,发展初期需要投入大量的资本,商业银行在筹资环节起着关键的作用。同时,在企业融资过程中需要金融中介机构为其提供可借鉴参考的信息,但是国内目前在这方面的服务还处于"空窗期"。因此,加快建立起完善的信用管理体系是必要的。首先应该建立起完善的新能源企业资信调查体系、金融服务体系、信用担保体系、信用评估体系,建立相关中介服务机构来为投资者提供与清洁能源产业投资相关的信息及风险等分析,培养该方面专业性的人才,能够为企业提供市场营销分析、财务分析及法律服务等。其次是以国家的产业政策、财税政策和优惠政策作为引导,允许以合资、独资、合作、股份制等形式建立起担保中介机构,充分发挥其信用能力,不断增强担保机构的金融实力。

中国的银行信贷投资中绝大部分份额集中在传统产业中,银行面临着国内产业结构升级和国际分工调整的巨大风险。为了最大限度地降低风险,银行应对新的经济形势,实施国家新兴产业政策,对信贷资产进行前瞻性重组,对信贷产品进行重大创新,确保金融资产的安全,支持国家新兴的清洁能源行业的发展。首先,银行在支持新能源产业发展的基础上,不仅要支持新兴能源产业的传统金融手段,也要根据清洁能源产业的发展特点,创新金融产品的制度、产品和模式,灵活设计相应的方案和服务模式。如清洁能源产业的特点就是高风险、高收益、高科技含量,银行可以积极地对金融产品进行创新开发,研发能源信贷产品;还可以对金融风险规避产品进行创新,积极开展清洁能源项目的长期汇率套期保值合同、专项保险及其他服务等;其次,银行在业务运作模式上通过风险共担、利益同享的合作宗旨不断加强与企业园区、创业园区、保险公司、证券机构等之间的联系，寻求企业的融资方，进一步使收益最大化。另外，银行在建立新能源产业信贷管理及贷款评审制度的同时，还要进行金融服务创新，推出符合清洁能源产业特色的金融服务方案[①]。最后，要合理发挥政策性银行的优势，有效配置金融资源，充分发挥金融支持能源产业发展的主渠道作用，来进一步促进清洁能源产业的发展，如发行新能源债券、低息贷款、延长信贷期限等，提供更多的信贷支持，为清洁能源产业提供政策性的金融服务[②]。

6.4.4 培育和完善市场机制战略

1. 完善产业标准和服务体系

技术标准与服务体系的健全能够有效保证清洁能源产业健康发展，对此所提出的一些建议是：

（1）严格质量管理控制体系，完善产品认证标准及健全清洁能源项目的经济环境评价指标体系能力建设。

（2）修正太阳能热水器、光伏电池和风力发电技术的标准，深入学习研究先进的生物质气化、大中型沼气工程、地热利用等清洁能源技术标准体系；根据发达国家在城市废物处置技术标准规则和规定方面的经验，现行的废物处置技术标准得到改进，以达到法律规定的要求，使之成为国家标准。

（3）改进完善清洁能源技术服务体系。大力推动风能、沼气和生物质能等的开发利用，以及一体化的清洁能源与建筑的科研、开发，并妥帖分派现代化的办公、测试、检测配置来加强农村建设清洁能源技术推广服务站在省示范项目，提高技术服务能力。

（4）建立健全现代化公共清洁能源服务体系。在促进清洁能源产业发展阶段，要不断提高对能源信息的服务水平，进一步完善清洁能源相关基础设施配置建设，尽可能消除能源匮乏，提高能源使用的大众化程度。在发展初期，做

---

① 张璐阳．低碳信贷——我国商业银行绿色信贷创新性研究［J］．金融纵横，2010（04）：34-37．
② 赵娇．国外能源发展政策对我国的启示及我国能源政策选择［J］．河南社会科学，2010，18（02）：207-209．

好宣传工作，如可以以社区为单位，以民众为主要的宣传对象，通过视频多媒体、互联网等形式，进行与清洁能源相关的知识宣传教育，旨在引导公众对清洁能源、合理消费模式、全面而完整的清洁能源现代化的公共服务系统进行科学的理解。

2. 调整和优化产业结构

传统工业是我国经济增长的主要动力，但是其产业结构偏重、污染耗能严重，因此制定符合当前中国国情的发展模式是建立低能耗、低碳排放、低物耗的节能减排模式。首先，我国应以清洁能源作为促进产业结构调整的主要方向，专注于发展四大战略性新兴产业（风电产业、低碳装备制造产业、太阳能光伏产业、节能汽车产业）和高科技产业，不断促进产业结构的优化调整转型，增强清洁能源产业的市场竞争优势。其次，应该大幅降低那些高能源消耗和污染严重的工业企业在国民经济中的占比，可以通过缩短如能源、汽车、化工等高碳产业的产业链条，对煤炭、石油等化石燃料做到少用或几乎不用，将传统的煤电能源逐步转向清洁能源（如太阳能、风能、生物质能等）发电，并大力推进发展[①]。

3. 充分发挥市场机制的基础性配置作用

促进发展清洁能源产业，首先应该尊重市场机制的基础性配置作用，企业之间的竞争遵循优胜劣汰的规则，资源达到合理有效的配置，避免对市场的过度干涉。其次可以建立起相关污染排放权利市场交易制度。目前欧洲实行的碳排放交易体系已经取得明显的效果。该交易制度可以通过利用市场制度安排实现对污染总量的控制，将污染排放的社会成本内部化，从而达到成本的最小化，同时间接地给予清洁能源相对的成本优势。

4. 市场扶优汰劣，集群发展

市场淘汰一批落后技术，同时通过注入资本、融资信贷战略性调整和重组，促进清洁能源企业跨区域、跨所有制兼并与联合，研发一批先进技术和领先产品，拥有大型企业集团的核心生产技术，以互补功能、错位集群发展为发展准

---

① 刘宁. 我国清洁能源技术的政策保障机制研究［J］. 科技管理研究，2014，34（04）：6-10.

则，逐步形成"配套生产基地与产业园区互补"，从初端至终端产品集群研究开发，形成了产业集群一套完整的水平和垂直产业链模式。

5. 培育市场掌握定价权

一方面，培育更多的市场参与主体，增加国内清洁能源市场的交易频率，提升参与主体的市场活跃程度。可以通过金融市场创新，在国内推出与清洁能源有关的基金、债券、期货和期权等金融产品。逐步建成区域性甚至全球性的交易市场和定价中心。另一方面，创新现有清洁能源产品的定价机制。除常用的成本加成定价外，还可以试点尝试产品差别定价、投标定价等方法，给予企业更多的自主定价权来提高企业的利润率。国家在《可再生能源法》和《可再生能源中长期发展规划》现有法律中规定了一种价格政策方案，即如果电网企业在发电过程中可再生能源产生的费用高于常规能源产生的费用，则两能源之间的发电费用差价可以通过整个社会公众来进行平均分摊于销售电价中。这是一种值得期待的尝试方案，这样政府就可以在价格政策方面进行更多的创新[①]。

6.4.5 创新驱动战略

实施创新驱动战略，既是创新型国家建设的内在要求，也是完善创新型国家建设的根本要求。清洁能源产业是一个新兴产业，预期能够取得突破性发展，技术的不断完善创新发展能够充分有效地提高资源利用效率、能源安全可靠性及自我供应能力。能源产业的发展随着产业、技术、国家政策等不断地进行更新。对于任何一个行业而言，技术的重要性是不言而喻的，它能够带动产业的高效快速发展，无论是国家政府还是企业，都大力倡导技术的创新。

首先，从国家角度而言，技术创新具有战略性要求，清洁能源产业技术的创新发展能够间接地体现出国家、政治及经济地位，影响到地区的经济发展水平，甚至关系到地区乃至国家整体和长期发展战略的基本问题。

其次，从企业角度而言，清洁能源产业的技术创新满足"四高"特征，即高风险、高收益、高需求和高投入。技术创新是基于企业不断进行研究开发试验

---

① 牛学杰，李常洪. 中国新能源产业发展战略定位、政策框架与政府角色[J]. 中国行政管理，2014（03）：100-103.

的条件。在该阶段，企业即使需要大量的资金、人才、设备等，面临着市场化风险，但一旦技术创新成功，所带来的收益是巨大丰厚的，有着极强的吸引力，也能够使企业可持续发展，实现带动上下游产业共同发展的目标。

因此，有必要加强完善科技创新体系，增强企业技术创新的主导作用，进一步实现突破性创新，培育核心技术的自主知识产权和著名品牌，努力提高自主发展新能源产业技术能力水平。借鉴发达国家的经验，可以发现推动清洁能源产业发展的核心因素在于技术的研发能力和对技术的创新能力。新能源产业的发展与新能源产业的技术创新共生共存，密不可分，两者之间的关系是相互融合、相互依赖的。

1. 大力增加研发投入，提高自主研发能力建设，保护知识产权

创新系统从来都不是一个单一的方向或者某个确定的整体，而是在不断的调整和及时的反馈中得到改进及提升。随着我国经济能力水平的不断增强，当前对于清洁能源产业方面的研发，已经不断提高多渠道的投入，研发能力进一步增强。国家也大力提倡企业加大研发投入，更是为清洁能源产业的发展建设各种平台，如成立了多个国家级的工程技术中心，增加投资，执行金融政策来对重要性技术开发项目给予大力支持；优先扶持有核心竞争力的汽车企业，给予专项税收优惠和补贴政策，调动企业自主研发的主动性及积极性[1]，鼓励企业、银行和风险投资集团等多方主体共同参与该产业的发展，加快实现产业发展目标。

增加研发企业的投资资金，能够加强新技术的研究，开发具有清洁能源技术产品的自主知识产权，形成以清洁能源技术创新与校企合作体系成果相互转化的产学研结合体系，从而以技术创新为内在动力来推动清洁能源的发展。同时，对于清洁能源的相关知识产权，国家要给予保护，在极大程度上，知识产权是产业中利益的保障，确保能够可持续地进行研发投入[2]。

2. 加强清洁能源的科技创新力度，克服关键技术难关

政府对于推动清洁能源的发展起着关键的作用，政府引导有助于企业和消费

---

[1] 严扬帆. 中国汽车产业的技术创新问题研究 [D]. 南宁：广西大学，2007.
[2] 付丽苹，刘爱东. 我国清洁能源发展驱动因素及测度研究 [J]. 科技进步与对策，2012，29（18）：132-136.

者直接参与到清洁能源的供应链中。政府充当了企业引导者的角色后,企业要想实现经济效益高效持续目标,就必须依靠清洁能源企业自身的发展。只有当清洁能源产业能够为清洁能源企业带来利益的驱动,它才可能真正意义上对清洁能源的发展有驱动作用。从整体角度及发展观角度来看,要提高清洁能源企业在市场上的竞争力,就必须不断地降低清洁能源企业的生产成本,最佳的渠道就是进行科技创新。为实现这个目标,必须增加企业的科研实力,通过大力引进顶尖的技术及管理人才来创造更大的收益,保证人才效能的最大限度发挥;增加企业的研发投入,加强研究和开发新的清洁能源技术,使清洁能源技术和产品拥有自主知识产权,促进清洁能源技术创新,产学研相结合[①],从而形成一个内部驱动力。

3. 鼓励创新,大力扶持清洁能源技术型中小企业

清洁能源技术型中小企业所具备的特点是有着高涨的创新热情、对市场反应快速、投入的成本较低、投资管理相对灵活等,这些特点作为技术创新的重要来源,在发展清洁能源经济的基础上,对进一步实现扩大就业具有积极重要的影响,技术的产业化和市场化是这类企业面临的主要难题。因此,中小型能源科技企业需要得到进一步支持,如健全技术帮扶机制等,尽可能实现体系的全面化,各个部门应该对原有分散式的中小企业技术进步扶持计划进行调整,对基金有效整合,提高清洁能源的专业化管理运作水平,鼓励清洁能源产业领域中的大型企业帮助中小型企业发展,进行兼并收购、风险投资活动等。

6.4.6 技术标准战略

中国清洁能源产业的技术标准体系尚未被有效地建立起来,因此推广技术标准战略需求的工作显得更加迫切。从国外的经验来看,制定一项完善的技术标准化战略对于促进清洁能源产业的发展有着积极的意义。技术标准化战略的实施应该首先增强对技术规范化的重要性的意识;其次要进一步强化产业规范标准化的

---

① 付丽苹,刘爱东. 我国清洁能源发展的驱动力及对策研究[J]. 经济学家,2012(07):46-52.

制定、修订和实施;最后是国家执行标准化的相关部门工作委员会需要积极鼓励企业自主参与到一些国际上进行的标准化相关活动,可以学习和借鉴它们在标准化制定过程中的思路。

1. 构建清洁能源产业发展的技术支撑体系

在清洁能源产业的发展中,资金、技术和人才是必不可少的关键因素。我国政府于 2010 年 10 月制定的《十二五规划》指出:科技创新是经济发展模式转变历程中的支柱性力量,加快创新型的国家建设及自主创新能力建设。通过构建以企业为主体,以市场为导向,以产学研有机结合的创新整合体系来促进新能源产业的发展。通过将最新的低碳技术、新能源技术进行规模化、产业化的有效转化,刺激新能源技术的发展。资金投入需要通过多种渠道有效进行,加大新能源技术研发,为新能源发展给予充分的保障。有必要加强对资金成本的管理与控制,降低不同工序的成本,如研发、示范、产业化、生产、运行与营销等不同工序,提高新能源产业引领可持续发展的能力。

2. 加强国际合作,引进高端的清洁能源技术

我国对于清洁能源领域的研究起步较晚,在全球的清洁能源领域中依旧处于相对较低的水平,因此,国家可以通过搭建一些交流平台或组织的方式与那些新能源技术先进的国家展开积极的合作交流。另外,还需要鼓励国内一些大型的清洁能源企业、科学研究院及高校等积极参与到国际化技术合作相关活动中去,学习及有效利用国外发达的技术水平,能够充分有效地对清洁能源进行开发及提高清洁能源的利用效率,充分运用国际市场有限资源,缩短新能源产业技术的研发生命周期,提高技术转化的利用效率,降低生产及运营过程中发生的一系列成本等。

6.4.7 人才队伍的建设战略

1. 完善人才培育机制

人才是技术进步中最积极的因素,是创新"活力"的源泉,高质量的创新科技人才梯队,具有数量充足、结构合理以及富有主动性、创造性和进取精神等特点,推动清洁能源产业技术的不断更新。当前,清洁能源产业发展的人才数量远

未达到经济社会发展需求的人才数量，对科技人才的培养在数量甚至结构和能力等方面缺乏[①]。因此，人才的短缺也成为影响我国清洁能源产业发展速度的一个重要因素。

我国应该建立完善的清洁能源产业领域的专业性人才培育机制，加强对该方面人才的队伍建设和整合力度。一方面要注重对科技人才的培养及引进人才，另一方面要防止人才的流失。选人用人机制的建立主要以公平民主、优胜劣汰为导向，这样有利于优秀人才充分施展才能、积极发挥自己的优势，从而选拔出杰出的人才；同时，有利于创造优秀的人才环境。首先，国家应该高度重视清洁能源领域掌握技术或者工艺流程的专家、研究人员、工人及有相关清洁能源企业管理经验的工作人员及管理者，并对其进行进一步的培养教育，使其成为清洁能源领域发展的优秀人才。其次，可以采取高薪、技术入股等手段引进国外人才，特别是对于那些有专利权、商标等自主知识产权的人才或队伍，国家更加应该给予重视，同时国家应该大力支持人才队伍科技研发和自主创业，鼓励技术成果的转让与技术的指导。最后，建立清洁能源产业工程研究中心、博士后工作站和人才培训基地，促进能源产业技术的细化创新研究，推动产业高效发展。

2. 培养一批高素质的科技外事人才

我国清洁能源产业的发展依旧处于劣势地位，与国际先进的技术发展等差距较大，如果中国清洁能源产业的发展仅仅依靠人才队伍的培养和优秀的团队建设，那么现状是无法改变的。可以通过组织建立一批能力强的专业人才队伍直接去该领域先进的国家实地考察与交流学习，进行学术探讨、技术培训、挂职锻炼等，因为只有身临其境地去对国外的先进能源技术进行深入的研究，深入学习到他们成功的管理经验，才能不断提高自身对于清洁能源方面的经营管理服务水平和科技创新能力，从而培养一批具有高水平高质量的专业性团队。在学习借鉴国外技术的同时不断研发创新，能取其精华去其糟粕，推动我国清洁能源产业的进程。

---

① 梁慧刚，汪华方. 全球绿色经济发展现状和启示［J］. 新材料产业，2010（12）：27-31.

6.4.8 鼓励清洁能源产业的并购战略

目前,生态文明建设背景下的并购动因已经从根本上发生了变化,而适应该并购模式的清洁能源产业被重新赋予了意义,这与传统的并购模式是不同的。传统的并购模式主要包括横向并购、纵向并购、混合并购、基于价值增值与核心竞争力的战略性并购、基于技术整合的技术性并购和基于资源整合的资源型并购。

通过横向并购的传统方式,自然选择可以实现消除同行业中技术水平较低、落后的生产能力,对竞争力弱、组织机构不科学的企业进行调整,不断提高企业的竞争力及技术水平,扩大企业规模,使组织机构更加合理化,增强调节能力水平,并通过输出优势资源来推动整个产业的发展。横向并购可以有效整合资源,促进技术的合作交流。横向并购还可以使同一行业先进的生产力获得更多有效的资源,提高资源的生产及利用效率,进而形成产业化、集聚化现象。

传统的纵向并购是指企业对企业产业链的上游和下游产业或者是通过向某些企业对该产业链中的生产经营业务有扩大规模的需求的产业扩展,一般来说,并购的主动方与被动方企业在业务上有相互联系,并购后可以扩大被并购企业的生产经营规模。目前,国际上一些大型企业,如汽车、石化等,企业的组织机构一般是实施纵向整合的,在以往多年的实例中也证实了这一点,即企业可以通过纵向整合一体化进一步提高企业的经营管理效率。我国当前纵向并购事件更多发生在石化行业和重工行业,该类行业内的并购表现为区域性的特征,指的就是并购事件所发生地点常常在同一区域,企业组织机构化更加统一,便于管理企业,降低货运成本支出[①]。

传统的混合并购是指与相关市场无关或者是与生产合作的企业无关的企业进行的收购方式。在第三次合并收购浪潮背景下,美国人对并购交易持乐观期望,但美国政府此时颁布的反垄断法对横纵向的并购方式均实施了抑制措施,因此美国的第三次并购是以混合并购的方式为主来实施的。另外,1953—1970年的并购以混合并购方式为主,该方式能够推动美国管理科学的发展,进一步实现计算

---

① 王顺龙. 新能源产业并购重组对产业结构影响的研究[D]. 上海:上海交通大学,2015.

机等信息技术的初阶应用程序。该混合并购方式的发展理念就是分散经营，使各项生产技术、资源分配有效整合利用，实现在经营过程中成本及风险的降低，产业合理化。除此之外，混合并购的方式能够提高企业可持续发展能力，降低产业高度集中的竞争现象，因为产业的高度集中化意味着产业内任何一家企业在扩张过程中均可能受到其他企业的竞争约束，特别是行业内的龙头企业之间的竞争可能会导致内部消费的局面，对产业发展不利。

对我国上市公司的并购案例，从产业生命周期角度来进行统计分析，可以得出：一般发展较为成熟的企业倾向于采用纵向并购的方式，处于快速增长期的企业则倾向于横向并购的方式，而产能过剩、衰退的产业并不适合横向并购。清洁能源产业现处于快速发展期与成熟期之间，所以横向及纵向并购的方式均适用或者是两种方式相结合，并购带来的经济规模化效益，能够扩大企业的生产规模，使产业链更加完善。实现清洁能源产业并购的方式主要是注重清洁能源并购、清洁能源技术型并购以及清洁能源产业型并购[①]。

1. 清洁能源并购

高耗能、高排放、高污染的传统能源型企业可以通过对清洁能源企业的收购顺利参与到新能源产业领域经营中，慢慢地将原传统能源的主营业务转移到新能源产业领域，从而打开企业新的发展模式，调整企业发展战略。因此，清洁能源企业的并购是"三高"产业向清洁能源产业转型的重要途径。对于那些以石油、煤炭等化石能源为主营业务的企业，它们在生产、使用过程中会对环境资源等带来严重的威胁，国家应该对其发展模式进行严厉的整治，正确引导改变发展模式，鼓励自主研发各种清洁能源来取代传统能源。但目前对清洁能源产业而言，其面临风险较大、技术研发上的成本较高及生命周期长等问题。目前国内外已有相当数量的政府产业基金、风险投资基金、低碳产业公开发行或私募股权投资基金正在积极发展并培育新型能源，到目前为止，许多新型能源已经被研发成功并且尝试投产运营，如上海朝日低碳新能源有限公司、苏州爱博细帝低碳能源技术有限公司、深圳市低碳谷能源管理技术研究股份有限公司等。同时，国家也对清

---

① 田满文. 生态文明建设背景下低碳并购的新模式[J]. 企业经济, 2014, 33 (12): 11-15.

洁能源企业给予优惠政策，在产业政策、财税政策和金融政策方面给予扶持，能够尽快实现清洁能源产业的转型发展。对于高排放、高耗能、高污染的"三高"企业而言，通过并购方式收购处于成长期、初创期的清洁能源企业，有着良好的发展前景，适应国家的政策方针，可实现企业的稳定持续发展。

目前，中石油、中石化及中海油三大传统能源企业必须加快传统能源向清洁能源产业转型的步伐，通过兼并和收购海外资源的企业积极实施"走出去"战略，大力尝试开发低碳新能源资源，以便及时占领低碳新能源市场份额，如此，这三大传统能源企业便能实践低碳经济、领导低碳技术和引领低碳生活方式。

2. 清洁能源技术型并购

清洁能源技术的发展是企业实现由传统能源向新清洁能源产业转型的关键因素和核心竞争力。因此在清洁能源的经济背景下，企业应该加强对清洁能源技术研究的力度，不断消化学习并将其他企业的低碳技术引入自己的技术中。相比较于直接自己投入研发清洁能源技术，直接并购拥有清洁能源技术的企业或许是一条捷径，这样能够为企业节省更多的时间及成本。但是在原有的技术上不应该止步不前，应该注重技术的持续创新，建立并购双方的自主技术创新体系与机制，共同培育和发展清洁能源新技术，有助于主并企业率先拥有先进的清洁能源技术，引领节能减排，培育清洁能源产品的核心价值。清洁能源技术的研发是当前国际上最具竞争力的技术之一，各个国家纷纷投入加大研发力度。另外，国内企业除了加快该项技术的研发外，还可以通过跨国并购的方式收购国外已经成熟的清洁能源项目，推动中国清洁能源技术的快速发展。

3. 清洁能源产业型并购

中国的企业实现清洁能源产业规模的扩张可以通过对相关清洁能源产业的并购进行，由于具有相似的经营范围，因此能够有效地发挥出清洁能源产业之间的协同效应，大力促进清洁能源产业的发展，对于国家加快转变调整经济产业结构的发展方式有着积极的意义。清洁能源产业的并购主要分为两类：一类是清洁能源产业中企业之间进行内部的整合性并购；另一类是从其他产业领域通过并购清洁能源企业的方式加入到清洁能源产业中，称为加入性并购。采用并购的方式主要是为了链接到清洁能源产业并使清洁能源产业链得到较长的拓展延伸，能够实现利益共享、风险共担的功能。此外，通过并购这类清洁能源产业还可以派生出一系列相关的新产业链，也能够带来清洁能源产业链经济附加值的增加，并解决低水平重复建设、高能耗和环境污染等由于产业结构不合理带来的系列问题[①]。特别是对于高排放、高耗能、高污染的产业而言，低碳转型压力十分大，通过合并收购清洁能源产业来将产业链延伸，能够提高产业一体化的效率，并能够达到整个行业清洁能源的综合效应且使产业价值得到相应的提升。

通过兼并收购清洁能源产业能够进一步促进低碳产业得到更为快速的发展，会产生一定程度上的规模经济效应。如前几年国家在杭州建立了中国首个由政府主导的"低碳产业基金"，其创办的初衷是未来的产业发展着眼于高碳转型、低碳升级及无碳替代这三大低碳产业方向，逐步达到对高碳产业进行节能减排的有效改造及转型低碳产业的目标，对低碳产业需要不断地进行全面更新换代，探索研究开发清洁能源，如风能、潮汐能、生物质能、太阳能等，由传统的高耗能、高污染、高排放的"三高"能源逐步实现无碳低碳能源。第一个国家级的基金"低碳产业基金"的资金投入规模超过 500 亿元，基金专注于投资领域的方向是风电能、太阳能、新材料等这些低碳清洁的新能源产业。除此之外，国家还对各种矿产资源执行了战略性措施，主要是石油、可燃冰、铝、锌等，尽可能避免其对资源环境带来威胁，同时有利于中国清洁能源资源的开发及利用，培育出优势的低碳产业，保护生态环境，创造生态文明建设。

在兼并及收购清洁能源产业过程中，不仅要注重价值增值与资源整合，还要明确体现出生态文明建设的根本宗旨，要最大可能地做到低能耗、低排放和低污染，目的是实现清洁能源效率与生态协同效应。世界经济的发展格局要求国家必须进行产业结构的调整优化，必须不断促进清洁能源产业的发展。同时，由于我国当前环境资源受到严重的威胁，该举措也是明智的选择，而并购重组作为国家进行产业结构优化调整的催化剂，有着重要的地位。激烈的市场竞争环境所带来的影响使企业管理层不断对企业的业务结构进行调整完善，要想获得可持续发展，就必须顺应国家的发展趋势及政策方针，企业逐步将产能过剩行业的投资转

---

① 唐欲静. 产业并购及其价值创造研究 [J]. 商业时代，2009（10）：67-69.

移至具有发展潜力的新兴行业。

对于清洁能源的并购交易成功的实施,企业还需要有突破性的商业运作模式,如特拉斯能够在传统的汽车行业中崛起,根本在于它的创新。另外,企业必须依靠政府及社会各界的扶持与补助,有宽松的支持环境。企业还可以借鉴国外的融资渠道、融资租赁和互联网众筹等[1]。

6.4.9 加强清洁能源产业链建设战略

虽然中国的产业链相对完善,但是在产业链的关键环节依旧缺乏自主研发能力,主要依靠国外进口的方式,所以更需要完成的任务是对这些关键技术及关键环节进行不断的改进完善。

整个清洁能源产业链按照技术和产品供应的承接顺序,可以划分为上游、中游、下游三个部分,专用生产设备制造是贯穿整个产业链的重点环节。其基本结构如表6-2所示。

表6-2 清洁能源产业链的基本结构

上游	中游	下游
产品技术原型研发	产品零部件生产	系统集成设计
原材料开发	产品组件封装	系统实施
		系统销售与维护

1. 产业链最佳中间嵌入

清洁能源企业依据产业链结构性嵌入的空间位置不同大致可以分为上游嵌入、中间嵌入和下游嵌入三种类型。上游嵌入企业具备高技术能力、高市场能力、高成本、高风险的特点,下游嵌入企业对技术能力、市场能力的要求相对较低。对于发展还不成熟的清洁能源产业来讲,该产业中的企业应该选择中间嵌入模式。该模式的主要思路是企业充分利用前期所积累的资本、知识、产品制造等方面的竞争优势,同时运用先进技术对原有的竞争力优势进行不断改良优化,技术的产业化有助于实现产业嵌入或者产业升级。该模式也具备产业化风险小、技

---

[1] 朱亚明. 清洁能源的并购需政企联动[J]. 中国电力企业管理,2015(09):39.

术实现难度小、技术题材较强及见效周期短的特点。该模式的主要优势表现在：首先，政策驱动下的资金有保障。我国清洁能源企业缺乏跨国企业在产业链形成时期的资本积累，大多数企业在嵌入初期资金紧缺，需要国家在资金政策上的大力支持。一般而言，中间嵌入模式的企业往往会采用政策性贷款、引入国有战略投资者等方式来筹集资金，以建设示范项目。其次，基于产业化推进可获取所需的技术。中间嵌入企业一般有着更为成熟的关键核心技术能力及技术孵化平台。最后，处于竞争相对平和的市场环境。基于政策性资金支持下的中间嵌入企业，可以在大量竞争对手进入市场之前较快地实现产业资本集聚的目标。中间嵌入企业虽然缺乏下游企业的自然垄断竞争力，但与上游企业面临的寡头竞争比较，该模式下的市场环境相对来说是有独特优势的。

产业链中间嵌入是我国清洁能源企业有效发展的路径之一。企业进入产业链中间嵌入环节，主要包括三个关键阶段：产业链中间嵌入阶段、资本和技术扩充性积累阶段和产业链垂直整合阶段[①]。

1）产业链中间嵌入阶段

在清洁能源产业链的中游，产品附加值较低，技术获取难度较小，企业进入的壁垒和风险相对来说也不会太高。在嵌入阶段，清洁能源企业可以充分有效地运用国家相关产业培育政策；嵌入后，应加速技术创新和储备、积累企业资本，降低产业嵌入所面临的风险。

2）资本和技术扩充性积累阶段

清洁能源产业是一门新兴的产业，是资金、市场、技术密集型的产业。企业在实现产业链嵌入后，应通过企业规模的扩张实现产品质量和技术经济指标的提升。技术能力的提升能够带来成本的降低，技术的创新发展能够引领企业长久发展。与国外大型跨国能源企业相比，我国清洁能源企业规模较小，随着清洁能源产业的不断发展成熟，企业在发展过程中面临着跨国公司并购风险和产品落后风险。嵌入阶段资本技术的积累已经不能满足这一阶段企业的发展需求。因此，企业必须快速扩张规模、扩充资本、创新技术并规范管理，以提升自身在国际市场

---

① 邢晓东. 基于产业链嵌入的企业成长机制研究 [D]. 大连：大连理工大学，2011.

上的销售份额。

3）产业链垂直整合阶段

在这一阶段，企业通过实施产业链垂直整合战略，进一步提高了资金的使用效率并提升了核心技术能力。企业根据所处产业链环节与上下游之间的关系，有选择性地进行产业链上下游具体环节整合。整合方式主要包括成立新企业、兼并收购、组成企业战略联盟、资源外包等。产业链整合战略能够实现经营成本及风险的降低，使产业链上下游企业之间的合作交流更加紧密，提升企业在产业链中的地位。最初受益于产业链垂直整合战略的清洁能源企业是日本夏普和德国Q-cell。目前，这两家公司都已成为全球光伏产业的巨头。实施产业链垂直整合战略极大地帮助了这两家企业确定产业链主导地位[①]。

2. 加强配套产业的建设

在清洁能源产业发展历程中，有些产业发展较快，如太阳能、风电及光电产业，有些产业发展还不完善，如生物质能、潮汐能、核能等。要达到整个产业的健全发展，必须细致研究产业链上游、中游、下游各个环节的需求，完善相关的配套产业建设，实现清洁能源企业的可持续发展[②]。

3. 理顺体制机制

首先，应当厘清清洁能源的生产成本、营运成本和上网成本之间的联系，解决好产、供和销之间的矛盾。其次，建立起有效的清洁能源项目审批和电网规划协调机制，保证清洁能源产业可以实现跨地域应用的顺利实施。最后，还应理顺清洁能源设备原料、零部件生产、整机装配、终端销售等上下游产业环节的关系，避免产业链内部供求失衡[③]。

6.4.10 宣传和普及绿色消费观念战略

消费者的偏好影响甚至决定了企业的生产决策。因此，宣传和普及绿色消费观念，旨在使消费者逐步转变原有的消费观念，提高对清洁能源的消费意识，让

---

① 郎咸平，孙晋，麦心韵，等. 控制产业链——夏普、尚德如何在光伏产业致胜［J］. 深圳特区科技，2008（04）：68-79.
② 冉丹，高崴. 吉林省新能源产业现状与发展对策研究［J］. 工业技术经济，2010，29（07）：27-30.
③ 谢飞. 我国新能源产业发展现状、问题及对策［J］. 中国经贸导刊，2013（23）：33-34.

消费者能够自主自觉选择消费清洁能源产品。树立绿色消费理念,可以降低我国居民对传统能源产品的需求,减少大气污染物排放对生态环境的威胁,还能够增加居民对清洁能源产品的消费热情,提升清洁能源市场的流动性。推广绿色消费观念有以下几个途径:对广大消费者进行教育,使他们在意识上形成尊重自然、保护环境、节约资源和维持人类持续生存能力的普世价值观念,让消费者自觉进行绿色消费,选择使用清洁能源产品代替传统能源产品。同时,各级政府应该加强引导,加大节能、环保公益广告投入,如在公共运输工具、公共场所等人员密集的地方投放相关广告,让更多的居民了解清洁能源产品,在日常生活中潜移默化地影响消费者的消费观念及意识。除此之外,政府可以对清洁能源产品在一定时期内给予补贴优惠,使清洁绿色电力与传统电力相比具有更低的用电成本。

6.4.11 完善公共决策机制及监管体制战略

1. 建立高效公平的决策机制和科学民主的监管机制

高效公平的决策机制旨在要求清洁能源产业的发展要充分考虑生态环境、自然资源、地区经济与科学技术的统一协调,尽可能实现因地制宜、因时制宜。政府还可以"建设清洁能源产业的先行区和规范区,以便于建立起整个国家的新能源战略优势"[①]。

科学民主的监管体制旨在要求国家健全完善能源管理体制,加强中央和地方政府之间、不同政府部门之间的整体协调,形成"适当集中、分工合理、决策科学、监管有力"的管理体制,强化国家新能源发展的总体规划和宏观调控功能[②]。另外,政府应强化对市场高效的监督管理,进一步保障新能源产业市场健康有序发展和壮大。

2. 建立和加强各类新能源行业协会

2006年,清洁能源产业中将近113家企业为响应国家的政策方针,自主自愿成立了中国新能源协会,旨在达到加强对能源行业的引导、监督及管理作用。

---

① 宋成华. 中国新能源的开发现状、问题与对策[J]. 学术交流, 2010(03): 57-60.
② 辜胜阻, 王晓杰. 新能源产业的特征和发展思路[J]. 经济管理, 2006(11): 29-32.

首先，要加强行业协会的自律和监管作用及市场引导作用。充分调动行业协会的积极性和能动性，能够有效帮助企业解决生产秩序混乱和市场无序竞争的局面，避免企业重复建设和盲目跟风的现象。

其次，优化中国新能源协会组织架构，可以按照能源的种类、地区的差异等分设多个不同的分协会，如西部生物质能协会、西部光伏协会等。分协会章程、目标与总协会保持一致，服从最高层总协会管理。细化的管理准则方案可以由各分协会根据行业性质和特点自行拟定，但必须报总协会审批[①]。分协会协助总协会加强行业和监管自律，引导并协助地方政府主管部门维护相关市场的经营秩序。

---

① 付实. 西部新能源产业自我发展能力量化分析及提升路径[J]. 经济体制改革，2015（03）：188-193.

第7章 中国清洁能源产业政策支持体系构建

7.1 中国清洁能源战略规划和发展目标

能源是社会发展的重要物质基础,关乎着国计民生和国家安全。目前,在世界范围内,为应对气候变化和环境问题,大多数国家都在积极推动新型能源的发展,新一轮能源革命也在这种背景下蓬勃兴起。作为人口和经济大国,我国对能源的需求十分庞大,国内资源远远无法满足经济发展需要。长期以来,我国大部分石油等化石能源依赖进口,这对我国能源安全造成了巨大的威胁。此外,改革开放以来长期大量使用化石能源已经严重污染到我国的生态环境。因此,改善能源结构、促进能源安全和环境保护已经刻不容缓。与此同时,我国经济发展进入了一个新的阶段,经济增速趋缓,产能严重过剩,供给侧结构性改革已经成为经济发展的必然途径。经济发展动能升级,创新绿色发展成为时代的主题,这为清洁能源产业的发展带来了机遇。"十三五"是我国全面建成小康社会的决胜阶段,建立小康社会离不开绿色发展,也离不开绿色的能源结构。我国要牢固树立和贯彻落实创新、协调、绿色、开放、共享的发展理念,深入推进能源革命,着重发展清洁能源产业,打造绿色创新的能源体系,优化能源结构,维护国家能源安全和生态环境。

2030年我国单位生产总值二氧化碳排放将比2005年下降60%~65%。为了达到这个目标,发展清洁能源将是一条正确的道路。为实现2℃气温增幅控制目标,我国2050年的能源消费总量需要控制在55亿吨标准煤以下,其中非化石能源占比高于50%。2020年后化石能源消费总量将整体下降，我国所面临的巨大环境压力以及经济发展的新态势将为清洁能源发展带来巨大的推动力。

要推进清洁能源产业的可持续发展，应当统筹兼顾、统一规划，根据不同地区的清洁能源资源、环境和市场条件差异化发展，发挥清洁能源资源密集区、技术人才密集区等各自的优势，积极稳妥推进清洁能源产业建设发展。协调清洁能源发展与配套措施建设，鼓励使用清洁能源，减少"弃风""弃光"的现象，提高清洁能源产业发展的质量，有效推动清洁能源产业的发展。坚持集中开发与分散利用并举，优化产业布局，因地制宜发展核能、太阳能、水能、风能、生物质能等清洁能源，提高清洁能源在我国能源使用中的比例。

（1）核能。我国的核能技术已经走在世界前列，核能成为我国积极走出去的名片之一。由于受日本福岛核电站事故的影响，我国减缓了核电站的建设步伐。但在未来，核能依然是我国清洁能源产业发展的重点领域。未来我国将在保证安全的情况下，高效发展核电，稳步推进内陆核电站的建设。目前，我国正在推动的第三代核电项目采用国际最新核安全标准，达到了核电发展最高的安全级别，我国将在确保万无一失的前提下，在沿海地区开工建设一批第三代核电项目。按照相关规划，到2020年核电运行装机容量将达到5 800万千瓦、在建规模将达到3 000万千瓦。积极开展内陆核电项目前期论证工作，适时开展内陆核电站建设。加快论证并推动大型乏燃料后处理厂建设，加强核电站处置技术研发，促进核能产业链优化发展，保障核电站安全发展。加快核能智能化、小型化发展，促进核能领域的创新建设，推动核能综合利用技术的发展，培育自主创新示范项目。促进核电专业人才队伍建设行动，完善核能专业人才梯队，建立多元化人才培养渠道，保障核能技术安全可持续发展。

（2）太阳能。优化光伏产业布局，多样化利用太阳能技术，促进太阳能的利用和发展。坚持技术创新，掌握关键核心技术，减少对国外的依赖，打破太阳能产业发展的技术"瓶颈"。降低成本，促进光伏产业规模化发展。加强光伏电站与地方电网的协调，减少"弃光"现象，促进太阳能可持续发展。加强储能技术的发展和光伏电站配套措施建设，稳步推进光伏电站建设。到2020年，太阳能发电规模达到 1.1 亿千瓦以上,其中分布式光伏 6 000 万千瓦、光伏电站 4 500 万千瓦、光热发电 500 万千瓦,光伏发电力争实现用户侧平价上网。

（3）水能。我国水能开发坚持生态优先、统筹规划、梯级开发的原则。在深入开展环境影响评价的前提下,有序推进流域大型水电建设。未来将控制中小水电开发,防止过度开发,减少对环境的不利影响,将资源向大水电集中,加快建设龙头水电站,提升水电运营能力。通过加强生态环境保护,建设安全高效的现代水能源体系。加快抽水蓄能水电站的建设,保障水电安全稳定高效地运行,适应现代能源发展的需要。未来西南地区依然是我国水电发展最重要的地区,但由于剩余水电开发条件较差,加之人们的环保意识提升,水电发展面临较大的环境保护压力。我国要深入论证西南水电发展对环境的影响,加强环境保护的力度,在保护环境的前提下科学发展金沙江、雅砻江、大渡河等大型水电。"十三五"期间,我国将重点开发金沙江、雅砻江、大渡河等流域。2020 年后,水电建设将再向西部进发,重点建设怒江和雅鲁藏布江。2020 年,常规水电规模将达到 3.4 亿千瓦。"十三五"新开工规模 6 000 万千瓦以上。鼓励社会资本参与投资水电站的建设,创新水电开发运营模式,保障库区移民的合法权益,让地方和移民共享水电发展成果,促进脱贫致富。协调水电开发和电力市场,提升联网输电能力,促进水电合理消纳。推进体制机制创新,提升流域综合管理水平。推进技术创新,推动水电装备走出去,加强对外合作,提升国际竞争力。

（4）风能。我国风能发展坚持统筹规划、陆海并进、有效利用的原则。未来我国风电战场将由"三北"地区逐步向中东部地区进发,优化我国风电发展布局。积极发展高山风电、海上风电,推动分散式风电的发展,推进风电基地建设,打造风能综合利用示范区。统筹各地区的风电发展,优先发展分散式风电,以就近消纳为主,提高跨区输送能力,鼓励社会使用清洁能源,营造保护环境、积极参与清洁能源发展的氛围。控制开发节奏,与地方电网建设相协调,减少"弃风"现象,将弃风率控制在低水平。在 2020 年之前,风电年均新增装机规模在 2 000 万千瓦左右,2020 年风电装机规模将达到 2.1 亿千瓦以上,加快完善风电产业服务体系,切实提高产业发展质量和市场竞争力已经迫在眉睫。随着风电技术的发展,风电成本迅速下降,在可以预期的未来将与煤电上网电价基本相当。未来随着风电装机规模的增加,将更加注重并网消纳能力的提升、储能技术的发展以及各区域电网建设的协调。未来跨区域的电网建设依然是重点,统筹电源、电网间的建设,提升电网输送能力,更广泛地联系能源生产与消费市场,减少弃风、弃光、弃水问题,有效促进清洁能源可持续发展。

（5）生物质能。生物质能是继煤炭、石油、天然气之外的第四大能源,生物质能具有可再生、无污染等特点,推动生物质能发展有利于促进我国生态建设。我国未来将积极发展生物质液体燃料、气体燃料等生物质能技术,促进生物质能技术发展,提高转化效率。推动沼气发电、生物质气化发电,将生物质能发展与农村经济发展相结合,充分发挥农村丰富的生物质能资源优势,提高农民收入,减少秸秆燃烧,保护环境。有序发展生物质直燃发电,因地制宜发展生物质热电联产,促进生物质能规模化发展,降低成本。根据"十三五"能源规划,到2020年我国生物质能发电装机规模将达到1 500万千瓦左右,生物质能发展前景广阔。

7.2 中国清洁能源产业政策体系构建与建议

7.2.1 财税政策

财税政策是国家财政政策的组成部分,是一国激励扶植清洁能源产业发展最常用的政府工具[1]。在我国清洁能源产业发展过程中,财税政策发挥了极其重要的扶持作用。目前,中国的清洁能源产业整体大致进入了通过技术发展降低成本的阶段,开始了规模化和标准化的发展阶段,清洁能源产业发展取得了卓越的成效。但是相对于传统能源产业来说,清洁能源产业发展晚、起点低,发展薄弱,未来的发展离不开政府财税政策的支持。欧美等发达国家在发展清洁能源产业的过程中形成了较为系统的清洁能源财税政策扶持体系,实施的财税政策形式多样、扶持力度大,对我国清洁能源产业的发展具有重要的借鉴意义。欧美等国对清洁能源产业发展综合运用了财政补贴、专项基金、税收减免等多种方法；覆盖面广,地热能、生物质能等清洁能源也能获得政策的扶持；涉及产业链全过程,

---

[1] 张宪昌. 中国新能源产业发展政策研究[D]. 北京：中共中央党校, 2014.

对清洁能源产业研发、制造、推广和消费等各环节制定了恰当有效的财税政策。我国针对清洁能源产业发展的财税政策还存在很多不足,对此提出以下建议:加大财政清洁能源发展基金的规模,提高清洁能源补贴资金的发放,改进税收优惠政策,完善清洁能源产业的税收法规,开展财税政策绩效考核。通过政策的不断创新,促进我国清洁能源产业的发展。

1. 加大清洁能源发展基金的规模

清洁能源产业的发展离不开资金的支持,目前清洁能源发展基金的规模不足以支撑我国清洁能源产业的发展,我国应继续加大清洁能源发展专项基金的规模。《中华人民共和国可再生能源法》规定,可再生能源发展专项资金由中央财政从年度公共预算中予以安排。然而仅仅依靠政府财政对清洁能源产业的支持是有限的,需要丰富清洁能源发展资金来源的渠道,通过多种方式扩大基金的规模。对此,除了要继续加大中央财政对清洁能源发展基金的支持外,还可以通过化石能源补贴清洁能源的方式来筹集发展基金,如以电价附加的方式等,从使用化石能源当中收取一定的资金来补贴清洁能源的发展。此举可以推进能源由化石能源向清洁能源转化,促进清洁能源产业的发展,同时能获取公众对清洁能源产业发展的支持。

2. 完善清洁能源产业的税收法规

我国目前还没有形成一套完善的清洁能源法律体系,这导致我国清洁能源财税体系缺乏系统性,各地对清洁能源领域的界定不清。此外,我国清洁能源财税政策的实施缺乏强制性保障,对于减税退税额度设置缺乏系统性和明确性,对生物质能源和一次能源的税收应区别征收[①]。我国应完善清洁能源产业的税收法规,通过法律形式固化清洁能源产业的财税政策,形成一套完善系统的清洁能源财税政策体系。通过整合现有的零散的财税扶持政策、系统化的设计,细化清洁能源领域,颁布专门针对清洁能源产业的税法,适应清洁能源产业的发展态势。同时使各地区清洁能源产业得到明晰的指引和系统化的政策支持,从而确保清洁能源产业未来发展的战略地位。

---

① 苏世伟,宓春秀. 中外生物质能源政策差异性分析[J]. 中外能源,2016,21(11):14-20.

3. 提高清洁能源补贴资金的发放

要解决清洁能源补贴资金发放问题，必须先解决补贴资金缺口的问题。我国清洁能源产业广泛存在着拖欠发放补贴的问题，提高清洁能源附加征收标准刻不容缓。为确保补贴资金及时发放，可以由电网公司先行代为垫付，年度终了再由各地区财政部门与电网公司进行最终核算。其次，完善补贴政策，区别对待效率不同的清洁能源企业，对效率低于一定标准的清洁能源产品不给予补贴，从而推动清洁能源技术的发展。通过提高清洁能源补贴资金的发放，减少对清洁能源企业资金的占用，加速企业资金的流动，从而推动清洁能源企业的发展，由电网公司先行垫付补贴可以适当降低政府财政短期的压力。

4. 改进税收优惠政策

对清洁能源企业的增值税优惠政策，可以将原规定的"即征即退50%"改为减半征收，从而免去企业办理税款退库等一系列手续，减少对清洁能源企业的资金占用。同时，面对清洁能源企业经营初期由于购进资产等使得进项税额抵扣较多的情况，可以将增值税抵扣的税收利得通过转让的方式给予其他有纳税义务的企业，从而使清洁能源企业可以提前收回资金，加速企业资金的流动，降低企业资金的压力。

采取抵免企业所得税的方法，促进国内清洁能源技术的发展。对于采购国内研发的具有自主知识产权设备的，可以通过投资额抵免企业所得税的方法，鼓励企业购买国产设备。对于从事清洁能源研究开发和服务的企业，可将其转让技术收入以及技术培训收入一并纳入免税范围，从而鼓励清洁能源企业进行技术成果转让。从国家层面出台明确的清洁能源企业土地使用税收政策，规范清洁能源企业土地使用税收标准。加强清洁能源企业土地使用管理，提高土地使用效率。

在关税方面，为鼓励清洁能源企业从国外引入科研技术，对进口关税进行减免优惠。对于购进国外清洁能源产业关键技术与设备以及用于科研实验和技术研发用途的应予以免税。对于传统化石能源发电的企业，提高其有关环境污染的税负水平，从而提高污染环境的成本。这样一方面扩大使用清洁能源的比较优势，另一方面减少企业以及消费者对于传统化石能源的消费需求。以此方式促使企业和消费者自觉选择清洁能源,调整我国能源消费结构,促进产业的优化升级。

5. 开展清洁能源领域的财税绩效评价

开展清洁能源领域的财税绩效评价,促进财税政策有效发挥作用。建立评价体系首先需要加强相关部门的沟通和合作,明确各自的责任,从而使财税政策落到实处,有力促进财税政策对清洁能源发展的推动作用。以资金的绩效评价为核心形成统筹管理,避免部门各自为政,也可避免新能源发展陷于"看起来很重要,做起来没人管"的局面[①]。定期对清洁能源企业进行评估,评价政策的实施效果以及对企业负担、收入的影响。其次,适时调整财税政策,设计更加科学的财税政策,以适应清洁能源企业发展的需要。最后,引入独立的第三方参与评价,避免清洁能源政策管理当中出现权力寻租等腐败行为。

7.2.2 融资政策

推动清洁能源产业向规模化和标准化发展离不开资金的支持,而仅仅依靠政府财税的支持是远远不够的。推动建立清洁能源的发展需要建立多元化的融资渠道,发挥市场机制在资源配置上的调节作用。我国目前主要依靠政府的财税政策来扶持清洁能源产业的发展,长远来说,这不利于产业的健康发展。而欧美国家则通过金融机构设立绿色能源投资专项或额度等方式,极大丰富清洁能源的融资渠道,有力地促进清洁能源产业的发展。对此,我国积极借鉴发达国家在清洁能源产业发展的经验,在发挥财税作用的同时,应该鼓励银行等金融机构加大对清洁能源项目的信贷扶持。此外,应该丰富清洁能源企业的投融资渠道,引导资金流向清洁能源企业,鼓励优秀的清洁能源企业通过在创业板上市等方式直接在资本市场融资。最后,通过加快融资体制的改革,创新金融扶持手段,组建新型清洁能源政策扶持金融组织,拓展清洁能源中下企业融资渠道,建立多元、多层次的资本市场体系等一系列方法来保障我国清洁能源企业的发展。

1. 丰富融资渠道

我国清洁能源产业发展主要依靠的是国家投资的项目融资方式,这极大

---

① 何代欣. 大国转型背景下的新能源领域财税政策[J]. 税务研究,2016(06):20-24.

地不利于清洁能源产业的发展。特别是在一些大型清洁能源项目上，往往存在着政企不分、产权不明等问题。这不仅不利于调动资本市场和社会力量的积极性，而且极容易造成管理上的漏洞，从而滋生贪腐，给国家和人民造成巨大的经济损失。因此，我国在发展清洁能源的过程中应当打破主要由财政支持的单一模式，借鉴国际上的先进经验，建立多元、多层次的融资模式。如风电可以通过建立包括国际金融机构节能减排项下的项目融资、风电项目融资、商业银行绿色信贷、风电电力投资基金和企业债券融资、风机设备融资租赁、碳金融及衍生品和电力期权市场等多种融资模式在内的完整融资模式体系解决[1]。此外，完善对投资者的补偿机制，完善法律法规，以政府资金为引导，吸引社会资本投入，积极发挥市场化的作用，形成清洁能源产业良性自我发展。同时，以市场化的运作推动清洁能源企业兼并重组，使清洁能源企业不断做大做强。通过资本的支持，推动清洁能源企业技术创新，支持清洁能源企业"走出去"，优化清洁能源产业全球布局，使清洁能源产业得到可持续发展。

2. 创新金融扶持手段

鼓励资本市场创新，增加资本市场对清洁能源产业的支持力度[2]。目前，我国清洁能源产业的金融扶持手段还比较单一，推动清洁能源产业的发展需要鼓励金融机构创新金融产品，丰富对清洁能源企业的金融扶持手段。创新金融扶持手段可以通过以下方式：首先，支持金融机构通过创新金融产品等方式支持清洁能源企业发展，通过债转股等手段缓解清洁能源企业面临的债务负担过重的问题；其次，鼓励金融机构之间加强合作，成立清洁能源产业发展合作基金，通过资本支持一些优秀清洁能源企业的发展，从而既加强资金的管理又有效推动清洁能源产业的发展；再次，鼓励有条件的清洁能源企业在中小板上市，为此，监管部门应当提供绿色通道，缩短清洁能源企业的上市手续和流程，方便优秀的清洁能源企业从资本市场融资；最后，降低清洁能源企业的融资成本，实行差别化的融资政策，使一些优秀的清洁能源企业得到优先发展。

---

[1] 张伯松. 中国风电产业融资问题研究 [D]. 北京：中国地质大学（北京），2011.
[2] 田辉. 金融支持清洁能源发展借鉴 [J]. 中国金融，2018（03）：89-90.

3. 拓展小企业贷款机制

中小清洁能源企业的发展对完善清洁能源产业链条、推动清洁能源产业的发展具有重要意义。因此，拓展小企业贷款机制对清洁能源产业的发展有很大意义。小微清洁能源企业往往因为规模小、缺少贷款抵押担保等而难以获得资金的支持，发展小企业融资机制对于小微清洁能源企业发展具有重要作用。我国应借鉴国际微小贷款技术的先进经验，完善涉及清洁能源领域的小企业贷款相关制度和业务流程。政策性银行应完善小企业贷款机制，加强小企业贷款审核、风险管理等工作，促进小型清洁能源企业稳健、快速地发展。另外，鼓励小微企业担保机构的发展，为小微企业贷款提供保障，对担保金额、风险损失给予担保机构一定的补偿。与此同时，有关政府部门与金融机构应当开展小企业信用评价，通过大数据等方法对小企业信用进行评级，鼓励信誉好的小微清洁能源企业的发展。

4. 组建新型政策性金融组织

当前，我国主要通过国家开发银行和中国进出口银行为清洁能源产业提供融资服务，我国还没有建立专门针对清洁能源等战略性新兴产业发展的金融服务机构。清洁能源产业一般在前期建设投入大，需要大量的资本支持，具有融资规模大、还本周期长的融资特点。目前商业银行主要办理 5 年以下的信贷业务，而清洁能源企业获得利润往往需要更长的周期，两者是不匹配的。因此，发展中长期信贷，有利于缓解清洁能源企业还贷压力，使得还贷周期与清洁能源企业的发展状况匹配，从而节约清洁能源企业融资的成本，推动清洁能源企业的长远发展。清洁能源行业与其他战略性新兴产业具有相似的融资特点，我国可以组建一家新型的面向战略性新兴产业发展的金融组织，有针对性地服务战略性新兴产业的发展，同时推动清洁能源产业的发展。

5. 建立多元、多层次资本市场体系

建立完善的资本市场体系有利于发挥市场在清洁能源产业资源配置上的作用。我国应该建立完善的资本市场结构，形成多元、多层次的市场体系，使资本市场更好地为企业融资服务。建设资本市场体系，首先就需要坚持市场化改革，转变以往政策性导向发展模式，要以市场为主，引入平等的竞争机制。其次，推进中小板和创业板市场建设，使其成为中小企业和科技创新企业的融资平台。再次，积极稳妥地推动债券市场的发展，大力发展可转换债券等金融衍生工具，积极探索资产证券化，丰富企业的融资渠道。最后，健全法律法规，形成良好的投资理念，减少资本市场的信息不对称，完善股票市场退市制度，使股票市场成为一个良好的具有广泛投资价值的市场，矫正整个市场的投机行为。另外，加强全社会的信用建设，建立有效的违约处罚机制，加大企业的违约成本，引导企业向诚实守信的经济主体发展。

7.2.3 人才政策

企业的发展离不开人才的发展，企业的竞争从本质上讲就是人才的竞争。人才是促进清洁能源技术进步最活跃的因素，是清洁能源企业发展的根本保证。数量充足、结构合理以及富有主动性、创造性和进取精神的高素质创新型科技人才梯队是清洁能源企业技术创新的重要保障[1]。目前，人才短缺已经成为我国清洁能源产业发展的最大障碍，清洁能源人才在数量、质量等方面还远远不能支撑我国清洁能源产业的发展。因此，我国应逐步完善清洁能源领域的人才培育机制，加强清洁能源产业高层次人才的培养，加大清洁能源领域的人才队伍建设和整合力度。多渠道引进人才，特别是国外清洁能源领域领军人才。加强人才的交流，促进清洁能源行业技术的交流与发展。完善人才发展的评价机制和发展保障机制，使清洁能源相关的人才无后顾之忧，有良好的向上发展的渠道。通过对人才的引进与培养，以及人才的评价机制和保障机制的建设，为我国清洁能源产业的发展提供人才保障。

1. 加强清洁能源产业高层次人才的培养

推动清洁能源的发展离不开人才的保障，而提供人才的保障首先就需要加大对清洁能源领域的人才的培养力度。人才的保障不仅体现在人才的数量上，还体现在人才的质量上。我国应该通过人才的培养打造一支具有前瞻性和国际眼光的清洁能源产业人才队伍，引领我国清洁能源产业的发展方向。对此，首先要注重对优秀青年科技人才的培养，建立适合青年清洁能源人才发展成长的机制，为

---

[1] 郑代良，钟书华. 中国高层次人才政策现状、问题与对策[J]. 科研管理，2012，33（09）：130-137.

我国清洁能源产业的发展打造充实的科技人才后备库。其次，赋予创新领军人才更大的决策权，让科技人才更好地将精力服务于科研创新。最后，丰富清洁能源研发机构，支持研究型大学的发展，支持新型研发机构建设，打造清洁能源技术研发基础载体。系统地培养清洁能源产业关键领域研发团队，引领清洁能源产业技术发展的潮流。形成高端创新人才和产业技能人才"二元支撑"的人才培养机制，适应市场和产业发展需求变化，推动普通教育与职业教育在人才培养中的科学分工与有效协同。推动人才培养体系与清洁能源产业发展需要相适应，形成产学研相结合的人才培养新模式，有力促进清洁能源产业技术的创新和产业的发展。

2. 多渠道引进人才

人才的引进对推动我国清洁能源企业技术具有非常大的作用，我国应实施更加积极开放的人才引进政策，聚天下英才而用之。以更大的力度引进清洁能源领域急缺的人才，积极引进一批具有自主知识产权的海内外高层次的清洁能源行业人才。以"十三五科技人才发展规划"为指导，积极鼓励企业、高等院校等社会组织参与人才引进和开发。着力引进清洁能源产业技术领军人才，推动中外清洁能源产业技术有机互补，从而推动我国清洁能源产业技术走在世界前列。加强与港澳台杰出清洁能源人才的合作，充分利用各自的优势，促进清洁能源产业的发展。制定国家引才指导目录，更大力度实施国家"千人计划"，吸引万名海外高层次人才回国（来华）创新创业[①]。对有助于解决我国清洁能源产业面临的关键技术难题的急需人才，开辟绿色通道，简化手续，鼓励企业与高校积极引进。实行特殊的政策，为外国清洁能源人才来华工作、医疗等方面提供便利。支持清洁能源企业、科研机构设立海外研发机构，吸引当地高层次人才从事清洁能源的研发工作，从而推动我国清洁能源技术的发展。

3. 加强清洁能源人才的交流

人才的发展应该避免闭门造车，只有通过人才的交流才能促进人才的发展与进步。我国应该广泛开展与国内外著名高校和科研院所在清洁能源领域的交流活

---

① 顾承卫. 新时期我国地方引进海外科技人才政策分析[J]. 科研管理, 2015, 36 (S1): 272-278.

动,不断提高我国的清洁能源技术创新能力,为我国清洁能源发展培养一批高水平具有国际视野的人才。鼓励清洁能源科技人才开展多种形式的学术交流活动,加强清洁能源领域的国际合作,适当放宽对学术性会议的限制,为科研人员参加国际学术交流会议提供保障。完善访问学者制度,加强与国外高等学校和研究机构科研合作,推动国际间的人才合作研究、学术交流或讲学。支持清洁能源企业设立海外研发机构,利用当地的比较优势,吸引当地的人才从事清洁能源领域的研发工作,充分利用人才为我国清洁能源企业服务。积极响应国家的"一带一路"倡议,加强与"一带一路"国家间的人才交流,打造"一带一路"清洁能源人才库,搭建清洁能源人才跨界平台。

4. 健全人才评价和激励机制

推动清洁能源人才的发展离不开评价和激励机制,我国应当为人才的发展提供完善的上升渠道。我国应建立以能力为导向的评价和激励机制,建立人才的分类评价体系,引导人才的发展方向。对从事清洁能源领域工作的科技人才的评价机制应当突出能力、业绩导向以及长期导向,允许科研人才采取弹性的工作机制,引导科技人才更好地投入清洁能源技术研发。对从事清洁能源产业不同工作的人才应采用人才分类评价体系,通过精细化的评价科学地管理清洁能源人才所做的不同工作。推动形成以人才发展为中心的激励机制,提高清洁能源科研人才的收入,推动科研人才将知识产权转化为收入。逐步提高清洁能源产业科研人员的基本工资水平,推进实施能够稳定增长的绩效工资机制。完善清洁能源企业人才激励机制,采用股权激励、文化激励、正反激励等多样化的激励形式,促进人才的发展,推动清洁能源技术的进步。

5. 完善人才基础保障建设

清洁能源人才的发展离不开完善的保障机制。首先,应加强人才载体的建设。通过组建清洁能源研究中心、建立博士后工作站和清洁能源人才培训基地,为清洁能源人才提供丰富的工作岗位,推动清洁能源产业蓬勃发展。其次,建立和完善清洁能源人才公共服务体系,为清洁能源人才的开发、培养、评价和流动等提供高质量的服务保障,鼓励社会资本进入人才服务领域,丰富人才服务渠道,提高人才服务能力。加强制度建设,完善监督管理,建立创新人才维权援助机制。建立人才服务人工智能中心,向清洁能源人才提供精细化的服务,通过人才大数据分析,发现行业发展状况和人才发展情况,及时根据清洁能源产业发展状况调整人才政策,使人才更好地服务于清洁能源行业的发展。搭建人工智能人才服务平台,及时发现清洁能源人才面临的生活、研究等各方面的问题,探索人才和智力发展的长效服务机制,解决人才的后顾之忧,创造清洁能源人才良好的研发环境。通过互联网平台,加强人才之间的交流,促进科研机构、高等学校科技资源与企业社会资源的共享开放,避免重复建设、资源浪费,同时促进清洁能源技术的发展。完善国家人才平台的运行和服务,健全清洁能源人才发展保障机制,建立人才供需情况调查制度和高等级人才培育制度,使人才的发展能够适应清洁能源产业发展的需要。加强清洁能源技术信息的共享,及时为清洁能源人才提供最新技术发展情况,使清洁能源人才资源获得更好的配置。加强海外引进人才及家属基础保障,坚持与国际接轨,切实解决引进生活、教育等各方面问题。最后,构建统一开放的人才市场。充分发挥市场配置资源的作用,推动清洁能源人才的流动和发展。

7.2.4 技术政策

一个国家的竞争力从根本上来讲取决于其技术创新力,技术革新的力量对于一国产业的发展有巨大的影响。我国清洁能源产业的发展离不开清洁能源产业技术的进步。因此,要充分发挥技术政策对我国清洁能源产业发展的引领作用,坚持正确的技术发展方向。目前我国清洁能源产业技术与欧美等发达国家相比还存在着较大的差距,我国要实施赶超策略,成为清洁能源产业技术发展的领导者,必须注重营造良好的创新氛围,培养和提升清洁能源领域原始自主创新能力。党的十八届三中全会通过的《中共中央关于全面深化改革若干重大问题的决定》指出,健全技术创新市场导向机制,发挥市场对技术创新的要素配置导向作用,发展技术市场,建立主要由市场决定技术创新项目和经费分配、评价成果的机制;建立产学研协同创新机制,建设国家创新体系;健全技术创新激励机制,加强知识产权的运用和保护①。营造良好的社会创新氛围,打造良好的创新动力

---

① 中共中央关于全面深化改革若干重大问题的决定(2013年11月12日中国共产党第十八届中央委员会第三次全体会议通过)[J]. 求是,2013(22):6.

机制，使创新体现相应的社会价值，往往要比单纯地加大研发投入更加有效。我国要培养崇尚创新的社会价值观，打造服务性的政府，服务于我国技术创新的发展。尊崇能力本位，树立以能力本位为导向的社会价值观，形成人人尊重科学、尊重技术、尊重创新的社会氛围。推动清洁能源产业技术发展首先需要营造良好的创新机制，加大研发投入也是必不可少的。其次，集中力量解决面临的关键技术问题，掌握清洁能源领域的核心技术。最后，推动科技体制的改革，推动清洁能源技术的创新，加快清洁能源技术产业化的进程，加速我国清洁能源产业的发展。

1. 营造良好的创新机制

要促进清洁能源技术发展首先需要营造良好的创新机制，形成全社会崇尚创新的氛围。技术的进步需要科学家的奇思妙想和进取精神。培养和提升原始自主创新能力，需要形成良好的创新氛围，打造创新动力的社会价值取向，使全社会树立以创新为导向的社会价值观。创建鼓励创新、鼓励挑战权威的学术环境，给予人才一个思想自由的场所。完善创新的政策体系，建立配套的鼓励创新的政策，抓好政策的落实，使政策有效地服务于技术创新。其次，健全技术创新市场导向机制，发挥市场对技术创新的资源配置作用。建立主要由市场决定技术创新项目的机制，以市场为基础决定经费的分配。建立产学研创新协同机制，发挥企业作为创新主体的作用，构建企业间的创新联盟。建立面向市场的创新体系，促进创新资源的优化配置，提高科研成果的转化率。最后，健全技术创新激励机制，加强知识产权的运用和保护。提高人民加强知识产权保护的意识，制定知识产权保护战略，合理利用知识产权保护企业的利益，使清洁能源企业在激烈的国际竞争中实现利益最大化。

2. 加大清洁能源产业研发投入

技术的发展离不开资金的投入，目前我国研发经费投入强度与发达国家相比还有很大差距，必须进一步加大研发投入。我国在研发投入上应该广泛借鉴欧美发达国家的经验，深化研发投入改革。首先，我国政府应高度重视对清洁能源基础研发的投入，推动清洁能源的普及推广应用。其次，由中央财政承担基础研究的事权和支出责任，应用研究的事权和支出责任则主要由地方财政支持。再次，以清洁能源关键技术领域为突破口，集中力量解决清洁能源核心技术，形成清洁能源发展创新支持战略。政府部门既要强调创新战略的作用，也要注重对产业的引导。发挥政府资金对社会资本的引导和拉动作用，发挥市场主体对研发投入的积极性，吸引更多的社会资本进入清洁能源产业的研发领域。最后，深化科研项目管理体制改革，提高研发经费投入的针对性，从而提升我国科技研发经费的使用效率，提高清洁能源技术领域的投入产出比率。

3. 集中力量解决面临的关键技术问题

中国在清洁能源技术研发上已经积累了相对丰富的经验，并逐步缩小同发达国家在关键领域的差距[①]。但许多关键技术依然面临着"瓶颈"，目前并网难和储能技术的欠缺制约了风电和光伏发电的大规模应用，分布式发电商业模式尚未成熟，光伏产业依然是两头在外，提纯技术和市场普及发展缓慢，微电网技术较为薄弱。技术的进步不是一蹴而就的，而且资源也是有限的，因此，需要集中力量解决我国清洁能源领域面临的核心技术问题，以及痛点、难点问题。在光伏产业领域，需要提高多晶硅提纯技术，降低成本，使其发电成本进一步降低。在水电行业，发展先进的水电机组和超临界机组技术以及大型抽水蓄能机组的技术。在核电领域，我国核电退役市场还处于起步阶段，主要技术掌握在美国和欧洲少数几个国家手中，我国还没有掌握有效的乏燃料后处理技术。因此，我国应抓紧发展核电站退役处理技术，以应对即将到来的核电站退役需求。风能领域存在着"弃风"的问题，主要还是因为并网难和储能技术的欠缺制约了风电和光伏发电的大规模应用。我国风电和太阳能大多分布于西北欠发达地区，当地远远不能消耗所产出的电能，多出的电量输送至外省需要解决远距离的输送等问题，因此，我国急需解决如电力储存、转换和长距离输送等技术问题。

4. 推动技术产业化进程

我国目前依然面临严重的环境污染问题，解决环境污染问题刻不容缓。推动清洁能源产业的发展，可以减少传统能源的使用，从而减少对环境的污染和破坏。推动能源的普及推广，则需要推动技术产业化进程。推动清洁能源技术产业

---

① IEA. Energy Technology Perspectives 2015: Mobilizing Innovation to Accelerate Climate Action [R]. Executive Summary, 2015, 6-9.

化进程，首先要转变以往落后的发展观念，要重视培育国内市场，注重技术研发和科技创新。我国清洁能源依然有许多核心技术掌握在外国人手里，这使得我国清洁能源的发展经常受到国外政策的影响，掌握核心技术是我国未来清洁能源发展的方向。技术创新是清洁能源技术产业化发展的基础，要不断发现技术创新中存在的问题。产业发展路线不是一成不变的，在产业化进程中，要适时调整发展路线，推动清洁能源向正确的方向发展。最后形成清洁能源技术标准，打造清洁能源产业链，加速推动清洁能源技术产业化进程，塑造清洁能源知名品牌，推动清洁能源产业国际化进程，打造国际清洁能源企业。

5. 深化科技体制改革

随着清洁能源产业的发展，传统的创新模式已经远远无法支撑我国清洁能源产业的发展，建立适应时代发展需要的清洁能源科技创新体制已经成为必然选择。我国应深化科技体制改革，建立以市场为导向的科技创新模式，发挥企业作为市场主体的作用，推动清洁能源技术创新发展。以市场为导向，吸引更多的社会资源投入清洁能源的发展，通过竞争激发社会创新能力，推动清洁能源技术的进步。发挥市场对资源的有效配置作用，提高社会资源的利用效率，促使我国更快实现清洁能源发展目标。另外，制定可行的清洁能源技术发展政策，通过激励机制，鼓励社会投入资源，推动清洁能源产业技术创新。发挥企业在技术创新与成果转化过程中的引领作用，促进产学研一体化，建立有效的技术成果转化机制，在税收、市场准入、融资等方面给予优惠，推动清洁能源技术成果的转化，使企业与社会可以充分享受技术开发成果的效益。与此同时，提高技术研发人员的收入水平，使广大清洁能源科技工作者享受科技成果，从而推动清洁能源技术的发展。启动创业投资中心，鼓励广大科技人员及大学生创立清洁能源企业，给予其在公司开立、创新等方面的支持。

7.2.5 国际竞合

经济全球化的发展使各国的经济等方面的联系更加紧密。我国清洁能源产业的发展是在全球化背景下进行的，清洁能源企业也必然要面临全球化的合作与竞争。目前，全球大多数国家面临着因过度消耗而导致的能源危机和环境危机，解决这两大问题成为全球大多数国家的追求，这也为我国清洁能源的发展带来了机遇。全球普遍面临的能源危机和环境危机促使各国朝着一个方向共同努力，这也为各国的战略互信打下基础，使各国在清洁能源领域可以广泛开展合作。政府是有效实现战略互信的主体，在国际竞合中扮演着重要的角色。我国政府应该积极参与国际活动，为全球治理贡献中国智慧，也为清洁能源产业全球竞争与合作创造条件。政府应当引导企业之间的跨国合作，因时因地制宜，及时调整清洁能源国际竞合策略，加强政府的服务意识，促进清洁能源企业间的国际交流。熟练掌握现行的国际市场贸易准则，加强国际合作与谈判，加强与发达国家的沟通与交流，协调双方在清洁能源领域的矛盾，积极有效应对贸易摩擦。积极参与建立国际贸易新秩序，有效应对贸易保护主义，积极主动地开展国际竞争与合作。树立加强竞争意识，强化科技观念，大力支持清洁能源产业技术的创新发展，转变我国国际竞争方式，维护本国的利益。积极响应国家的"一带一路"倡议，加强与"一带一路"国家在清洁能源领域的合作，发挥当地在清洁能源领域资源和市场的优势以及我国在清洁能源技术方面的优势，实现互利共赢的局面。创新国际清洁能源技术转让机制，规避发达国家在清洁能源领域的技术壁垒，实现我国清洁能源技术的快速发展。

1. 熟悉并运用国际贸易准则

在经济全球化的今天，任何国家都很难置身于国际事务之外，积极主动地熟悉国际贸易秩序，应对全球市场的发展变动，有利于维护本国的经济利益。目前，欧美等发达国家掌握着清洁能源科技研发的优势，站在清洁能源发展的前端，引领着清洁能源发展的方向。而当前的国际贸易准则基本上又是由欧美等发达国家确立的，有利于维护欧美等发达国家的利益，不利于发展中国家经济技术的发展。但我们无法打破已经发展成熟的国际贸易秩序，只能在现行的国际贸易框架下，积极地维护本国的经济利益。我国政府应当注重培养熟悉并能够熟练运用国际贸易准则的人才，避免我国企业在参与国际竞争中违反国际贸易法律。同时，积极运用国际贸易准则这把武器维护本国清洁能源企业的利益。另外，积极研发清洁能源产业领先技术，引领清洁能源技术的潮流，制定清洁能源领域的技术标准，从而最大限度地维护我国清洁能源企业的利益。与此同时，加强与广大发展中国家的合作，参与制定并确立新的国际市场秩序，维护广大发展中国家的利益，为清洁能源企业发展创造良好的国际环境。

2. 树立竞争意识，参与国际竞争

全球化的发展对我国清洁能源企业来说既是机遇也是挑战，它使企业可以在一个更广大的国际市场上发展，但同时也面临更加激烈的国际化竞争。因此，我国清洁能源企业在参与国际化竞争中，首先就需要树立竞争意识，加强清洁能源技术的研发投入，注重企业的创新，树立危机意识，积极参与国际市场竞争。打好企业自身的基础，才能在国际市场的大海中乘风破浪，发展成一家国际化的清洁能源企业。其次要树立世界眼光，谋划全球。以自信的姿态，参与国际合作。我国已经具备足够的经济实力，可以为技术的发展提供厚实的经济基础。我国应该致力于发展清洁能源国际化品牌，应加强与发达国家之间的沟通与合作，协调相互之间的矛盾，争取共同将国际市场做大做强，携手共同发展，一起为全球化环境治理贡献力量。最后应加强与广大发展中国家的合作，发挥广大发展中国家在资源和市场上的优势以及我国在清洁能源技术上的优势，加快清洁能源产业梯度转移，提高发展中国家清洁能源使用比例，解决广大发展中国家的能源危机和环境危机，为全球节能减排做出贡献，树立我国的良好形象。

3. 积极应对贸易摩擦

近年来，美国等发达国家的贸易保护主义不断抬头，给我国清洁能源的发展带来了巨大的挑战。中国经济的发展和在科技领域取得的成就让美国感受到压力，对此，美国采取一些抑制阻碍中国发展的措施是不可避免的，未来可能会愈演愈烈。为此，我国应有效运用国际法则，积极应对贸易摩擦，维护清洁能源等产业的发展。我国在面对清洁能源产业的贸易摩擦和争端时，应当采取有效的措施，不能逃避退让，要坚决予以反击，积极运用国际法则，保护本国企业的利益。在应对贸易摩擦的过程中，要着眼于长远利益，不能只看到眼前，要注重树立国家的良好声誉。加强与其他发展中国家的合作，不能各自迎战，集中发展中国家的力量，共同应对贸易保护主义的威胁，促进国际市场的公平发展。寻求与发达国家的利益共同点，加强与发达国家相关领域的合作，避免贸易争端。对受国际贸易争端影响重大的清洁能源企业,给予一定的支持,使其可以更好地渡过难关。鼓励国内清洁能源企业抱团到国外投资建厂,避免贸易保护壁垒,优先选择一些市场潜力大的价值洼地进行投资,优化我国清洁能源产业的全球布局。

4. 加强与"一带一路"国家清洁能源合作

清洁能源产业将成为推动国际能源合作迈向绿色低碳新里程的重要支点,也将为全球能源治理新秩序的构建提供不竭动力[①]。"一带一路"倡议的提出为我国清洁能源产业"走出去"创造了良好的条件。我国政府应发展清洁能源外交,促进全球的环境治理,树立负责任的国家形象。鼓励企业参与"一带一路"的建设,拓展与"一带一路"国家在清洁能源领域的合作渠道。"一带一路"沿线国家拥有丰富的清洁能源资源,各国也因为环境危机或者能源危机而急需发展本国的清洁能源产业,但由于缺乏技术、人才以及资金,而难以发展本国的清洁能源产业。我国相关企业应充分发挥在清洁能源技术上的优势,加强与"一带一路"国家在清洁能源领域的合作,利用当地资源和市场优势,发展当地的清洁能源产业,推动我国清洁能源产业走出去。通过加强清洁能源领域的合作促进我国清洁能源产业的优化升级,提升我国在清洁能源领域和全球环境治理领域的话语权和影响力。同时,促进"一带一路"沿线国家清洁能源的发展,改善当地的能源消费结构,促进当地的就业和经济发展,从而改善当地的环境,提高当地人民的生活水平,获得"一带一路"国家人民的认同和支持,从而提升我国的形象和国际影响力。

5. 创新清洁能源技术合作与转让的机制

国际市场的竞争实质上就是技术的竞争,谁拥有行业领先的核心技术,谁就掌握了国际市场的话语权。建立有效的清洁能源技术合作与转让机制,有利于促进企业重视自身创新能力的提高,不断开发新技术,并通过多种形式的手段进行技术转让,实现企业价值的最大化。加强国际清洁能源技术合作,有利于我国清洁能源企业针对不同的国家、不同的地区开发个性化的产品,消除在知识产权保护等方面的障碍,为发展中国家提供适应当地经济发展水平的环境友好型产品。

---

① 李昕蕾. "一带一路"框架下中国的清洁能源外交——契机、挑战与战略性能力建设[J]. 国际展望, 2017, 9(03): 36–57, 154–155.

另外，加强清洁能源企业间合作有利于补齐我国在清洁能源领域的短板，提升我国清洁能源领域的国际竞争力。企业间的合作也有利于我国清洁能源企业树立全球化思维和全球化导向，以全球化的战略眼光布局企业的发展。政府之间应当加强合作，由两国政府提供激励政策，鼓励清洁能源企业跨国合作，同时构建两国企业在清洁能源技术上的创新平台，促进技术的进步。选择联合研发为突破口，联合研发可以更好地配置两国低碳研发资源，使研发效率提高[①]。加强国际清洁能源技术转让，为清洁能源技术转让提供激励措施，发挥企业作为市场主体的作用，为清洁能源技术合作和转让提供快捷方便的渠道，使其得以顺利进行。

7.2.6 配套措施

完善的保障措施，除了在资金和人才方面的支持外，还需要加强知识产权保护、提升公民意识、加强产业发展规划协调等。清洁能源产业是一个知识密集型的产业，清洁能源产业的发展离不开知识产权的保护，只有充分加强知识产权的保护，才能促进清洁能源产业技术的发展，维护清洁能源企业的利益，使企业能够更加重视对清洁能源技术研发的投入。另外，要加强政策的宣传，提高公民对发展清洁能源的认识，鼓励公民参与到清洁能源产业的发展当中来，使清洁能源产业的发展可以得到广泛的民众基础。完善立法，使清洁能源产业的发展得到法律的保障，建立监督机制，促进资源的有效配置和清洁能源产业的健康发展。此外，要协调清洁能源产业的发展规划，首先协调各地区清洁能源产业的发展，其次协调清洁能源和传统能源的发展，最后协调清洁能源项目与配套措施的发展，使清洁能源产业发展能够有效地集成运行。与此同时，建立清洁能源产业统一管理机构，减少清洁能源项目审批时间，集中管理清洁能源项目，统一规划清洁能源产业的发展，减少重复投资等行为，从而提高资源的利用效率，推动各地区清洁能源的协调发展，促进我国清洁能源产业的进步。

---

① 薛睿. 中国低碳经济发展的政策研究［D］. 北京：中共中央党校，2011.

1. 加强知识产权保护

加强知识产权的保护对我国清洁能源技术的发展具有重要意义。随着我国企业的结构升级，技术创新型的企业对我国的发展将起到越来越重要的作用，加强知识产权保护已经越来越迫切。要加强我国知识产权的保护首先应该建立尊重知识产权的观念，倡导知识产权创造价值、产权所有者享有回报的价值导向。加强对侵犯知识产权的惩罚力度，破解知识产权侵权诉讼"赔偿低"的问题。其次，要降低维权成本，由败诉方承担主要支出，对恶意侵权等严重侵权情节的，加大惩罚力度，让侵权者付出沉重代价，有效遏制侵权的行为。我国应当实行更加严格的知识产权保护制度，适应我国深化经济改革、转变经济发展动能的需要，搭建适应创新发展的环境，使开发成果更好地惠及人民。加强知识产权保护，有利于鼓励清洁能源企业创新，保护智力成果，推动清洁能源技术的转让与传播，促进清洁能源企业与国外的交流与合作，促进市场的公平竞争，实现清洁能源产业的飞速发展。

2. 加强政策宣传，争取广大民众支持

清洁能源产业的发展离不开群众的支持，我国应提高民众参与清洁能源建设的程度，争取广大人民的支持。我国应多渠道向公众宣传关于清洁能源产业发展的实际情况，提高群众对清洁能源产业发展的兴趣，增强群众使用清洁能源、保护环境的意识。由于政策的专业性和产业发展的复杂性，群众对清洁能源产业发展的了解有限，对清洁能源产业政策的内容和实施效果也知之甚少。因此建议有关部门进入社区、中学等地方讲解政策知识以及清洁能源产业发展的现状，从而加深群众对清洁能源产业发展的认识以及对清洁能源政策的了解。只有公众切实了解清洁能源发展的现状和政策的效果，才能吸引群众参与到清洁能源的发展当中去，才可以使清洁能源的发展真正取得群众的支持，才能为清洁能源发展打造深厚的民众基础。有了强大的民众支持基础，才能为清洁能源的发展提供广大的消费市场，才能够协调各个市场主体的利益，为清洁能源的规划发展摆平障碍，从而切实推动我国清洁能源产业的发展。

3. 完善清洁能源产业立法保障

随着经济的发展，我国的法制建设得到巨大的进步，法律体系不断完善，但我国的清洁能源产业还没有形成一套系统的法律体系，清洁能源产业的发展缺少法律的保障。完善我国清洁能源产业的立法保障，有利于为我国清洁能源发展提供法律支持。我国应抓紧完善专门针对清洁能源产业的法律体系，以适应我国清洁能源产业突飞猛进的发展势头。完善清洁能源产业立法保障，确保清洁能源产业的发展有法可依，使各地区清洁能源产业发展得到明晰的指引，减少因清洁能源概念不一致而导致的混乱，有力促进各地清洁能源的协调发展，从而保持清洁能源产业发展的战略地位。对于清洁能源产业立法来讲，应当统筹中央与地方，考虑清洁能源的长远发展，兼顾不可预测的风险，规范政府、企业、用户等主体的权利与义务。完善统筹清洁能源立法体系，应当体现严谨的法治精神，科学合理地设计适应我国国情的法律条例，从而为清洁能源产业发展提供科学的法律保障。

4. 协调各区域清洁能源产业发展

实现清洁能源产业科学发展，需要协调各区域清洁能源发展规划，使地方清洁能源发展规划与中央规划相统一。协调中央与地方清洁能源发展规范可以避免重复建设，使资源得到有效利用。同时协调地方风电、光伏发电和电网发展规划，使电网发展规划与清洁能源发展规划相协调，减少"弃风""弃光"等现象，打通能源输送通道，实现优势地区资源有效利用，促进清洁能源产业良性发展。保证清洁能源装机容量发展与配套基础设施的发展协调一致，特别是在那些资源供应和需求不配套的地方，有必要开展研究，解决如电力储存、转换和长距离输送等问题，补齐清洁能源技术发展的短板，协调清洁能源的发展。连接和扩大平衡区域，促进清洁能源的整合，加强对负责清洁能源并网的电网运营者发展的支持力度。制定有效的综合规划，协调发电量和输电基础设施的发展，推动清洁能源的有效集成利用。

5. 建立清洁能源统一管理机构

建立国家级的可再生能源统一管理机构，为解决可再生能源产业发展中的一系列具体问题提供组织保障，继而为可再生能源创造一个持续、稳定的发展体制环境[①]。建立清洁能源统一管理机构，有利于为清洁能源产业搭建多元公共服

---

① 栗宝卿. 促进可再生能源发展的财税政策研究[D]. 财政部财政科学研究所，2010.

务平台，从而为清洁能源产业的发展提供专业化的服务，推动清洁能源产业的协调发展。清洁能源产业统一管理机构应当以政府为服务主体，为众多的清洁能源企业提供专业化的服务，协调地方和中央的清洁能源产业规划，实现清洁能源产业发展资源的有效利用。通过统一的管理机构，搭建清洁能源企业信息系统，提供精细化的服务，解决清洁能源企业面临的急需解决的问题，提升服务水平，推动清洁能源产业的发展。为清洁能源企业提供技术研发、融集资金、人才引进等全方位的服务，有效促进清洁能源企业的成立和发展。另外，利用机构自身的传导效应，发挥中介作用，加强企业与其他组织之间的联系，加强与传统产业的融合、相互扶持和借鉴，使清洁能源产业得到长足的发展。

参考文献

［1］白洋. 促进低碳经济发展的财税政策研究［D］. 中国社会科学院研究生院，2014.

［2］北京大学国家发展研究院能源安全与国家发展研究中心、中国人民大学经济学院能源经济系联合课题组，王敏. 关于中国风电和光伏发电补贴缺口和大比例弃电问题的研究［J］. 国际经济评论，2018（04）：67-85，6.

［3］［美］保罗·萨缪尔森，威廉·诺德豪斯. 经济学（第18版）［M］. 萧琛，译. 北京：人民邮电出版社，2008.

［4］陈周树，乔翠霞. 中国智能手机产业现状分析——基于SCP范式［J］. 经济视角，2016（06）：42-48.

［5］程荃. 欧盟新能源法律与政策研究［D］. 武汉大学，2012.

［6］陈夜晓. 基于SCP范式的武汉市旅行社业发展研究［D］. 华中师范大学，2013.

［7］丛少兰. 我国新能源产业的发展及促进对策［J］. 中国高新技术企业，2014（26）：17-18.

［8］崔民选. 中国能源发展报告［M］. 北京：社会科学文献出版社，2012.

［9］戴军，涂海丽. 江西核电产业发展机遇、挑战与政策选择［J］. 老区建设，2016（22）：12-14.

［10］邓远建，肖锐，严立冬. 绿色农业产地环境的生态补偿政策绩效评价［J］. 中国人口、资源与环境，2015，25（01）：120-126.

［11］丁芸. 促进新能源产业发展的财税政策选择［J］. 税务研究，2016（06）：14-19.

［12］董玉平，王理鹏，邓波，等. 国内外生物质能源开发利用技术［J］. 山东大学学报（工学版），2007，37（03）：64-69.

［13］杜祥琬. 核能：绿色能源支柱——对我国核能发展战略的几点思考［J］. 中国战略新兴产业，2014（10）：30-32.

［14］杜祥琬，叶奇蓁，徐銤，等. 核能技术方向研究及发展路线图［J］. 中国工程科学，2018，20（03）：17-24.

［15］段培君. 中国清洁能源发展战略研究［J］. 理论视野，2012（12）：30-34.

［16］樊胜岳. 基于公共价值的生态建设政策绩效评价研究［J］. 行政论坛，2013，20（04）：34-39.

［17］樊胜岳，陈玉玲，徐均. 基于公共价值的生态建设政策绩效评价及比较［J］. 公共管理学报，2013，10（02）：110–116，142–143.

［18］方促进. 江西新能源产业发展现状、问题及对策［J］. 企业经济，2013，（12）：19-22.

［19］冯雪娇，王松，王默，等. 美国新能源创新政策的探究及其对我国的启示［J］. 江西科学，2016，34（05）：712-716.

［20］付丽苹，刘爱东. 我国清洁能源发展的驱动力及对策研究［J］. 经济学家，2012（07）：46-52.

［21］付丽苹，刘爱东. 我国清洁能源发展驱动因素及测度研究［J］. 科技进步与对策，2012，29（18）：132-136.

［22］付实. 西部新能源产业自我发展能力量化分析及提升路径［J］. 经济体制改革，2015（03）：188-193.

［23］高媛. 基于SWOT分析江西光伏产业发展的对策［J］. 绿色科技，2015（08）：308-309.

［24］顾承卫. 新时期我国地方引进海外科技人才政策分析［J］. 科研管理，2015，36（S1）：272-278.

［25］顾海兵，李志云. 国内天然气行业垄断程度研究［J］. 国家行政学院学报，2017（04）：121-127，148.

［26］国务院发展研究中心"新能源和可再生能源开发利用的机制和政策"课题组，

吕薇. 我国可再生能源发展现状与政策取向 [J]. 发展研究, 2009（01）:4-8.

［27］国家能源局. 核电中长期发展规划（2011—2020年）[R]. 北京：国务院, 2013.

［28］辜胜阻, 王晓杰. 新能源产业的特征和发展思路 [J]. 经济管理, 2006（11）: 29-32.

［29］何代欣. 大国转型背景下的新能源领域财税政策 [J]. 税务研究, 2016（06）: 20-24.

［30］何柏青, 王自敏, 曹国涛. 浅析江西省光伏产业的发展瓶颈及解决方案 [J]. 福建质量管理, 2016（05）: 80.

［31］何莽, 夏洪胜. 新能源经济中风险投资现状及发展对策研究 [J]. 特区经济, 2009（01）: 225-226.

［32］何庆华, 何文渊. 顺应世界趋势加快发展我国天然气产业 [J]. 天然气经济, 2004（06）: 11-16, 72.

［33］黄珺仪, 梁峰. 国内外清洁能源产业电价管制政策绩效的比较分析 [J]. 吉林工商学院学报, 2016, 32（01）: 10-15.

［34］黄凌翔. 土地供给经济系统运行时空变化特征及政策绩效评价研究——基于宏观调控视角 [J]. 当代经济管理, 2015, 37（04）: 74-78.

［35］黄有全. 华西能源公司营销模式创新初探 [D]. 电子科技大学, 2010.

［36］黄晓波, 宋朋林. 平衡计分卡法在惠农补贴政策绩效评价中的探讨 [J]. 农业经济, 2012（12）: 118-119.

［37］侯艳良. 谈SCP范式在中国的应用与新发展 [J]. 商业时代, 2011（05）: 127-128.

［38］霍健. 基于SCP范式的"后石油时代"石油产业组织演进研究 [D]. 中国社会科学院研究生院, 2017.

［39］姜雅. 日本的新能源及节能技术是如何发展起来的 [J]. 国土资源报, 2007（08）: 35-39.

［40］江勇. SCP范式下我国银行业市场结构研究 [D]. 复旦大学, 2008.

［41］井志忠. 日本新能源产业的发展模式 [J]. 日本学论坛, 2007（01）: 74-79.

［42］蒋一澄. 欧盟能源政策：动力、机制与评价 [J]. 浙江社会科学, 2006

(01): 108-112.

[43] 蒋先玲, 王琰, 吕东锴. 新能源产业发展中的金融支持路径分析[J]. 经济纵横, 2010(08): 50-53.

[44] 寇静娜, 闫瑾. 创新理论框架下欧盟可再生能源发展路径研究[J]. 理论界, 2014(03): 78-82.

[45] 郎咸平, 孙晋, 麦心韵, 等. 控制产业链——夏普、尚德如何在光伏产业致胜[J]. 深圳特区科技, 2008(04): 68-79.

[46] 乐欢. 美国能源政策研究[D]. 武汉大学, 2014.

[47] 雷京. 新能源产业促进绿色经济发展——江西省瑞金市[J]. 绿色中国, 2017(24): 37.

[48] 雷仲敏, 周广燕, 邱立新. 基于费—效分析框架的国家节能减排政策绩效评价研究——以山东省为例[J]. 区域经济评论, 2013(04): 86-93.

[49] 雷勋平, Robin Qiu. 农村低保政策绩效评价及障碍因子诊断[J]. 统计与决策, 2017(18): 111-114.

[50] 栗宝卿. 促进可再生能源发展的财税政策研究[D]. 财政部财政科学研究所, 2010.

[51] 李彬. 我国新能源融资分析[J]. 理论界, 2010(01): 45-46.

[52] 李苓. 低碳经济背景下江西省新能源产业发展研究[D]. 南昌大学, 2015.

[53] 李伦. 基于SCP范式的中国风机产业分析[J]. 商, 2015(02): 250-251.

[54] 李涛, 廖和平, 孙海, 等. 城市土地供应政策绩效评价研究——以重庆市都市发达经济圈为例[J]. 西南大学学报(自然科学版), 2014, 36(6): 142-148.

[55] 李昕蕾. "一带一路"框架下中国的清洁能源外交——契机、挑战与战略性能力建设[J]. 国际展望, 2017, 9(03): 36-57, 154-155.

[56] 李新强, 王思童.《光伏发电并网逆变器技术规范》结束光伏逆变器行业缺少统一行标的时代[J]. 电器工业, 2013(05): 45-46.

[57] 李昱璐. 山西煤炭行业的SCP范式分析[J]. 现代商贸工业, 2018, 39(29): 7-8.

[58] 梁慧刚, 汪华方. 全球绿色经济发展现状和启示 [J]. 新材料产业, 2010 (12): 27-31.

[59] 梁苡萍. 基于SCP范式的中国风电产业组织研究 [D]. 东华大学, 2012.

[60] 林卫斌, 付亚楠. 发达国家可再生能源发展机制比较 [J]. 开放导报, 2018 (03): 23-27.

[61] 刘邦凡, 张贝, 连凯宇. 论我国清洁能源的发展及其对策分析 [J]. 生态经济, 2015, 31 (08): 80-83, 92.

[62] 刘国永. 环保支出政策绩效评价探索与思考 [J]. 中国财政, 2018 (04): 10-12.

[63] 刘红丽. 促进我国清洁能源发展的财税政策研究 [D]. 天津工业大学, 2017.

[64] 刘剑. 政府推动清洁能源产业发展研究 [D]. 山东师范大学, 2014.

[65] 刘宁. 我国清洁能源技术的政策保障机制研究 [J]. 科技管理研究, 2014, 34 (04): 6-10.

[66] 刘婷婷, 马海群. 信息安全政策绩效评价的指标体系框架构建 [J]. 农业网络信息, 2014 (03): 25-28.

[67] 刘希宋, 夏志勇, 赵寰. 基于全面建设小康社会的支柱产业政策绩效评价 [J]. 科学与科学技术管理, 2005 (06): 116-119.

[68] 刘晓凤, 陶君成. 我国物流业税收政策绩效评价研究 [J]. 交通财会, 2013 (04): 24-31.

[69] 刘晓凤, 陶君成. 我国物流业税收政策绩效评价研究 [J]. 石河子大学学报 (哲学社会科学版), 2013, 27 (04): 62-68.

[70] 刘小丽. 中国天然气市场发展现状与特点 [J]. 天然气工业, 2010, 30 (07): 1-6, 125.

[71] 刘秀莲. 欧盟国家新能源产业重点领域选择、目标及政策借鉴 [J]. 经济研究参考, 2011 (16): 40-51.

[72] 龙春阳. 我国现阶段高等教育质量政策绩效评价初探 [J]. 知识经济, 2015 (19): 119-120.

[73] 鲁峰. 新能源产业可持续发展的战略思考 [J]. 宏观经济管理, 44-46.

[74] 卢晓彤. 中国低碳产业发展路径研究 [D]. 华中科技大学，2011.

[75] 罗如意，林晔. 美国太阳能扶持政策解析 [J]. 能源技术，2010，31（02）：89-92.

[76] 罗声远. 基于 SCP 范式的我国生鲜电商行业分析与建议 [D]. 首都经济贸易大学，2017.

[77] 马杰. 促进我国清洁能源发展的财税政策研究 [D]. 中国地质大学（北京），2015.

[78] 马杰，郝文静. 江西省清洁能源产业技术创新研究 [J]. 经营与管理，2017（11）：85-88.

[79] 苗春竹. 我国滑雪产业的 SCP 范式分析 [J]. 体育文化导刊，2018（02）：99-103.

[80] 宁宇新. 促进我国清洁能源产业可持续发展的对策研究——基于政治经济学视角的分析 [J]. 内蒙古社会科学（汉文版），2016，37（02）：119-123.

[81] 牛学杰，李常洪. 中国新能源产业发展战略定位、政策框架与政府角色 [J]. 中国行政管理，2014（03）：100-103.

[82] 牛晓灿. 基于 SCP 范式的中国棉花流通产业发展研究 [D]. 山西财经大学，2016.

[83] 裴莹莹，罗宏，薛婕，等. 中国环境服务业的 SCP 范式分析 [J]. 中国环境管理，2018，10（03）：89-93.

[84] 祁和生. 2012—2013 年上半年全球大型风电产业发展报告 [A]. 中国农机工业协会风能设备分会，2013.

[85] 齐正平. 我国分布式能源发展现状分析与建议 [J]. 电器工业，2017（12）：22-29.

[86] 钱伯章. 国际可再生能源新闻 [J]. 太阳能，2015（12）：76.

[87] 秦宝财. 基于 SCP 范式的中国风电产业发展研究 [D]. 华北电力大学，2012.

[88] 冉丹，高崴. 吉林省新能源产业现状与发展对策研究 [J]. 工业技术经济，

2010, 29（07）: 27-30.

[89] 沈鑫, 涂远东, 王军, 等. 中国天然气利用的战略方向选择及政策建议 [J]. 国际石油经济, 2016, 24（10）: 69-78.

[90] 慎先进, 王海琴. 德国可再生能源法及其借鉴意义 [J]. 经济研究导刊, 2012（35）: 154-155.

[91] 宋成华. 中国新能源的开发现状、问题与对策 [J]. 学术交流, 2010, 03: 57-60.

[92] 宋艳霞. 我国风电产业发展的财税支持政策研究 [D]. 财政部财政科学研究所, 2010.

[93] 宋伟, 徐飞, 张心悦. 政策溢出视角下的区域知识产权政策绩效提升研究——基于我国29个省、市、自治区的实证分析 [J]. 科学与科学技术管理, 2012, 33（7）: 77-83.

[94] 苏世伟, 宓春秀. 中外生物质能源政策差异性分析 [J]. 中外能源, 2016, 21（11）: 14-20.

[95] 孙德强, 张涵奇, 卢玉峰, 等. 我国天然气供需现状、存在问题及政策建议 [J]. 中国能源, 2018, 40（03）: 41-43, 47.

[96] 孙鹏, 张力. 新能源产业价格补贴该由谁来买单 [J]. 财经论丛, 2014（02）: 90-97.

[97] 唐欲静. 产业并购及其价值创造研究 [J]. 商业时代, 2009（10）: 67-69.

[98] 田满文. 生态文明建设背景下低碳并购的新模式 [J]. 企业经济, 2014, 33（12）: 11-15.

[99] 田辉. 金融支持清洁能源发展借鉴 [J]. 中国金融, 2018（03）: 89-90.

[100] 田宇. 我国新能源产业财税政策研究 [D]. 北京交通大学, 2015.

[101] 宛里鹏. 市场经济条件下降低石油天然气成本途径的研究 [J]. 当代经济, 2014（14）: 38-39.

[102] 王多云, 张秀英. 新能源发展中的财政政策探析 [J]. 财会研究, 2010（14）: 6-8.

[103] 王春燕.《京都议定书》的生效及其对中国经济发展的影响 [J]. 求实,

2005（S2）：217-218.

[104] 王飞跃, 孙奇, 江国进, 等. 核能 5.0：智能时代的核电工业新形态与体系架构 [J]. 自动化学报, 2018, 44（05）：922-934.

[105] 王峰峰. 日本太阳能发电固定价格收购制度 [J]. 华东电力, 2010, 38（10）：1636-1639.

[106] 汪耕. 我国核电站 1000MWe 级发电机容量和转速选择的分析 [J]. 上海电机厂科技情报, 1999（04）：1-10.

[107] 王丽. "一带一路"背景下中国与中亚国家能源合作的问题及对策 [J]. 对外经贸实务, 2018（09）：37-40.

[108] 王林军, 许立晓, 邵磊, 等. 碟式太阳能自动跟踪系统传动机构的误差分析 [J]. 农业工程学报, 2014, 30（18）：63-69.

[109] 王萌. 日本新能源产业发展分析 [D]. 吉林大学, 2013.

[110] 王金凤, 李平, 马翠萍, 等. 北京山区区域公共政策绩效评价研究——以"十五"、"十一五"时期北京山区政策为例 [J]. 农业经济问题, 2014, 35（05）：55-60.

[111] 王顺龙. 新能源产业并购重组对产业结构影响的研究 [D]. 上海交通大学, 2015.

[112] 汪晓梦. 区域性技术创新政策绩效评价的实证研究——基于相关性和灰色关联分析的视角 [J]. 科研管理, 2014, 35（05）：38-43.

[113] 王衍行, 汪海波, 樊柳言. 中国能源政策的演变及趋势 [J]. 理论学刊, 2012（09）：70-73.

[114] 王阳. 太阳能光伏发电的分析与政策建议 [D]. 中国石油大学（北京）, 2016.

[115] 王雨. 光伏发电在我国农村及偏远地区的推广与利用研究 [D]. 中国农业科学院, 2012.

[116] 王越巍. 浅析我国核电发展中存在的问题 [J]. 当代经济, 2011（17）：36-37.

[117] 温晓慧, 杨思留. 我国清洁能源产业发展的金融支持路径研究 [J]. 兰州

学刊, 2011（11）: 199-201.

[118] 吴运声. 浅析我国核电业发展面临的问题 [J]. 商业经济, 2010（04）: 53-54.

[119] 夏心欣. 中日核能发展的风险分析 [D]. 上海外国语大学, 2012.

[120] 夏云峰. 2017年中国主要风电政策梳理 [J]. 风能, 2018（01）: 36-41.

[121] 肖新建. 2011年中国核电发展状况、未来趋势及政策建议 [J]. 中国能源, 2012, 34（02）: 18-23, 47.

[122] 谢飞. 我国新能源产业发展现状、问题及对策 [J]. 中国经贸导刊, 2013（23）: 33-34.

[123] 谢旭轩, 王仲颖, 高虎. 先进国家可再生能源发展补贴政策动向及对我国的启示 [J]. 中国能源, 2013, 35（08）: 15-19.

[124] 谢知之. 基于SCP范式对我国证券业的研究 [D]. 西南财经大学, 2013.

[125] 邢晓东. 基于产业链嵌入的企业成长机制研究 [D]. 大连理工大学, 2011.

[126] 邢万里. 2030年我国新能源发展优先序列研究 [D]. 中国地质大学（北京）, 2015.

[127] 徐步朝, 张延飞, 花明. 低碳背景下中国核能发展的模式与路径分析 [J]. 资源科学, 2010, 32（11）: 2186-2191.

[128] 徐枫, 李云龙. 基于SCP范式的我国光伏产业困境分析及政策建议 [J]. 宏观经济研究, 2012（06）: 11-20.

[129] 徐丽秋, 兰奕, 孙晓婷, 等. 风电行业发展、运维及设备润滑现状 [J]. 润滑油, 2018, 33（05）: 6-15.

[130] 薛强军, 王仲珏, 王智明. 风电装备整机与铸件生产的现状及展望 [J]. 现代铸铁, 2009, 29（03）: 18-22.

[131] 薛睿. 中国低碳经济发展的政策研究 [D]. 中共中央党校, 2011.

[132] 熊兴. 中美清洁能源合作研究: 动因、进程与风险 [D]. 华中师范大学, 2015.

[133] 严扬帆. 中国汽车产业的技术创新问题研究 [D]. 广西大学, 2007.

［134］闫静. "一带一路"倡议框架下中俄能源合作模式探析——基于国际政治关系理论［J］. 学理论, 2018（09）: 85-86.

［135］杨雷, 景春梅. 中国如何争夺LNG市场话语权［J］. 能源, 2017（12）: 33-35.

［136］杨萌. 核电工业获政策性支持, 每年千亿元级新增投资可期［N］. 证券日报, 2018-06-12.

［137］杨阳, 应淑雯. 基于SCP视角的中国电子商务B2C产业分析［J］. 商场现代化, 2015（08）: 36-37.

［138］叶奇蓁. 未来我国核能技术发展的主要方向和重点［J］. 中国核电, 2018, 11（02）: 130-133.

［139］袁炯. 气候资源开发利用制度研究［D］. 海南大学, 2017.

［140］余海胜. 能源战争［M］. 北京: 北京大学出版社, 2012.

［141］余亮亮, 蔡银莺. 基于农户满意度的耕地保护经济补偿政策绩效评价及障碍因子诊断［J］. 自然资源学报, 2015, 30（07）: 1092-1103.

［142］余志强. 江西新能源产业发展支持体系研究［D］. 江西财经大学, 2012.

［143］［美］詹姆斯·M·布坎南. 自由、市场和国家［M］. 吴良健, 桑伍, 曾获, 译. 北京: 北京经济学院出版社, 1988.

［144］张伯松. 中国风电产业融资问题研究［D］. 中国地质大学（北京）, 2011.

［145］张冰洁. 我国新能源汽车产业现状与SCP框架分析［J］. 现代商业, 2017（21）: 46-47.

［146］张方雷, 范蕊. 光伏行业发展现状及政府扶持政策研究［J/OL］. 中国战略新兴产业: 1-3.

［147］张荐华, 刘培生. 我国财政对粮食直接补贴的政策绩效评价［J］. 学术探索, 2015（04）: 60-66.

［148］张海龙. 中国新能源发展研究［D］. 吉林大学, 2014.

［149］张璐阳. 低碳信贷——我国商业银行绿色信贷创新性研究［J］. 金融纵横, 2010（04）: 34-37.

［150］张卿. 对我国民用核能公众参与现状的反思和建议——以江西彭泽核电争议为切入点［J］. 研究生法学，2014，29（02）：82-92.

［151］张清立. 美日能源税制与相关产业发展研究［D］. 吉林大学，2014.

［152］张禄庆. 第三代核电技术在中国核电发展中的作用［J］. 国防科技工业，2007（05）：35-37.

［153］张嵘，韩颖. 小水电经济效益及可持续发展研究［J］. 经济视角（下），2013（11）：38-39.

［154］张抒阳，张沛，刘珊珊. 太阳能技术及其并网特性综述［J］. 南方电网技术，2009，3（04）：64-67.

［155］张廷克，李闽榕，潘启龙. 中国核能发展报告（2018）［M］. 北京：社会科学文献出版社，2018.

［156］张宪昌. 中国新能源产业发展政策研究［D］. 中共中央党校，2014.

［157］张晓. 我国可再生能源电力价格与补贴分析［D］. 江西财经大学，2015.

［158］张晓卯. 构建上海公共建筑能耗数据库推出上海公共建筑节能指数［J］. 上海节能，2017（07）：383-392.

［159］张晓鹏. 新能源产业发展的困境及对策［J］. 科技风，2017（20）：1.

［160］张易航. 基于SCP视角的共享经济企业的竞争策略比较分析——以滴滴出行VS Uber为例［J］. 时代金融，2018（15）：193-196，205.

［161］张玉卓. 中国清洁能源的战略研究及发展对策［J］. 中国科学院院刊，2014，29（04）：429-436.

［162］张元元，王琴梅. 能源消耗与陕西省产业结构关系的实证研究［J］. 经济与管理，2011，25（09）：79-83.

［163］张再生，牛晓东. 基于DEA模型的人才政策绩效评价研究——以天津市人才政策文件为例［J］. 管理现代化，2015，35（03）：73-75.

［164］赵娇. 国外能源发展政策对我国的启示及我国能源政策选择［J］. 河南社会科学，2010，18（02）：207-209.

［165］赵欣，夏洪胜. 我国新能源产业发展的困境及对策分析［J］. 未来与发展，2010，33（08）：48-51.

[166] 郑代良, 钟书华. 中国高层次人才政策现状、问题与对策 [J]. 科研管理, 2012, 33 (09): 130-137.

[167] 周展. 基于 Elman 神经网络控制的风电最大功率点追踪的研究 [D]. 湖南大学, 2016.

[168] 周波. 中国的节能减排困境和财税政策选择 [J]. 中国人口、资源与环境, 2011, 21 (06): 79-82.

[169] 周裕君. 基于修正 SCP 范式创业投资机构绩效的实证研究 [D]. 东华大学, 2014.

[170] 朱炜. 对我国光伏行业的行业分析及应对策略 [J]. 现代经济信息, 2016 (13): 337.

[171] 朱亚明. 清洁能源的并购需政企联动 [J]. 中国电力企业管理, 2015 (09): 39.

[172] 朱再昱, 赖冬蓉, 许跃峰. 集体林权制度改革政策绩效评价 [J]. 江西社会科学, 2013, 33 (07): 191-195.

[173] 邹结富, 杨英. 我国水电产业发展趋势分析 [J]. 水力发电, 2002 (01): 1-4, 8.

[174] 中国能源中长期发展战略研究项目组. 中国能源中长期（2030、2050）发展战略研究可再生能源卷 [M]. 北京: 科学出版社, 2011.

[175] Brown M A. Market failures and barriers as a basis for clean energy policies [J]. Energy Policy, 2001, 29 (14): 1197–1207.

[176] Chalk S G, Miller J F. Key challenges and recent progress in batteries, fuel cells, and hydrogen storage for clean energy systems [J]. Journal of Power Sources, 2006, 159 (1): 73–80.

[177] Cherni J A, Kentish J. Renewable energy policy and electricity market reforms in China [J]. Energy Policy, 2007, 35 (7): 3616–3629.

[178] Contestabile M. Energy policy: Financing clean energy [J]. Nature Climate Change, 2014, 4 (9): 758–758.

[179] Desideri U, Yan J. Clean energy technologies and systems for a sustainable

world [J]. Applied Energy, 2012, 97 (05): 1-4.

[180] Fouquet D, Johansson T B. European renewable energy policy at crossroads—Focus on electricity support mechanisms [J]. Energy Policy, 2008, 36 (11): 4079-4092.

[181] Furukawa H, Yaghi O M. Storage of hydrogen, methane, and carbon dioxide in highly porous covalent organic frameworks for clean energy applications [J]. Journal of the American Chemical Society, 2009, 131 (25): 8875-8883.

[182] Ge Y, Zhi Q. Literature review: The green economy, clean energy policy and employment [J]. Energy Procedia, 2016, 88: 257-264.

[183] Huenteler J, Schmidt T S, Kanie N. Japan's post-Fukushima challenge – implications from the German experience on renewable energy policy [J]. Energy Policy, 2012, 45 (C): 6-11.

[184] IAEA. Advances in small modular reactor technology develop-ments, 2016 edition [R]. Vienna: IAEA, 2016.

[185] Klessmann C, Held A, Rathmann M, et al. Status and perspectives of renewable energy policy and deployment in the European Union—What is needed to reach the 2020 targets [J]. Energy Policy, 2011, 39 (12): 7637-7657.

[186] Kobos P H, Erickson J D, Drennen T E. Technological learning and renewable energy costs: implications for US renewable energy policy [J]. Energy Policy, 2006, 34(13): 1645-1658.

[187] Lipfert F W, Lee J. Air pollution implications of increasing residential firewood use [J]. Energy, 1985, 10 (1): 17-33.

[188] Ma S, Zhou H C, Zhou H C. Gas storage in porous metal-organic frameworks for clean energy applications. [J]. Chemical Communications, 2010, 46 (1): 44.

[189] Marilyn A Brown, Mark D Levine, Walter Short, et al. Scenarios for a clean energy future [J]. Energy Policy, 2007, 29 (14): 1179-1196.

[190] Mchenry M. Policy options when giving negative externalities market value: Clean energy policymaking and restructuring the Western Australian energy sector [J]. Energy Policy, 2009, 37 (4): 1423-1431.

[191] O'Mara C, Cherry P, Hodas D. Clean energy policy in delaware: A small wonder [J]. Natural Resources & Environment, 2010, 25（2）: 3-7.

[192] Perry N, Rosewarne S, White G. Clean energy policy: Taxing carbon and the illusion of the equity objective [J]. Ecological Economics, 2013, 90（3）: 104-113.

[193] Pitt D, Bassett E. Innovation and the role of collaborative planning in local clean energy policy [J]. Environmental Policy & Governance, 2014, 24（6）: 377–390.

[194] Philippe Poizot, Franck Dolhem. Clean energy new deal for a sustainable world: from non-CO_2 generating energy sources to greener electrochemical storage devices [J]. Energy & Environmental Science, 2011, 4（6）: 2003-2019.

[195] Prashant V Kamat. Meeting the clean energy demand: Nanostructure architectures for solar energy conversion [J]. Journal of Physical Chemistry C, 2007, 111（7）: 2834-2860.

[196] Schueftan A, González A D. Reduction of firewood consumption by households in south-central Chile associated with energy efficiency programs [J]. Energy Policy, 2013, 63（4）: 823-832.

[197] Schueftan A, Sommerhoff J, González A D. Firewood demand and energy policy in south-central Chile [J]. Energy for Sustainable Development, 2016, 33: 26-35.

[198] Srirangan K, Akawi L, Moo-Young M, et al. Towards sustainable production of clean energy carriers from biomass resources [J]. Applied Energy, 2012, 100（8）: 172-186.

[199] Steinfeld A, Kuhn P, Reller A, et al. Solar-processed metals as clean energy carriers and water-splitters [J]. International Journal of Hydrogen Energy, 1998, 23（9）: 767-774.

[200] Yan J, Chou S K, Desideri U, et al. Innovative and sustainable solutions of clean energy technologies and policies（Part II）[J]. Applied Energy, 2014, 136（5）: 756-758.

[201] Zhang Y X, Min Q W, Zhao G G, et al. Can clean energy policy improve the quality of alpine grassland ecosystem? A scenario analysis to influence the energy changes in the Three-River Headwater Region, China [J]. Sustainability, 2016, 8（3）: 231.